10인의 전문가가 들려주는
지역문화의 현장과 미래

지역문화, 길을 묻다

공동기획 인천문화재단/경인일보 | 책임진행 이현식

소명출판

지역 문화, 길을 묻다

초판인쇄 2013년 3월 10일
초판발행 2013년 3월 15일
공동기획 인천문화재단/경인일보
책임진행 이현식
펴낸이 박성모
출판등록 제13-522호
펴낸곳 소명출판
        주소_서울시 서초구 서초동 1621-18 란빌딩 1층
        전화_02-585-7840
        팩스_02-585-7848
        이메일_somyong@korea.com

ⓒ 2013, 인천문화재단, 소명출판
ISBN 978-89-5626-834-7 03300

값 18,000원

지역 문화,
길을 묻다

이 책은 2012년 인천문화재단이 『경인일보』와 공동으로 기획하여 진행한 인터뷰를 묶은 것이다. 『경인일보』에 실릴 때에는 '백범이 꿈꾸는 나라, 높은 문화의 힘'이라는 제목으로 10회에 걸쳐 연재되었다. 문화 현장에서 일했거나 일하고 있는 전문가, 현장 활동가들의 생생한 목소리를 담아내되, 그들의 구체적 경험과 실천에 근거하여 오늘날 우리 문화가 가야할 길을 탐색하려는 취지였다. 신문 한 면을 할애하여 인터뷰 내용을 소개하였으나 지면의 제약으로 내용의 상당 부분이 축약되거나 삭제될 수밖에 없었다. 이렇게 책으로 묶어내는 이유는 인터뷰가 충분히 값진 내용을 담고 있었음에도 전체를 전달하지 못했던 아쉬움 때문이기도 하다. 이 책은 당시 녹취된 인터뷰 내용 전체를 다시 글로 풀고 인터뷰 대상자들의 감수를 거친 것이다.

처음 인천문화재단이 이런 기획을 마련한 것은 백범 김구 선생이 쓴 「나의 소원」이라는 글 때문이었다. 두루 아는 바와 같이 김구 선생은 『백범일지』 말미에 덧붙인 「나의 소원」이란 글에서

나는 우리 나라가 세계에서 가장 아름다운 나라가 되기를 원한다. 가장 부강한 나라가 되기를 원하는 것은 아니다. 내가 남의 침략에 가슴이 아팠으니, 내 나라가 남을 침략하는 것을 원치 아니한다. 우리의 부력(富力)은 우리의 생활을 풍족히 할 만하고, 우리의 강력(强力)은 남의 침략을 막을 만하면 족하다. 오직 한없이 가지고 싶은 것은 높은 문화의 힘이다. 문화의 힘은 우리 자신을 행복되게 하고, 나아가서 남에게 행복을 주겠기 때문이다.

라고 적고 있다. 문화의 필요성을 이렇게 간명하고도 쉽게 언급한 글은 많지 않다. 우리에게 문화의 필요성을 소박하고 절실한 울림을 통해 전달해 주고 있는 글이 바로 백범의 「나의 소원」인 것이다. 그래서 2012년 현재의 시점에서 백범의 「나의 소원」을 문화 분야에서 일하는 각계각층의 열 사람의 목소리를 빌어 재해석해 보자는 것이 기획의 핵심이었다. 기획 인터뷰의 제목이 '백범이 꿈꾸는 나라, 높은 문화의 힘'이 된 것도 그 때문이다.

오늘날 우리 나라의 사회적 지향은 경제 민주화와 복지 국가로 옮겨 가고 있는 추세이다. 성장과 개발 위주의 패러다임이 변화하고 있는 것이다. 이런 변화의 와중에 문화는 어떤 사회적 위상을 가져야 하겠는가가 이번 책을 기획한 문제의식이다. 예술 중심주의로서의 문화가 우리의 대안이라 할 수도 없고 성장 담론의 문화적 버전인 한류와 문화산업론이 우리의 대안이 되는 것도 바람직스러운 일은 아니다. 예술 중심주의나 한류, 그리고 문화산업이 중요하지 않다는 말이 아니라 문화는 그 이상이어야 한다는 것이다.

그렇다면 우리가 지향해야 할 문화는 어떤 모양새를 가져야 하겠는가? 김구 선생이 문화에 대해 갖고 있었던 생각을 21세기 버전으로 구체화시켜 본 것이 이 책이라고 할 수 있다. 우리는 문화로 어떻게 행복해지고 또 남에게 행복을 줄 것인가? 여기에 답을 줄 수 있는 열 분을 인터뷰 대상자로 모셨다. 문화의 여러 영역에서 오랜 시간 일해온 분들로 인터뷰 대상자를 구성하였다. 열 분의 다양한 목소리는 얼핏 보기에 혼란스러울 수도 있겠지만 그분들이 생각하는 문화의 궁극적 지향은 서로 어긋나지 않는다. 책을 읽는 분들도 자연스럽게 그 점을 아실 수 있으리라 믿는다.

인터뷰 질문은 크게 세 영역으로 구성되었다. 인터뷰 대상자들이 어떻게 문화 영역에서 활동하게 되었는지에 대한 개인적 경로들, 그리고 현재 일하는 경험을 바탕으로 문화가 과연 무엇이고 어떤 역할을 할 수 있는 것인지, 마지막으로 현재 한국 사회에서 문화가 어떤 지향점을 가져야 하는지에 대한 질문들이 그것이다. 일부 인터뷰들은 대선 국면에서 진행되다 보니 대통령 선거에서 논의될 만한 질문들도 포함되었다. 대선이라는 구체적 상황에서 다뤄진 문화에 대한 언급은 더욱 절실하게 우리 사회에서 문화가 가야 할 방향을 날카롭게 드러내는 바가 있어서 그대로 살려 두었다. 전공이나 현재 하고 있는 일, 개인적 경험에 비추어 질문들은 조금씩 다르게 구성되기도 했으나 큰 틀은 그렇게 짜여졌다. 다만 첫 번째 인터뷰는 대담 형식으로 구성하여 기획의 전체 방향과 인천이 당면한 문화적 현안을 다루고 있다. 인천문화재단이 기획한 것이므로 구성에 있어서 다른 아홉 분의 인터뷰와 조금 다른 내용을 담고 있음을 독자들께서는 널리 이해해 주시리라 믿는다. 다만 인천이라는 도시를 통해 현재 지역 문화 현장이 어떤 문제와 맞닥뜨리고 있는가를 실감하는 기회가 될 수 있을 것이다.

　이 자리를 빌어 지면을 제공하고 기획에 참여해준 『경인일보』사와 바쁜 일정에도 인터뷰에 흔쾌하게 응해주신 인터뷰 대상자 열 분, 그리고 책의 취지와 내용에 공감하여 출판에 적극적으로 응해주신 소명출판에 감사의 말씀을 드린다. 진행 실무를 맡아 궂은일을 마다하지 않은 『경인일보』 김영준 기자와 인천문화재단 기획홍보팀의 태지윤 씨, 그리고 책 제작 실무를 맡은 소명출판의 공홍 편집장께도 고마운 말씀을 전한다. 애초 이 기획은 인천문화재단 기획홍보팀의 손동혁 팀장이 발의한 것이었다. 그런 발의가 이런 값진 성과로 나오게 되어 총괄 기획을 맡은 입장에서도 기쁘게 생각한다.

2012. 12.

이현식

차례

※ 인터뷰 참여자의 소속과 직책은 인터뷰 당시를 기준으로 한 것입니다.

21세기
인천,
그리고
대한민국

인천문화재단 대표이사 **강 광**
인천도시인문학센터 소장 **김창수**

강
광

서울대 미대를 졸업하고 1983년
~2003년, 인천대학교 교수로 근
무하며 예체능대 학장과 부총장
을 지냈다. 1995년에는 민예총
(한국민족예술인총연합) 인천지
부 지도위원으로 활동했고 1999
년에는 민예총 인천지회장을 맡
기도 했다. 서양화가로 계속 활
동하여 초대전과 작가전, 아세
아 국제미전, 88현대미술전, 한
국정예작가전 등에 작품을 발표
해왔다. 국립현대미술관, 서울시
립미술관, 일본 후쿠오카 미술관
등에 그의 작품이 소장되어 있
다. 그는 역사와 사회, 예술을 생
각하면서 의식의 허영과 허위의
식을 떨치고자 했다. 현재 인천
문화재단 대표이사를 맡고 있으
며 작품으로는 「새벽-그날」, 「솟
아나는 죽순」, 「나는 고향으로 간
다」, 「들에서」 등이 있다.

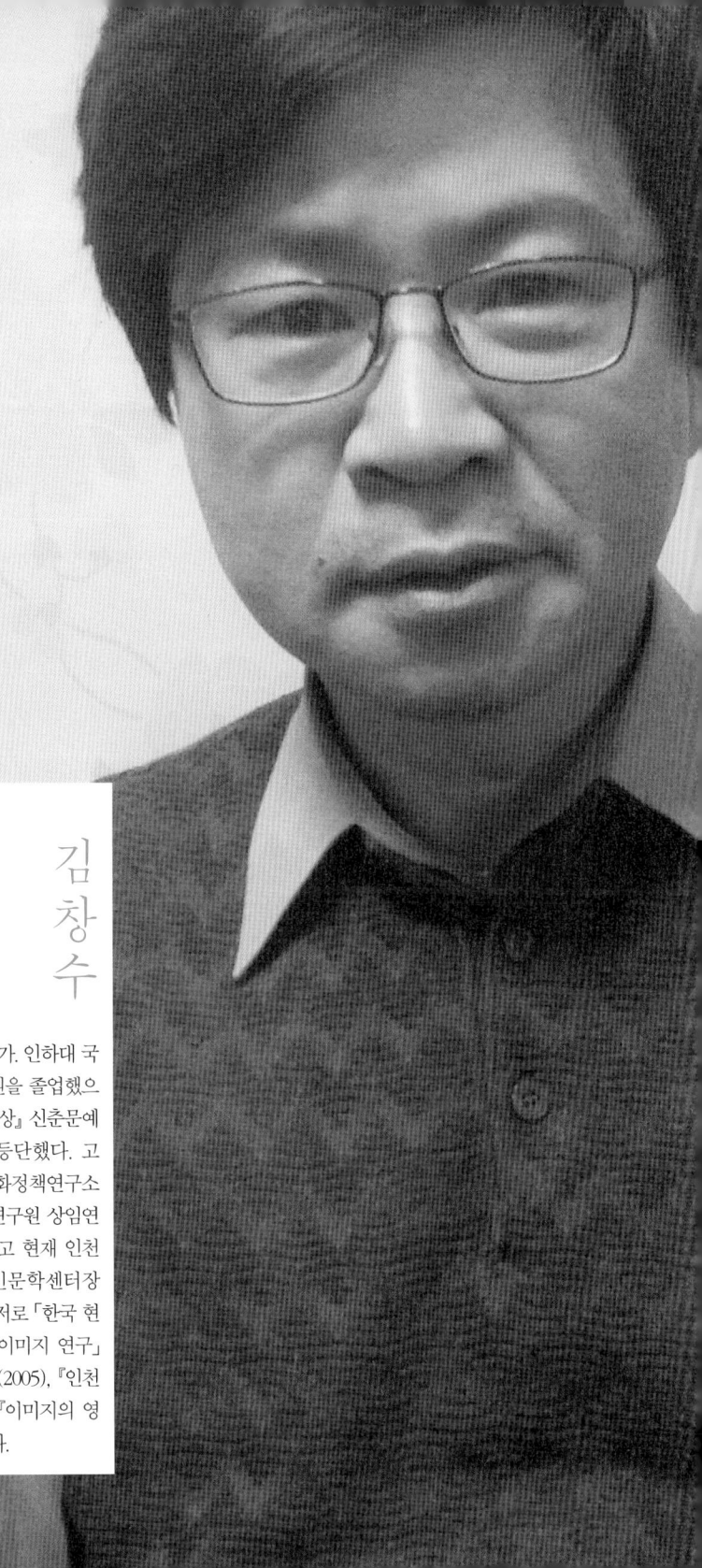

김
창
수

문학박사, 문학평론가. 인하대 국
문과, 고려대 대학원을 졸업했으
며, 1987년 『문학사상』 신춘문예
에 문학평론으로 등단했다. 고
려대 강사, 인천문화정책연구소
장, 인천대 인천학연구원 상임연
구위원을 역임하였고 현재 인천
발전연구원 도시인문학센터장
으로 있다. 주요 논저로 「한국 현
대시에 나타난 집 이미지 연구」
(2000), 『인천공부』(2005), 『인천
의 산책자』(2005), 『이미지의 영
토』(2012) 등이 있다.

이현식 인천문화재단과『경인일보』가 공동으로 '백범이 꿈꾸는 나라 높은 문화의 힘'이란 제목 아래에 연속 릴레이 형식을 갖춰 인터뷰를 진행합니다. 먼저 기획 취지에 대해서 말씀드리겠습니다.

백범 선생의「나의 소원」은 해방 직후에 쓰인 글인데 선생께서 꿈꾸는 나라가 바로 문화 국가임을 주장하는 내용입니다. 지금 읽어 봐도 우리 가슴에 절절히 와닿는, 이렇게 문화의 힘을 절실하게 잘 표현한 글은 달리 없을 정도로 감명을 주는 글입니다. 하지만 이로부터 70년 정도가 지난 오늘날도 여전히 백범 선생의 꿈이 이루어지지 못했습니다. 그렇기 때문에 오늘날 다시 '백범이 꿈꾸는 나라 높은 문화의 힘'을 강조하고자 각 문화계에서 활동하는 전문가들의 인터뷰를 기획했습니다. 그 첫 번째 시간으로 인천문화재단 강광 대표이사님, 인천발전연구원 김창수 박사님을 모시고 특별 대담을 마련했습니다. 강광 대표이사님은 인천문화재단 대표이기 전에 인천 지역의 원로이고 오랜 시간 화가로서도 활동을 해왔습니다. 김창수 박사님은 인천발전연구원 도시인문학센터 소장이고 오랫동안 인천에 대한 연구를 진행하였습니다. 이번 특별 대담은 김창수 박사님께서 이끌어가는 방향으로 진행하겠습니다. 김창수 박사님 부탁드립니다.

김창수 강광 대표이사님 반갑습니다.

강 광 반갑습니다.

김창수 과거에는 문화가 경제, 정치, 사회의 뒤에 나열되는 영역이었다면 21세기는 문화를 선두로 다른 영역들이 문화의 힘에 의해 좌우되는 시기로 바뀌어가고 있습니다. 그런 점에서 최근 김기덕 감독의 〈피에타〉가 한국 문화의 저력을 보여주고 싸이의 〈강남 스타일〉이 세계를 말춤 속으로 몰아넣어 한국 문화의 힘을 보여주었습니다.

그러나 속내를 들여다보면 우리 문화 정책이나 환경은 그다지 만족스럽지 못합니다. 몇몇 뛰어난 문화예술인들에 의해 주목할 성과가 나오고는 있어도 제도적으로나 정책적으로 문화적 역량을 뒷받침하기에 충분치 못합니다.

이러한 이유로 이번 기획을 진행하여 사회 전반을 점검하는 계기로 삼았으면 합니다. 우선 인천문화재단 이야기부터 시작하겠습니다. 지역의 문화 지원 기구 역할로서 출범 8주년, 대표이사님은 취임 2년째입니다. 재단의 지금까지 성과와 앞으로의 과제에 대해 말씀 부탁드립니다.

강 광 서두에서 '우리 민족이 문화 민족이 되어야 한다'라는 중심 테마로 김구 선생의 문화론 이야기를 했는데, 이는 김구 선생이 우리 민족의 성향을 제대로 파악하고 만든 논리라고 봅니다. 우리 민족이 가지고 있는 문화 역량은 사실 무궁무진하고 개발 가능성이 매우 많지만 뒷받침해주는 역사적 배경이 없었던 겁니다. 계속된 전쟁 등 여러 가지 어려운 역사적 배경만이 있었고, 우리 국민을 이끌어가야 하는 지도자의 정책들은 국민의 문화적 역량 개발에 어떠한 일조도 하지 못했습니다. 그렇기 때문에 우리 국민이 가진 잠재된 문화적 성향을 활성화해야 합니다. 그렇게 함으로써 우리 민족이 21세기에 적응하고 앞서가는 리더 역할을 다할 수 있도록 해야 할 것입니다.

인천문화재단 역시 마찬가지입니다. 그동안 인천의 문화예술 지원을 관에서 주도했었는데 그런 문화 사업이 민간 차원으로 이양되었습니다. 재단은 문화예술인 또는 지역 시민들에게 친근하게 다가갈 수 있는 문화 행사의 주도와 계획, 실행에 충실하려고 노력하고 있습니다.

성과를 말하자면 사실 문화적인 성과는 1~2년 만에 나타나면 큰일 나는 겁니다. 조금 전 언급된 싸이의 말춤은 흔히 볼 수 없는 돌연변이 스타일입니다. 그런 돌연변이가 계속 생기게 될 경우에는 안정감이 없기 때문에 문화적 삶이 뒤틀릴 수 있습니다. 문화적 성과는 쉽게 만들어지는 것이 아니기 때문에 시간을 두고 봐야 합니다. 재단은 시민들의 문화 역량을 높이는 일에 제도적 초점을 가장 많이 두고 있습니다.

김창수 재단이 문화 영역의 지원 사업을 맡게 됨으로써 전문가에 의한 심의·평가 시스템도 본격적으로 도입되었는데, 현장에는 재단의 지원과 관련하여 의견차를 보이는 목소리들이 있습니다. 이 부분에 대해 어떻게 생각하십니까.

강 광 재단의 지원은 전문 예술인의 지원과 시민의 문화 역량 강화, 이렇게 두 영역으로 나눌 수 있으며 각 영역에 따라 지원의 규모가 다르고 예술인의 역량에 따라서도 달라집니다. 기본적으로 전문 예술인들이 자신의 예술적 역량을 강화시키는 예술을 하거나 지역 문화예술 발전에 도움이 되는 예술 등 예술 행위의 목적성이 뚜렷이 보여야 지원을 합니다.

과거의 예술 단체들은 매년 똑같은 기획 서류로 소비성 행사를 계속해왔고 그러다 보니 지역 사회 문화예술 발전 면에서는 아쉬운 점이 많았습니다. 그렇기 때문에 재단에서는 소비성 행사가 아닌 개인의 역량 강화나 지역에 도움이 되는 예술 행위 등 뚜렷한 목적이 있을 경우, 규모에 관계 없이 지원을 하려 합니다.

김창수 예술 행위에 의한 파급이 시민들에게 그리고 지역 문화에 넓게 파급될 경우 집중 지원을 한다고 정리할 수 있겠습니다. 그러고 보면, 최근에 전국적으로 각 지자체마다 문화 재단이 설립되어 활동하고 있고 각 지역 문화 재단 대표 모임도 만들어졌습니다. 이 모임에서는 어떤 이야기들을 나누고 있는지, 또 지역 문화 재단의 역할을 어떻게 논의하고 있는지 들려주시죠.

강 광 가칭 '광역자치단체 문화재단 대표자 회의' 대표들이 얼마 전 부산에 모였습니다. 의견들을 나눠보니 정책 시행을 효율적으로 만들자는 이야기에 서로 공감대가 형성되었습니다. 문화는 획일화되어 있지 않고 각 지역, 환경에 따라 형태가 달라질 수밖에 없는데 중앙 정부에서는 획일화된 정책을 각 지방 문화에 투입시키려고 시도해왔습니다. 중앙의 문화 정책이 지방에서는 맞지 않는데도 억지로 시행되어 효과를 내지 못한 경우도 많았습니다. 구조를 재편하여 지방에서 문화 정책을 만든 후 그 정책의 지원을 중앙 정부에 요구하는 식으로 해야 한다거나 나눠주기, 하향식의 획일적 문화 지원을 바꿔야 한다는 이야기를 중심으로 논의하고 있습니다.

김창수 중앙 정부가 전체의 예산과 집행 방법을 규정해서 시행하는 방식은 문화적 방식이 아니라는 것과 지역의 현장, 현실에 맞추어 지역의 문화 주체들이 기획하고 추진했을 때 효율적으로 예산도 집행되고 사업도 내실 있게 진행할 수 있는데 그렇지 못하다는 말씀으로 정리할 수 있을 것 같습니다. 문화 정책과 지역문화 현장과의 괴리 해소, 중요한 과제입니다.

정부의 문화 정책과 관련하여 지난 이명박 정부의 문화 정책도 짚어볼 필요성이 있습니다. 복합 문화 창작 공간인 '문화 창작 발전소'라는 큰 계획의 문화 정책 공약을 내놓았지만 제대로 추진되지 못했습니다. 문화 주체 쪽에 분산을 한 뒤 현장 쪽에 공간 지원을 하는 식의 적절한 지원이 있어야 했는데 규모만 너무 고민했던 것이 실패의 주원인이 되었습니다. 그리고 국공립 박물관을 무료화하겠다고 했지만 실제로 이루어진 건 6% 정도에 불과하여 이것도 빈 공약이 되었습니다. 또한 유인촌 전 문화체육관광부 장관이 문화 권력을 균형화시켜야 한다며 약 25명의 문화 예술 기구 대표들을 강제로 해임시킨 일은 지금까지도 많은 논란이 되고 있습니다. 이런 문제들을 비롯해서 문화 정책의 공과에 대한 의견을 말씀해주시죠.

강 광 이명박 정부에서 문화적인 성과를 냈다고 굳이 평가한다면 문화 바우처* 사업 확대 외에는 긍정적인 평가를 할 수 없는 것이 아닌

---

* 문화 바우처 : 복권기금의 후원을 받아 문화체육관광부와 한국문화예술위원회, 16개 광역시도에서 추진하는 사업. 사회적, 경제적, 지리적인 어려움으로 인해 문화예술을 향유하지 못하고 있는 소외 계층에게 공연, 전시, 영화, 도서 등 다양한 문화예술 프로그램의 관람료 및 음반, 도서 구입비를 지원하는 문화 복지 프로그램.

가 싶습니다. 초기 집권 당시, 정권을 장악했다는 자만심에서 나온 것인지는 몰라도 자신들 중심의 문화판을 만들려 했던 것으로 보입니다. 문화 권력 균형화 전략은 한미 FTA 촛불 시위에 참여한 단체나 동조했던 문화예술인을 대상으로 재정 지원을 하지 않겠다는 방침과도 관련됩니다. 결국 이념을 잣대로 문화예술인을 갈라놓고 지원 정책의 기준으로 삼은 셈입니다. 이 기조는 정권 말까지 유지됐습니다. 유인촌 전 장관이 물러난 후 반성의 분위기도 있었지만 지금까지는 아직 그대로입니다. 새로 출현할 정부는 어떨지 지켜봐야 합니다.

김창수 문화를 이해할 수 있는 정치가가 필요한데 정치적 관점에서만 문화를 바라보고 이념의 잣대로 문화예술인을 나누려는 시도가 정부에 의해 형성되었습니다. 문화예술인들은 근본적으로 현실 사회를 반성하려는 관점이 있기 때문에 더 좋은 세상, 이상적인 세상을 꿈꾸면서 현실을 바라봅니다. 그 때문에 현실에 대한 비판은 수반될 수밖에 없는데 그것을 좌파라 규정했습니다.

강 광 우리 사회에 대한 발전적이고 창조적인 비판을 이해하지 못한 게 문제였죠.

김창수 그렇기 때문에 마치 중국 문화혁명 당시의 홍위병들의 행동처럼 거칠고 비문화적인 문화 정책이 큰 문제가 아니었는가 싶습니다. 그런 점에서 문화를 이해하는 정치가 필요합니다.

강 광 이명박 정권에 들어오면서 문화를 자신들이 원하는 방향으로 재편하려는 과정에서 문화계의 축을 이뤘던 반쪽을 완전히 제외시키려고 했습니다. 이런 분위기가 아직 그대로 문화계에 남아있습니다. 앞으로 정권이 어떠냐에 따라 문화 권력이 양쪽으로 나뉘어 계속 대립할지도 모릅니다. 그렇기 때문에 우리는 현 정권을 마지막으로 서로 갈등하고 적대적인 정치 행태를 반성하고 끝내야 합니다.

김창수 문화계에서 편 가르기 하는 악순환이 계속되면 문화가 이루어놓은 성과들을 전부 다 허물어버리게 됩니다. 참여정부 때 만들었던 문화 정책이라고 할 수 있는 '창의 한국'*의 경우, 중요한 부분들은 계속 추진했어야 할 문제인데 완전히 무시한 채 새로 시작되었습니다. 문화 역량을 창조적으로 계승하고 발전시킨 것이 아니라 갈아엎기 식으로 끊임없이 반복했을 뿐입니다. 이런 악순환은 중단되어야 하는 게 아닌가 생각해봅니다.

관심을 다시 지역으로 돌려서, 인천의 문화 현안에 대해 알아보겠습니다. 지역의 현안들이 한둘이 아닙니다. 그 중 지역 문화계의 오랜 숙원인 시립미술관 건립 문제가 있는데 이에 대한 의견을 부탁드립니다.

강 광 인천시립미술관 건립은 부지 문제 때문에 지금 첫 단추를 제대로 끼우지 못하고 있습니다. 5년 내지 10년 단위로 계속 나오는 얘기인데 얘기가 진행되다 소멸되기를 반복했습니다. 지역 문화예술인들,

---

* 창의 한국 : 2004년 6월 8일, 문화관광부가 '창의성'을 화두로 내놓은 21세기 새로운 문화 비전.

특히 미술인들은 매우 실망이 크고 이 사안에 대해 신경이 예민해져 있습니다. 송영길 시장 체제가 출범하면서 시립미술관 얘기가 나오고 부지 선정까지도 되는 듯했습니다. 그러나 인천시의 재정난과 옛 인천대 부근 구도심 개발 사업이 제대로 추진되지 못하면서 미술관 건립도 어렵게 된 상황입니다.

이 문제는 충분히 이해가 되고 시민들도 알고 있는 상황입니다. 하지만 그렇다고 해서 미술관 건립의 모든 면에서 손놓고 재정 위기가 극복될 때를 기다릴 필요는 없다고 봅니다. 돈이 들어가는 건립 문제는 좀 시간이 걸리더라도 인천에 어떤 미술관을 만들 것인지, 다시 말해 시립미술관의 성격, 운영방안 등에 대한 충분한 논의가 필요합니다. 돈 들이지 않고 준비할 수 있는 일은 차근차근 준비하여 순조롭게 일처리가 되도록 해야죠.

김창수 그렇게 해 둠으로써 이후에 겪는 시행착오를 줄일 수 있겠군요. 그 다음 지역 문화 현안 중에 문화예술 전문 인력 양성과 관련해서 오랫동안 여러 가지 논의가 있었습니다. 예술대학의 유치나 설립 이야기도 있었고, 인천대에서 문화 전문대학원 설립을 추진하고 있다고 들었습니다. 문화예술 교육은 여러 가지 차원에서 적극적으로 추진해야 할 필요성이 있습니다. 시민들을 대상으로 하는 교양 수준의 문화예술 교육, 학부나 대학원 차원에서의 전문화된 문화예술 교육, 정규 학교에서의 문화예술 교육 등 다양한 차원에서 문화 도시, 문화 국가를 만들기 위한 문화적 시민들이 양성되어야 합니다. 교육이 제대로 됨으로써 문화 시설들도 활성화될 수 있습니다. 인천 종합문화예술회관을 예로 들면 예술단 산하에 다양한 예술 전문 인력이 있습니다. 예술단원들이 문화예술 교육 프로그램을 운영한다면 시민들의 문화 역량을 돋우는 데 큰 힘이 될 것입니다. 또한 예술단이 공공 문화에 기여하는 바도 클 것이기에 문화예술 교육에 대한 지역 차원에서의 종합적인 개혁이 추진되어야 합니다. 문화 전문대학원과 관련된 현안을 중심으로 현재 진행되고 있는 내용과 향후 목표를 듣고 싶습니다.

강 광 인천시민의 문화 역량이 갖춰져야 인천이 1등 도시가 될 수 있습니다. 시민이 좋아야 도시가 좋아지는 것입니다. 전문 예술가들은 이미 충분합니다. 인천에 절실하게 필요한 것은 시민과 더불어 문화예술 행위를 같이 고민하고 기획하고 공연할 수 있는 기획자, 문화예술 지도자입니다. 전문 문화예술인들이 각각 자신의 전문성으로 시민들에게 파고들어가 함께 예술 활동을 하는 것은 매우 좋은 일입니다. 하지만 기존의 전문 문화예술인들에게 강요할 수는 없습니다. 그래서 인천대학교 내에 문화대학원을 설치하여 문화예술을 시민 대상으로 기획하고 주도할 수 있는 전문 인력을 양성해야 한다고 생각합니다. 이 일은 인천대학교 내부에서 준비하고 있는 걸로 알고 있습니다. 준비가 끝나면 재단을 비롯한 인천의 문화예술에 관심 있는 분들이 함께 참여하여 문화대학원을 제대로 이끌어 나가야 합니다.[*]

김창수 전문대학원이 지역문화 기획의 전문 인력을 양성하겠다는

---

[*] 인천대학교 문화대학원은 2013년 1학기 정원 7명을 신입생으로 받아들여 운영을 시작한 상태이다.

목표를 이루기 위해서는 물론 이론이나 원론을 넘어 지역과 도시 문화의 현장에 대한 이해를 높여야 할 것입니다.

강 광 네, 현장성은 저도 여러 차례 강조했습니다.

김창수 이론과 현장을 긴밀하게 연계하면서 운영해야 지역과 문화 현장에서 필요로 하는 인력들이 양성될 수 있을 것 같습니다. 문화대학원의 운영과 관련된 구체적인 방법의 논의가 필요하겠군요. 재단에서 추진하고 있는 사업 중엔 강화고려역사문화재단 건립 사업도 있는데, 이 사업은 어떻게 추진되고 있는지 구체적으로 말씀해 주시기 바랍니다.

강 광 상당히 좋은 사업이라고 봅니다. 인천문화재단에서 인큐베이팅 과정을 기꺼이 맡겠다고 했죠. 강화도엔 고려시대의 역사가 남아있고 문화 유적들이 많습니다. 개성을 중심으로 한 고려의 역사, 문화가 강화도에서 마무리된다고 할 수 있죠. 또한 강화를 위해서 뿐만 아니라 남북 간의 화해 협력 차원에서 남북의 역사 정립을 위해서도 이 사업은 추진되어야 합니다. 앞으로 남북의 고려 역사학자들이 같은 자리에 모여 고려 역사의 시작과 끝을 함께 발굴해내는 등 협력하는 노력이 필요합니다. 현재 진행중이며 2013년 말쯤이면 강화고려역사문화재단의 윤곽이 드러날 것으로 보입니다.

김창수 기초자치단체의 문화 재단이 몇 군데 있지만 대부분 시설

관리 정도의 기초적인 수준에 머물러 있습니다. 그에 비해 강화고려역사문화재단은 강화 역사를 연구하고 자료를 축적하며 남북 문화 교류의 선도적 역할이라는 막중한 임무를 가질 것으로 보입니다. 어떻게 보면 전국에서 처음으로 이런 독특한 성격의 재단이 만들어지는데 준비가 잘 돼서 진행되었으면 좋겠습니다.

이번엔 최근 논란이 되고 있는 인천 아시안 게임과 관련된 이야기를 해보겠습니다. 인천은 현재 아시안 게임만이 원인은 아니지만 재정 위기를 겪고 있습니다. 이 때문에 시민들은 허리띠를 졸라매고, 시는 알토란같은 재산을 매각해야 하는 상황입니다. 이러한 노력에도 불구하고 개폐막식에서의 내용을 포함해 정작 인천이 소외된 느낌을 지울 수 없습니다. 게다가 지역 문화예술인들이 참여할 수 있는 통로가 차단됐다는 이야기 때문에 지역 문화예술계의 소외감이 큽니다.

강 광 저도 기사를 접한 후에야 상황을 알게 되었습니다. 이 문제는 문화예술계뿐만 아니라 인천 시민들도 불만의 목소리가 큽니다.

아시안 게임 조직위원회가 출범하면서 개폐회식 자문위원을 맡아 달라는 요청에 인천을 위한 의견을 낼 기회가 된다면 해야 되겠다는 생각에 수락을 했고, 회의 과정에서 자문위원회 위원장직을 맡게 되었습니다. 그렇다면 아시안게임추진위원회에서 자문위원회에 행사 계획, 진행 정도를 알려주고 의견을 물어야 하는 것 아닙니까? 일절 얘기하지 않다가 일방적으로 공고를 냈습니다. 어떻게 된 일인지 물었지만 이미 공고를 했기에 어쩔 수 없다는 식의 답변을 받았습니다. 상식적으로 이해하기 힘든 일처리 방식이죠.

인천 아시안 게임은 자금의 대부분을 인천 시민들이 낼 정도로 시민들의 열정으로 추진되는 체육 행사입니다. 인천 시민들의 의견이 존중되지 않은 채 조직위원회의 결정만으로 행사가 좌지우지되는 것 같아 매우 유감스럽습니다.

김창수 이 문제는 조직위원회를 중앙 정부에서 파견된 공무원 중심으로 구성할 때부터 어느 정도 우려됐던 문제였던 것 같습니다.

강 광 예견했던 일이지만 이렇게까지 진행될 줄 몰랐습니다.

김창수 인천이란 도시에서 아시안 게임이 열리는 만큼 인천의 도시적인 특성을 살리거나 인천 시민들이 흔쾌히 참여할 수 있는 행사를 만들어나가야 하는데 정작 인천 시민들은 홀대받고 있는, 주객이 전도된 상태인 것 같습니다.

마지막 주제로 넘어가겠습니다. 지금 대선 정국이 펼쳐지고 있습니다. 곧 18대 대선을 통해 새 대통령을 뽑게 됩니다. 5년마다 되풀이되지만, 누가 대통령이 되느냐에 따라 문화 정책이 크게 바뀝니다. 인천의 관점에서 봤을 때, 또 문화계의 시선으로 봤을 때 이번 대선을 어떻게 바라봐야 할지, 그리고 어떤 요구들을 해야 할지 이야기해주시죠.

강 광 지금까지의 이야기들을 모두 관통하는 중요한 내용이 있습니다. 문화는 각 개인, 각 지역, 사회적인 여건 및 기타 모든 환경 조건에 따라서 모두 다를 수 있고, 중앙 정부는 정책의 조정과 지원을 하는 역할을 해야 한다는 것입니다. 중앙 정부에선 획일적인 잣대로 문화를 정의하고 문화 정책을 시행하려고 합니다. 이걸 받아서 이대로 이 옷을 입어라, 이런 행위를 하라는 식은 과거 독재정권 시대에나 가능한 일이지 21세기 문화 정책으로는 맞지 않습니다. 중앙 정부는 획일화된 무언가를 만들려고 하는 문화 정책이 아닌 각 지방에서 하려는 문화 행사를 지원하는 정책을 펼쳐야 합니다. 이러한 내용들을 중심으로 요구하면 될 것 같습니다.

김창수 지역과 도시, 문화 주체들이 자율적이고 창의적인 문화 계획을 세우고 집행할 수 있도록 지원 정책을 세우고 능동적으로 활동할 수 있는 환경을 만들어주는 것이 정부의 역할이겠군요.

강 광 지원자 역할을 해야지 지도자 역할을 하려고 하면 안 됩니다.

김창수 이명박 정부처럼 중앙 정부 중심의 정책을 내놓는다면 악순환만 거듭되고 문화계의 갈등 혹은 분열을 초래할 것입니다.

강 광 문화계가 갈등, 분열을 일으키는 것에는 문화인들의 잘못도 있다고 봅니다. 일부 문화인들은 문화적 마인드를 제대로 갖추지 못한 경우도 있습니다.

김창수 부끄러운 일입니다. 문화계가 한 목소리로 문화 발전을 위한 정책들을 요구할 필요가 있습니다. 오랫동안 여러 가지 문화 현안에 대해 전국가적 차원에서, 지역 차원에서, 문화 재단 차원에서 이야기를 나눠봤는데 마무리 말씀을 해주시죠.

강 광 21세기 문턱에서, 백범이 꿈꾼 '문화 국가'에 대한 비전과 그분의 간절한 소망을 깊이 되새겨봐야 할 시점입니다.

김창수 꼭 그렇게 되었으면 좋겠습니다. 그럼 대담 마치도록 하겠습니다. 강광 대표이사님 고맙습니다.

성숙한
시민이
만드는
문화강국

경희대학교 후마니타스 칼리지 대학장 **도정일**

도
정
일

경희대학교 영문학과 졸업, 하와
이대학교 영문학 석·박사를 마
치고 1983년 경희대학교 영문과
교수를 지냈다. 1998년 대통령
자문 정책기획위원회 위원으로
활동하였고, 문화개혁시민연대
공동 대표 '책 읽는 사회 만들기
국민 운동' 상임대표로 활동하면
서 대한민국 전역에 세워진 '기
적의 도서관'을 기획하여 인문
학의 대중화에 앞장섰다. 현재는
경희대 명예 교수이자 인문 교양
을 목적으로 세운 후마니타스 칼
리지 대학장이다. 저서로 『시인
은 숲으로 가지 못한다』, 『사유의
공간』 등이 있다.

이현식

1966년 외가인 경기도 여주에서 태어나 조부 때부터 살았던 인천에서 성장하였다. 연세대학교 영문과를 졸업하고 같은 대학교 대학원 국문과에서 한국 근대문학 비평을 연구하여 석사·박사 학위를 받았다. 인천의 주요 대학에서 강의를 했다. 1997년『문학과 사회』(문학과지성사) 평론 추천으로 등단하였다. (재)인천발전연구원에서 문화정책 담당 연구위원을 역임하고 2005년부터 인천문화재단 사무처장과 기획경영본부장을 거쳐 2013년부터 인천문화재단 정책연구팀장으로 일하고 있다. 저서로『문화도시로 가는 길』,『왜 지역문화인가』,『제도사로서의 한국 근대문학』,『일제 파시즘 체제하의 한국근대문학비평』,『곤혹한 비평』,『인천담론-인천정담』,『성찰적 창조도시와 지역문화』가 있다.

이현식 교수님은 문화연대 대표를 비롯해서 여러 가지 문화와 관련된 사회적 활동을 해오셨고, 현재는 경희대학교 후마니타스 칼리지 대학장을 맡고 계십니다. 또한 문학·문화 평론가로서 활동도 하고 계신데, 넓은 의미에서의 문화가 한 사회에서 어떤 역할을 할 수 있는지를 도입 삼아 말씀해주시기 바랍니다.

도정일 현재 대선을 앞두고 세 캠프에선 세 가지 공통 어휘를 같이 사용하고 있습니다. 소통, 공감, 화해가 그것인데, 화해는 통합이라 하기도 합니다.

국민들은 누구나 우리 사회가 막힌 사회가 아니기를 바랍니다. 국민들, 시민들 사이에 소통이 이뤄지고 시민 사회와 정부 사이에도, 시민과 지방 자체 단체 사이에도 늘 원활한 소통이 이뤄지길 바라고 있죠. 그런데 이 소통이란 것은 떠든다고 되는 게 아닙니다. 지금 정치판을 보면 소통이라는 어휘는 누구나 다 사용하고 있고, 마치 그것을 입으로 떠들기만 하면 소통이 되는 것처럼 착각하고 있습니다. 그러나 소통에 필요한 사회적인 조건을 갖추는 것이 먼저입니다. 그 중에서도 문화가 참 중요합니다.

그렇다면 소통 사회를 만들기 위해 문화가 할 수 있는 일이 무엇인지 조금 깊이 있게 설명해보겠습니다. 첫 번째, 문화의 역할은 소통입니다. 소통을 하려면 서로가 공통의 마당이라 할 수 있는, 서로 공유하는 것이 있어야 합니다. 이 공유하는 것 중에서 가장 중요한 것은 가치의 공유라고 생각합니다.

대한민국 국민이라 하면 그가 정치적으로 어떤 이념의 스펙트럼 속에 있느냐, 사회적으로 그가 어떤 일을 하느냐, 어떤 이해 관계를 추구하느냐가 각각 다르지 않습니까? 현대 사회에서 민주주의가 지금까지 해결하지 못하고 있는 아주 지독한 딜레마가 하나 있는데 바로 이해 관계입니다. 자기 이익을 추구하는 인간의 본성, 거기에 자본주의 사회가 인간에게 강화시키는 이익 추구 본능, 다시 말해 이익을 추구하는 사람이 되게 만든다는 겁니다. 그렇다면 자기 이익이나 이해 관계가 사람마다 다른데, 서로 이해 관계가 다른 사람들이 모여 사는 사회에서 어떻게 소통이 이루어지는가. 어느 사회도 아직 원만하게 이것을 풀어내지 못합니다. 우리의 경우도 마찬가지죠. 한국은 더합니다. 천 갈래 이해관계의 상충, 갈등, 긴장은 있지만 서로 공유하는 것에 대해서는 좀처럼 확인하지도 못하고 누군가 그것에 대해서 강조하지도 않습니다. 그래서 문화의 가장 중요한 역할은 공유하는 것을 만들어 내는 것이며 그 가운데서 무엇보다 중요한 대상은 바로 '가치'입니다.

한 사회가 무너지지 않고 어떤 형태의 유대나 결속을 이루어 나가려면 공통 마당, 즉 코먼 그라운드*에 서야 합니다. 코먼 그라운드 위에서는 제각각 다른 소리도 할 수 있고 이런저런 이해 관계를 추구하고 서로 다른 정치 이념의 스펙트럼을 가집니다. 그런데 이 코먼 그라운드에 대한 공통의 가치를 서로 확인, 인증하는 부분은 누구도 못하고 있습니다.

문화라는 것은 원래 가치의 영역이자 공감의 영역이고 결속과 유대의 영역입니다. 우리 사회가 열심히 쓰는 말 중에 앞에 나온 소통과 관

---

* 코먼 그라운드 : common ground, 공통되는 기반, 공통점.

련해서 화해, 통합이 있습니다. 화해와 통합은 정치권에서 각각 사용하는 의미도 다르고 무엇을 화해와 통합이라 말하는지 정확히 밝히지 않은 채 자꾸만 통합이라 하는데, 통합이란 말처럼 공허한 게 없습니다. 공허하기 짝이 없습니다. 그리고 통합이 꼭 좋기만 한 것인가하면 그렇지 않습니다. 전체주의 사회는 늘 통합되어 있습니다. 그렇게 본다면 민주 사회는 체질적으로 아주 비통합적입니다. 그러나 민주주의 사회라고 해서 시민들 사이의 결속과 유대가 없어도 된다는 얘기는 아닙니다. 다만 '통합'이라는 이 황당하고 허황한 용어 대신 사회적인 '유대'와 '결속' 같은 말을 쓰는 것이 더 낫다고 생각합니다.

문화와 관련지어 말하면 이 유대와 결속은 바로 한 사회의 구성원들이 모래알처럼 흩어지지 않고 공통의 끈에 의해서 움켜쥘 수 있는 어떤 것이라고 생각합니다. 그것이 바로 문화입니다. 공감이나 가치 공유, 결속과 유대 같은 것을 가능하게 하는 영역이 문화인 것입니다. 그런데 문화 영역 자체를 들여다보면 갈등, 서로 다른 이해 관계, 상처 같은 것들이 있습니다. 문화는 결집의 역할, 구심점 역할을 할 수 있지만 한 쪽에선 문화 때문에 사람들이 흩어집니다. 그러니 우리는 이 흩어지는 부분이 아니라 흩어지는 사람들을 어떤 구심력에 의해서 결속시킬 것인가에 초점을 맞춰야 하고 그것이 공동체입니다. 그렇기 때문에 공유의 가치를 결속의 끈으로 삼아 한 사회가 모래알처럼 제각각인 사회가 아닌 갈등을 넘어서는 결속, 유대가 가능한 공동체적 사회로 가기 위해서는 문화의 역할이 가장 중요한 것입니다.

이현식 이익이 충돌하는 현대 사회, 더군다나 우리 나라는 압축적 성장을 해왔기 때문에 더 많은 이익 관계가 갈등, 충돌합니다. 그곳에 유대와 결속이 이루어지려면 가치나 의미를 공유할 수 있어야 하는데 그것이 문화가 해야 될 역할이라는 말씀으로 정리하겠습니다.

도입 질문은 이렇게 마치고 후마니타스 칼리지 이야기로 넘어가겠습니다. 현재 교수님께서 대학장으로 있는 곳인데 경희대학교가 특별하게 추구하는 일종의 교양 교육 기관으로 알고 있습니다. 이 후마니타스 칼리지가 어떤 곳인지 소개와 설명 부탁드립니다.

도정일 후마니타스 칼리지는 경희대학교의 교양 대학입니다. 해마다 경희대학교에 5천 명의 신입생이 들어옵니다. 이 신입생들에게 일정 기간 대학 생활에 필요한 기본적인 교육은 물론, 이들이 사회에 나가 각각 다양한 활동을 하며 인생을 살아갈 때 필요한 것이 무엇인지, 어떤 능력이 요구되는지, 그 기본적인 능력을 길러주기 위해 특별한 목표와 목적을 가지고 만들어진 것이 교양 대학입니다.

한국은 대학마다 교양 교육이라는 것을 실시하고 있는데 여기 큰 문제가 존재합니다. 첫째, 대학은 모든 입학생들이 대학에 들어와 공통으로 배우면서 확인하고 생각하고 토론해야 할, 다시 말해 대학이 반드시 가르쳐야 할 것이 있습니다. 강제한다는 뜻은 아닙니다. 교수는 학생들과 함께 공부하고 토론하고 생각할 거리를 제시해야 합니다.

현재 한국의 교양 교육에서는 대학에서 반드시 다루고 가르치고 생각해야 할 부분이 무엇인지 찾아내지 못한 채 수백 개의 교양 교육 과목들을 백화점 상품처럼 진열해놓고 마음에 드는 걸 골라 들으라는 식입니다. 물론 교양 교육에는 자유 선택 과목도 있어야 합니다. 그러나 대학생이라면 앞서 말한 것처럼 대학에 들어와서 반드시 만나야 하는 질문이 있고 스스로 해답을 추구하기 위해서 4년 동안, 어쩌면 평생 동안 추구해야 할 활동이 있습니다. 그러나 현재 대학 교육에서 가치에 관한 교육이나 삶의 의미에 관한 교육, 삶의 목적에 관한 교육, 이런 것들은 거의 다 포기했습니다. 안 합니다. 취업 교육, 취업을 위한 전공 교육, 실용 교육만이 있습니다. 학생들을 이런 것에 열중시켜야 졸업하면서 일자리라도 얻겠구나 싶어서 말입니다. 여기에 신경을 쓰느라 대학 교육의 본질, 목적이 무엇인지를 망각했습니다.

이 얘기는 전공 교육이 중요하지 않다는 말도 아니고 취업 교육을 우리가 소홀히해도 된다는 말도 아닙니다. 이것들도 다 해야죠. 그런데 대학은 전공, 취업 교육만 하는 게 아닙니다. 대학은 교육다운 교육을 실시해야 한다는 것이 바로 빠트릴 수 없는 기본 능력의 교육입니다. 학생들은 반드시 자기 삶의 가치, 자신의 일생이 어떤 가치의 안내를 받는 것이 좋겠는가라는 의미에서의 가치를 생각하면서 대학을 다녀야 합니다.

그렇다면 우리의 삶에 의미를 부여해주는 것은 무엇인가. 의미 부여는 많이 할 수 있습니다. 친구, 선생님, 애인 할 것 없이 의미 부여 하는 의미 공급자는 많지만 가장 중요한 의미 공급자는 자기 자신입니다. 나는 왜 이 지상에 태어났는가, 나는 왜 여기에 있는가. 이 황당해 보이는 질문이야말로 삶의 의미, 목적, 가치에 관한 명확한 질문이죠. 내가 어떻게 살아야 사람다운 삶을 살 수 있을까. 이건 가치에 관한 전형적인 질문입니다. 인간을 인간이게 하는 것은 무엇인가. 아주 근본적인 인문학적 질문인데 대학 교육은 이런 기본적이고 본질적인 인문학적 질문들을 포기했습니다. 학생들은 대학 4년은 물론 졸업한 후에도 이런 질문에 대한 해명 없이 방황합니다. 오죽하면 고려대학교 김예슬 학생이 학교를 거부하지 않았습니까? 대학에 가치 교육이 없고 큰 배움이 없습니다. 실제로 그렇습니다. 이른바 경쟁 사회, 성공 문화에 중독된 사회, 신자유주의적인 시장 논리가 젊은이의 가치관을 완전히 지배해버리는 사회, 이런 곳에서 성장하고 있기 때문에 경쟁만이 최고의 가치라 여깁니다. 그리고 물질적인 것, 돈 버는 것, CEO 되는 것, 이러한 것들이 자기 일생의 목표라고 생각합니다. 돈 버는 것도 중요한 일이니 그럴 수 있습니다. 그러나 가장 중요한 삶의 목표는 내가 나를 사람답게 만드는 일입니다. 그보다 더 중요한 삶의 목표는 없습니다. 그 목표를 생각해보지 않고 그 목표를 향한 모험적인 탐색 길에 한 번도 발을 들여놓은 적이 없는 학생은 평생을 헤맵니다. 필시 사회적인 일탈이나 문제적인 행동을 일으켜 자신도 망가뜨리고 다니던 회사도 망가뜨리죠.

그래서 교육 부분, 즉 대학교의 본질, 목적이라고 표현한 이 교육을 회복할 필요가 있습니다. 대학 교육이 반드시 유지해야 할 교육의 궁극 목표, 그것을 잊지 않아야 합니다. 그러기 위해서 학생들과 함께 가르치고 공부하고 생각하는 것, 그것이 바로 후마니타스가 하고 있는 일입니다.

이현식 분화되고 전문화된 지식, 그리고 도구적 합리성에 기반을 둔 지식이나 스펙 쌓기로 얻은 지식으로 간과하기 쉬운 삶의 가치와 의미가 있는 것인데, 이것을 대학이 가진 고유한 목적을 통해서 학생들에게 교양 교육의 일환으로 제시하여 궁극적인 목표를 회복해야 한다는 말씀이지요.

도정일 삶의 의미나 인간의 본질, 인간의 삶을 중요하게 만들어주는 가치 같은 것은 1학년 때 다 공부하지 못합니다. 그러나 중요한 것은 이 본질적인 질문이 있고, 이 질문에 대한 해답은 내가 찾아야 한다고 하는 자세입니다. 어딘가에 정답이 있는 게 아닙니다. 그런데 현실은 전부 정답 찾기 교육, 입시 교육이죠.

대학은, 특히 인문학 교육의 경우에는 정답을 찾는 훈련이 아니라 나만이 대답할 수 있는 질문, 그것에 대한 나의 응답을 찾아나가는 교육입니다. 그걸 포기해버렸어요. 교수가 정답을 주고 일목요연하게 정리해주길 바랍니다. 그러면 아이들이 자율적인 사고, 독립적인 사유를 하지 못합니다. 대학 교육의 목표 가운데 하나가 대학에 들어온 학생들이 자신의 머리로 생각할 줄 아는, 내 발로 서고 내 힘으로 판단할 수 있는 사람으로 성장시키는 겁니다. 이게 바로 누가 시켜서가 아니라 자신의 판단에 의해서 행동하고 실천하는 독립적 인간인거죠.

그런데 한국 대학 교육은 이런 독립적 사유를 하는 독립적인 인간으로 성장하는 능력들을 길러주지 않는 크나큰 아픔을 안고 있습니다. 이건 대학 교육만의 문제가 아닙니다. 어쨌든 대학 교육은 시급히 이쪽으로 교육 궤도를 수정해야만 합니다.

이현식 후마니타스 칼리지의 생각과 문화를 돌이켜보는 이번 기획의 의도가 어느 정도 통하는 것 같습니다.

그럼 다음 질문으로 넘어가겠습니다. 요즘의 젊은 친구들의 성향도 그렇고 한국 사회가 많이 바뀌었습니다. 이 변화에 맞추어 문화와 관련해서도 그 전과는 다르게 다양한 직업들이 생겼습니다. 제가 문화 재단에서 일하고 있는데 문화 재단도 그렇고 공연장이나 전시관, 혹은 문화 기획 일들이 과거와 비교해 많이 늘어났고, 이런 일을 하고 싶어 하는 젊은이가 많이 늘어난 추세입니다. 학교에서 학생들을 가르치는 입장에서 이런 일들을 하려는 젊은이들에게 어떠한 덕목이나 자질이 필요한지 말씀 부탁드립니다.

도정일 현재 문화 활동이 다양해진 만큼 문화 영역도 넓어져 일자리도 많이 생겨나고 젊음이 추구할 만한 업종도 아주 다양해졌습니다. 이건 나쁠 거 하나도 없죠. 문화 영역에 종사하면서 내가 내 삶을 재미있게, 의미 있게 꾸려나갈 수 있겠구나 하는 것, 새로운 사회 활동과 직업의 영역으로서 문화가 넓어졌다는 것은 좋은 일입니다.

문화를 나누어보면 여러 분야가 있습니다. 예술 영역이 있는가 하면 대중 문화 영역이 있고, 학문과 연구 영역, 종교 영역, 또 그 외의 많은 영역들이 있습니다. 그런데 어느 문화 분야에서 일을 하든 간에 거기 뛰어드는 젊은이들이 반드시 가져야 할 흔들리지 않는 정신 자세가 있어야 합니다. 질문으로는 덕목이라고 표현하셨죠. 우리 사회를 사람이 살 만한 사회로 유지시키는 것, 지탱하는 것, 이것이 문화의 커다란 일입니다.

살 만한 사회를 가능하게 하기 위해서는 어떤 토대가 있어야 합니다. 나는 그것을 문화적 토대라 부릅니다. 경제적 토대, 정치적 토대가 아닙니다. 경제적 토대, 정치적 토대라고 우리가 부르는 것들조차도 문화의 토대 위에 서있어야 합니다. 민주주의를 예로 봅시다. 정치 민주주의라 하는 것은 민주적 문화 가치 위에 서있어야 하고, 경제조차도 민주주의적인 가치 위에 서 있어야 그 경제가 사회를 붕괴시키지 않습니다. 요새 경제 민주화라는 말을 많이 사용합니다. 그렇다면 경제 민주화란 무엇입니까? 경제 민주화와 정치 민주화는 서로 완전히 분리될 수 있는 게 아닙니다. 그렇기 때문에 문화 영역에서 활동을 하려는 젊은이들은 사회를 사회답게, 사람이 살 수 있는 사회로 유지하기 위해 필요한 문화적 가치들이 무엇인지를 늘 생각해야 합니다. 이렇게 만드니까 잘 팔리더라, 저렇게 만드니까 대중적으로 호응이 좋더라 하는 것은 기술적인 문제입니다. 그 바탕에 뭐가 있어야 하는가가 중요하죠.

이현식 기초적인 토대를 말씀하시는 건가요?

도정일 예, 우리 사회가 어떠한 경우에도 희생할 수 없는 토대 가치는 무엇인가. 이 기저는 확실해야 합니다. 사실 누구나 다 아는 얘기로, 어려운 얘기가 아닙니다. 사람을 존중한다는 생명의 존엄성에 대한 인식을 예로 들어 보겠습니다. 인간 존재의 존엄이나 생명의 존엄성을 희생하는 사회는 문제가 있습니다. 자꾸만 추상적으로 들리지만, 그렇다면 문화적 가치라고 하는 것은 뭐냐 하면 인간의 생명과 그 존재의 품위를 잃지 않으려는 태도입니다. 굉장히 중요하죠. 문화 영역에 종사하는 사람들 중에도 이런 토대 부분이 약하면 바보 같은 짓을 많이 합니다. 그래서 품위와 존엄의 유지를 어떠한 경우에도 훼손할 수 없다는 자세, 하지 않는다는 자기 다짐, 자기에 대한 약속이 중요하고 필요합니다.

그 다음은 평화 문화입니다. 갈등은 불가피하지만 그래도 이 평화의 관념, 요새는 그걸 공존과 공생이라고 봅니다. 나만 잘사는 게 아니라 나와 다른 사람들이 공존하고 공생하는 사회를 유지하는 것, 이 공생 사회를 공공성이 살아있는 사회라고 말합니다. 지금은 문화 영역에서 공공성이 굉장히 많이 빠져나갔습니다. 돈 좀 굴려볼까 하며 좇으려는 준비는 하려는데 이게 공공의 가치에 위배되는 것은 아닐까, 내가 이런 문화 활동을 함으로써 공공의 가치를 훼손하는 것은 아닐까, 이렇게 자문하는 일이 대단히 드물죠. 젊은이들에게는 이런 게 있어야 됩니다.

이어서 공동체 사회를 유지하려면 이웃을 향한 배려와 선의의 정신이 있어야 합니다. 배려와 선의를 우리 이웃들에게, 인천에 살면 인천 시민들에게 베풀어야 합니다. 삶의 질의 차원에서 그들의 삶이 품위있게 유지되도록 내가 할 수 있는 일이 무엇이며 뭘 해야 할지 생각하는 배려, 그리고 나쁜 짓을 안 하겠다는, 그들의 삶이 즐겁고 행복한 삶, 품위 있는 삶이 되도록 내가 기여하겠다는 선의, 이것들이 참 중요한 정신이죠. 이것 말고도 자연과의 공생 문제도 있습니다. 이러한 것들이 매우 필요한 인식이고 토대입니다.

이현식 요즘 젊은이들은 스펙에 대한 강박관념이 너무 심해서 아주 개별화된 전문적 지식이나 자격증을 중요시합니다. 이러한 개별적인 것 이전에 가장 근본적이고 기초적인 것들이 왜 중요한 것인지를 내면화하는 작업을 선행해야 하는데 말이죠. 사람과 생명이 중요하다는 것도 머리로야 거부할 사람은 한 사람도 없겠지만, 그것을 내면화하고 자기 행동으로 실천하려는 노력이 필요하다는 말씀으로 정리하면 될 것 같습니다.

이번엔 문화헌장 제정에 관한 얘기입니다. 질문하기 전에, 저희가 지난번 지방 선거 때 문화에 대해 고민하면서 그 지역에서 활동하는 몇몇 사람들과 모였던 적이 있습니다. 모여서 문화와 관련해 한국 사회를 가치 있게 만들 수 있는 공약 과제 같은 게 뭐가 있을지 찾아보다 문화헌장이라는 것을 알게 되었습니다. 문화연대 쪽 사람들에게 듣기도 하며 문화헌장에 대해 알아보니 바로 우리가 생각하고 있던 게 그 안에 다 담겨있더군요.

문화와 관련한 정치인들의 공약을 보면 공연장을 짓겠다느니 뭘 하겠다느니 하지만 오히려 문화와는 별로 연관되지 않는 것들입니다. 그렇기 때문에 과연 문화가 무엇인지를 더 알리고 기본을 세워나갈 수 있는 기본 지표라는 것이 필요합니다. 지금 국회에서는 일부 의원들이 문화기본법을 제정하겠다거나 지역 문화와 관련된 각종 법률을 정비하겠다는 얘기를 하고 있습니다. 그러나 그 전에 문화와 관련해 우리 한국 사회가 가져야 할 기본 지표라 할 수 있는 걸 확인하는 작업이 있어야 하는데 그게 문화헌장입니다. 그런데 그 문화헌장이 별로 알려지지 않았기 때문에 좀 더 인식을 확산시키는 일이 필요합니다. 그래서 일부러 교수님을 찾아뵙고 말씀 듣고 싶었습니다. 그래서 여쭤보면, 그 당시에 문화헌장을 제정하게 된 배경, 구체적으로 어떻게 해서 만들어졌는지 말씀해주십시오.

도정일 시민 사회 단체들이 발의한 문화헌장은 이해 관계에 따라서만 살아가는 사회가 아닌 그 이상의 사회를 만들자는 것이고, 서로 공유하는 가치가 무엇인가를 확인하고 문화라고 하는 것이 어떻게 우리의 기본적인 권리인지를 확인하기 위함입니다.

문화라고 하면 지금도 대다수의 정치인들이 '아, 좋죠, 좋죠'라고 하지만 정작 먹고 사는 그 다음의 것으로 여깁니다. 그들의 눈엔 불요불급의 것이고 장식적인 것입니다. '금강산도 식후경'의 식후경 같은 겁니다. 그런데 그게 그렇지 않아요. 문화는 모든 사회 활동과 삶의 문명에 있어서의 기본이고 토대입니다. 이걸 좀 다지고 그 위에서 다양한 문화 활동이 꽃피는 풍토를 만들어봐야 하지 않겠는가 싶어 시민 사회의 사람들과 모여서 의논도 하고 그랬죠.

근데 이게 그냥 시민 사회의 헌장처럼 내놓는 것보다는 정부도 여기 참여시켜서 헌장이 만들어진다면? 이건 법률이 아니기 때문에 정부가 이 헌장을 이행해야 할 책임은 없습니다. 허나 이 헌장의 정신을 최대한 존중해서 정책에 반영하겠다면 참여와 정신의 공유, 이 부분에 있어서 정부는 책임을 인식할 것이라고 보았습니다. 이를 위해서 문화관광부에다 제의했죠. 그래서 위원들을 모아 여러 차례 토론회를 열고 전국을 돌며 공청회를 하면서 문안을 만들었고, 2006년 5월에 국립중앙박물관 앞에서 선포식을 개최했습니다.

그런데 무슨 문제가 있었냐 하면 '헌장을 만듭시다' 하고 시민 사회 단체 사람들을 모아놓고 보니 이 사람들 자신이 문화가 뭔지 잘 모르고 있더라는 겁니다. 문화라는 것으로 우리가 어떤 가치나 지표, 목표를 추구해야 할 것인가에 대한 생각들을 별로 안 해본 채 자기 단체의 이해 관계, 장르별 이기주의, 심지어 이를 통해 우리 단체에 무슨 떡고물이 떨어질까, 어떤 이득이 생길까 하는 것에 더 관심이 많았어요. 그래서 애를 먹었습니다.

앞서 말한 상황 때문에 만드는 과정에서도 말이 많고 '이거 끼웁시다, 저거 끼웁시다' 하는데 그렇게 끼우자고 들고 오는 것 보면 전부 부가적인 문제들이었죠. 우리는 토대를 만들려고 하는데 그렇지 않은 것들이 자꾸 들어와서 같이 합의를 하는 일이 얼마나 어려웠는지 모릅니다. 그래서 그 당시 이걸 만들면서 '아직도 우리는 문화헌장이라고 하는 걸 사회적인 토론과 합의에 의해서 만들 수 있는 수준의 사회가 아니다'라고 생각했습니다. 실제로 그랬어요. 지금은 어떨지 모르겠는데, 그래서 무척 실망했어요.

문화헌장 텍스트를 만든 후, 이 텍스트 자체는 누구도 싫다거나 할 수 없는 가장 기본적인 정신과 가치를 확인하는 문서이기 때문에 우리가 채택하는 걸로 하고 공표를 했습니다. 하지만 정부는 정부대로, 시민 단체들은 시민 단체들대로 각각 생각하는 것이 실리주의로 쪼개져 있었습니다. 예를 들면 정부는 이거 하면 정부 홍보에 도움이 될까, 정권의 업적이나 정당성을 강화하는 데 도움이 될까 하는 데 더 많은 관심을 보였고, 시민 사회 단체들은 그들 나름대로 각각의 이해 관계를 중시하는 모습을 보고 '이것을 사회에 널리 공표해봤자……'라고 판단했습니다. 널리 공개한다는 것은 중앙 정부가 채택을 하고 자치 단체에게 보내서 자치 단체가 이 헌장의 정신을 같이 공유했으면 좋겠다는 식의 사회적 확산화입니다. 이게 목표였는데 포기했습니다. 왜 포기했을까요? 누구도 그럴 용의가 없었어요. 중앙 정부는 중앙 정부대로, 자치 단체는 자치 단체대로…….

자치 단체의 문화 인식이라는 것은 수준이 말할 수가 없습니다. 지금은 어떨지 모르겠는데, 6년 전 자치 단체의 문화적 인식의 수준이라고 하는 것은 대단히 처참할 정도로 빈곤했었습니다. 그런 곳에 헌장을 보내봤자 쓰레기통에 들어가는 거죠. 그래서 몇 군데 언론사에만 보냈고 언론사에서 조금 보도를 했습니다. 이 헌장을 사회에 확산시켜서 학교, 언론, 자치 단체, 정부 기관, 각 문화 유산 단체들과 시민 단체들, 심지어 기업들까지도 헌장을 이해하고 참여해주길 바랐지만 어림도 없는 얘기였습니다.

선포식 후 좀 배포는 했죠. 하지만 그 후로 강하게 사회에 확산시키진 못했습니다. 처음에 우리가 정부에 기대했던 것은 이렇습니다. 이걸 만들면 선포식에 장관도 나오고, 못나오면 문화관광부가 이 헌장의 정신을 우리는 존중하겠다고 약속 선언을 하고, 심지어 대통령까지도 나서서 이 헌장의 정신을 인정하고 강조해주기를 기대했어요. 그런데 그런 게 될 분위기가 아니었습니다. 왜냐하면 '시민 단체들이 나와서 문화 가지고 뭘 한다는데?' 정도의 인식 수준이니 문화 행위를 아주 우습게 보고 있다는 겁니다. 지금도 그 수준에서 못 벗어났어요. 못 벗어난 정도가 아니라 오히려 더 퇴보했죠. 문화를 너무 우습게 압니다. 그때나 지금이나 한국 중앙 정부에서 변하지 않는 문화에 대한 인식은, 문화관광부에 가면 그렇지 않은 관리들도 몇몇은 있지만 문화가 문화 산업인 줄 압니다. 그러니까 문화 산업 정책만 엄청 추구해요. '그게 아니다. 물론 문화 산업은 중요하고, 성공한 문화 산업 정책이 있어야 하지만, 문화라는 것은, 문화 정책이라는 것은 산업 정책 이상의 것이다'

이렇게 입이 닳게 얘기해도 그 자리에서는 이해하는 척 해요. 그런데 나중에 보면 아무도 귀 기울이지 않죠. 그러면 문화헌장 같은 거 만들어서 뭐하겠습니까. 아까운 시간만 허비해 화도 나고 답답하고, 만들라고 애는 썼지만 죽은 문서처럼 되고 말았습니다. 그래서 이것을 되살릴 기회만 있다면 제 역할을 다하고 싶습니다.

이현식 그럼 이 질문과 연장선 위에서 문화헌장을 직접 제정하는 핵심적인 노력을 하신 분으로서, 이번 대통령 선거 국면에서 문화와 관련된 대선 주자들의 구체적인 공약이나 정책이 아직 나와 있지 않습니다만, 대선 후보들이 어떤 자세로 올해 대선을 임해야 할지 말씀해 주시기 바랍니다.

도정일 첫째는 이 사람들이 '문화가 산업 이상의 것이다'라는 것에 대해 철저한 인식을 해야 합니다. 이명박 정권은 지난 5년 동안 문화를 완전히 시장의 일부로 편입시켜버렸습니다. 그 결과 지금 문화는 시장과 별로 구분되지 않습니다. 물론 문화로 돈도 벌 수 있고 시장적 활동도 얼마든지 할 수 있죠. 그런데 그것과 구별되는 영역, 다시 말하면 시장화할 수 없고 팔아먹을 수 없는 어떤 것들이 문화 속엔 있습니다. 그것을 잃어버리면 또는 잊어버리면 그건 이미 문화가 아닙니다. 문화의 이름으로 여러 가지 활동을 하는 것은 나쁘지 않은데, 반드시 기억하고 있어야 할 것은 문화는 시장 논리나 시장 가치나 시장 운영의 원칙을 넘어서는 어떤 것이라는 거죠.

최근 마이클 샌델*의 책, 제목이 좋더군요. 문화는 팔아먹기만 하는 그 이상의 것입니다. 팔아먹을 수 없는 것, 팔려고 시장에 내놓으면 아무도 안 사갈지도 모르지만 우리가 그것의 가치를 인정하지 않고서는 사회 자체가 무너져버리는 그런 가치들이 문화에 있거든요. 그것을 되찾아야 합니다. 그 정신 위에서 문화 정책이 만들어지고 문화 산업 정책, 문화의 시장적 활용이 추구될 수 있겠죠.

그 다음, 민주주의의 기초는 헌법이 기본권의 형태로 규정해놓지 않았습니까. 헌법에 규정된 기본권인 자유권 같은 것 말이죠. 문화헌장 역시 기본 권리라고 해서 헌장 제1조를 보면 문화적 권리는 시민의 기본 권리입니다. 모든 시민은 부당한 검열, 감시, 위협에 시달리지 않을 권리, 양심의 자유를 제한받지 않을 권리, 사상과 교육의 자유를 적극적으로 실현할 권리 등이 있습니다. 이러한 기본권이 바로 문화라는 것을 알아야 합니다. 정치적으로만 규정되는 기본권이 아니라 바로 이 기본권을 지키는 것이 문화고, 문화 영역이라는 것을 반드시 알아야 합니다. 그래서 헌장 만들 때나 지금이나 생각합니다. '기본권으로서의 문화를 알아야 한다는 생각이야말로 문화 정책의 토대가 되어야 한다. 여기에 기반을 두지 않은 문화 정책은 사상누각이다.'

이현식 네, 현재 대선 국면에서 기존에 만들었던 문화헌장의 가치를 받아들이는 것은 본인들의 선택이겠습니다만, 어쨌든 이런 가치들이 전달이 됐으면 좋겠습니다.

* 마이클 샌델 : Michale J. Sandel. 미국 하버드대학교 정치학과 교수. 국내에는 『정의란 무엇인가』의 저자로 널리 알려져 있다.

그렇다면, 매번 대통령 선거가 됐든, 지방 선거가 됐든, 선거 시기엔 사회적인 공동체가 당면하는 여러 가지 문제들이 이슈화되고 어젠다 가 되는 경우가 많은데요. 지난번 지방 선거 때는 무상 급식이 이슈가 됐습니다. 사실 무상 급식 이면에는 보편적 복지에 대한 문제가 있었고 그 문제가 우리 사회에 본격적으로 제기된 것인데, 이번에는 경제 민주화가 정치권을 중심으로 많이 얘기되고 있습니다. 문화 쪽에서 일을 하는 사람의 입장에서 보면 교수님 말씀처럼 문화 역시 가장 기본적인 건데도 정치 현장에 들어가면 무슨 공연장 짓고, 축제 하는 식의 이벤트 정책으로 바뀌는데요.

도정일 그런 것도 물론 문화 토대 시설이죠. 그런데 그런 것들을 어디에 더 많이 짓는다거나 하는 것만이 정책의 기조가 아니라는 거예요.

이현식 그렇다면 문화가 가져야 할 가장 기본적인 것들을 확인시키고 사회적으로 사람들이 알고 고민하고 생각할 수 있는 기본적인 틀을 만들어내는 일이 필요할 것 같습니다. 문화 쪽에서도 제대로 된 문화, 제대로 된 것이 이런 것이다 라는 얘기를 일부에서는 하고 있고 토론회도 열리는 것으로 알고 있습니다. 이러한 상황에서 문화헌장이 어떤 가치나 의미를 갖고 있을 거라고 생각되는데, 관련지어서 문화 영역에서는 대선을 어떤 식으로 관심을 갖고 봐야 할지 말씀해주시기 바랍니다.

---

* 어젠다:agenda. 의제, 모여서 서로 의논할 사항이나 주제.

도정일 문화에 관한 생각은 다종다양하기 때문에 어떤 문화 형식이 이래서 이래야 한다는 통일된 의견은 누구도 제시할 수 없습니다. 다만 가능한 것은 무엇인가 하는 것입니다. 이 문화라는 것은 시민 생활의, 국민의 삶의 질을 결정하고 품위 있는 삶을 유지할 수 있게 하는 조건을 만들어내는 것입니다. 그리고 그 조건 위에서 사람들의 행복 지수랄까 이런 것이 높아지게 도와주는 이런 것이 문화인데, 누가 만들어서 주는 게 아니고 시민자체가 그것을 지향해야 합니다.

그러면 대선 후보들한테 어떤 문화 정책을 제안하는 것은 시민 사회단체들도 할 수 있고 이익 단체들도 할 수 있죠. 그러나 더 중요한 것은 후보든 개인이든 단체든 간에 '우리 사회가 문화라는 이름으로 한정되는 특수한 영역이 있다'가 아니라 대단히 넓은 삶의 토대로서의 문화라는 관점에서 문화에 접근해야 하고 정치, 경제, 사회 등 모든 영역의 바탕에 문화가 깔려있어야 합니다.

예를 들면 환경의 경우 말이죠. 지금 '지구가 병든다, 생태 체계가 무너지고 있다' 하는 경고음들 많이 들리지 않습니까. 그리고 원전 사고 겪으면서 핵발전소의 위기, 기후 변화에 따라 환경 정책이 추구되고 있는데 정부는 환경이나 녹색 정책을 펼 때도 늘 기술과 이 문제를 연결시키고 산업과 연결시키죠. 그럴 수 있습니다. 인정합니다. 녹색 지수를 어떻게 잘 개발하고 발전시킬지 말이죠. 그런데 더 중요한 것은 기술 발전의 진행 속에서 시민 각각이 자신이 사는 이 자연 조건, 생태 체계 속에서 각자가 할 수 있고 해야 할 일이 무엇인가를 알게 되는 그런 정책입니다. 이것은 정부가 이런 걸 내놓고 시민들한테 '당신들이 하시오' 하고 몰아붙인다고 해서 될 일이 아닙니다. 이럴 때 필요한 것이 시민 사회와 정부의 연합 제휴거든요. 시민 사회 쪽에서 자율성과 자발성을 발휘해야 할 부분입니다. 그럼 어떻게 하면 좋겠습니까? 예를 들면 환경에 관한 정책을 같이 머리 맞대고 찾아내야 합니다. 여기서 제일 중요한 것이 인간과 자연의 공생이라는 윤리입니다. 윤리라는 것은 문화거든요. '윤리란 뭐냐, 우리 삶의 토대다' 하는 정도가 아니고 한 발 더 나가야 합니다. 나무가 없으면 사람도 살 수가 없습니다. '인간아, 나무 없이는 너도 없어.' 이렇게 내가 없으면 너도 없는 것입니다.

이웃들에게도 마찬가지입니다. 지금은 다들 나만 생각하고 나만 추구합니다. 이웃에 대한 우리의 관점, 공생의 관점에서 '저 이웃이 없으면 나도 없어' 이렇게 될 때에 윤리라는 것이 사람들을 옭아매는, 사람들의 삶을 결속시켜 주는 중요한 힘이 됩니다.

그런데 이런 윤리 감각의 사회적 확산을 누가 도와줄 수 있을까요? 정부는 못합니다. 그래서 시민 사회가 필요한 거예요. 시민 사회가 정부한테 제휴를 해야 합니다. '그렇다면 문화 정책을 만들기 위해서 우리가 무엇을 어떤 절차로 이 정책을 수렴해야 될까요? 포럼, 플랫폼을 만듭시다' 해서 서로가 문화에 대한 생각을 확인하고 고칠 건 고치고, 인식을 깊이 공유해야 합니다.

교육도 마찬가집니다. 대학 교육의 기저를 살펴보면 완전히 망가져 있습니다. 지금 공교육은 존재하지 않습니다. 조금 과장해서 말하면 교육이 무너졌습니다. 무슨 말이냐 하면 애들 성적 올리기 경쟁, 입시 교육 등 우리 사회가 학생들이 성적을 올려야만 하는 사회로 치달아왔습니다. 특히 지난 몇 년 동안 더 심했습니다. 언론도 여기 가세해서 성공한 CEO가 어쩌고저쩌고 해요. 성공한 모델을 제시하는 것은 좋은데 그걸 떠나서 가치 주입을 하는 거죠. '저 사람처럼 살아야, 저 사람처럼 일등 해야 너도 사람답게 살 수 있어.'

강남에 가면 정신과 병원이 참 많습니다. 정신 질환을 앓는 아이들이 많아서입니다. 정신 질환이라는 게 뭡니까? 사회적인 질병이잖아요? 우울증 같은 정신적인 위기, 질환을 겪으면서 자라는 아이들이 정상적으로 성장해서 좋은 시민이 될 수 있겠습니까? 기대하기 어렵습니다. 사회를 유지하고 좋은 사회를 만들고 사람들이 좋은 삶을 만들 수 있는 것이 문화여야 하는데, 교육이라는 문화 영역이 해온 역할을 보면 그걸 불가능하게 해오고 있다는 거예요.

강남에서는 엄마들이 아이를 심하게 때린다는 말을 들었습니다. 성적 떨어졌다는 이유로요. 언젠가 한번 인터넷에 났었죠. 엄마가 외출하면서 냉장고에다 메모를 붙여놓고 갔는데 내용인즉, '네 성적을 보니 굶겨죽이고 싶지만 그래도 돼지볶음 어디에 있으니 찾아먹어라' 했다지요. 굶겨죽이고 싶다는 이 심리가 그렇다면 이 여성이 무식하고 무교양해서 그런가요? 아닙니다. 그 일차적인 책임은 남편한테 있고, 시아버지한테 있고, 남자들한테 있습니다. 왜냐하면 여자이자 아내들이 봤을 때 자신들이 이 세상에 존재하는 이유이기 때문입니다. 그들은 아이의 성적을 올려주기 위해서 존재합니다. 그런 정도로까지 처참해졌습니다. 시아버지까지 가세해서 '남자들 밖으로 돌면서 뼈빠지게 일해서 돈 갖다 주는데 네가 할 일이 뭔지 알지? 애 성적 올려. 그런데 70점 받아왔데?' 하면 여자는 좌절합니다.

그러면 어떻게 될까요? 이렇게 책임 소재를 따지고 올라오면 궁극적으로 사회 자체로 옵니다. 사회 자체가 지독하게 병들었습니다. 더

구나 우리는 조선시대 5백 년의 과거 문화의 전통이 있습니다. 시험 쳐서 합격하고 관료가 되고……. 지금도 과거제도가 있잖아요? 각종 자격증 시험, 고시 제도 같은 게 한국처럼 많은 나라는 드뭅니다. 법관 임명에도 고시, 공무원 뽑는 데도 고시, 전부 시험을 거치고 자격증을 따지 않으면 인정을 못 받고 어디 취직도 못해요. 이렇게 사람들을 아이 때부터 미래 세대를 밀어붙이는 사회가 정상적인 사회일 것인가. 아닙니다. 교육이 굉장히 중요한 문화 부분인데 지금도 교육 정책 하면……. 이명박 정권에서의 교육 정책이란 '성적을 어떻게 더 올릴 것인가' 하는 것이지요.

성적이라고 하는 것은 중요한 파트이긴 합니다. 그런데 그보다 더 중요한 건 한 아이를 성숙한 인간으로 성장하게 돕는 것이거든요. 그런데 인간은 쏙 빠지고 성장만 남아있습니다. 친구도 날아갔습니다. 친구는 우정이란 가치에 의해서 결속되는 것인데, 지금은 친구라는 가치도 없어요. 친구란 나하고 맞으면 함께 놀러 다니기도 하지만, 시험 때가 되면, 또는 피할 수 없는 경쟁에 마주치면 옆구리 찌르고 발로 차고 타넘어야 하는 어떤 대상이란 말이에요. 그러니 아까 얘기한 가치라고 하는 것이 날아가 버리는 겁니다.

오로지 경쟁이 있고 성공만이 있고, 이렇게 아이들을 키우는 나라, 이것은 정신적으로 도덕적으로 가장 부패한 사회의 특징입니다. 병들고 부패한 사회, 이런 것을 대선 후보들이 아는가? 조금 알겠죠. 그런데 아는 척하지만 '그래도 급한 일은 아니야, 정치적으로 정체성이 어떻고 이럴 일은 아니야' 하고 생각하는 거예요. 왜냐하면 교육에 대해 잘못 얘기하다 보면 들고 일어나는 사람들이 많습니다. 그래서 굉장히 말조심하게 되죠. 그러나 이 교육 문제를 근본적으로 뜯어고치지 않으면 사회 개혁이 안 됩니다. 정치 쇄신보다 더 심각하고 시급한 것이 교육 쇄신입니다. 잘못된 문화를 고쳐내는 일입니다. 제대로 된 문화로.

이현식 환경이든 교육이든 어떤 특정 영역을 가리지 않고 문화는 다양한 영역들 밑바닥에 본질적으로 형성되어 있는 기저이며, 문화가 살아나야 환경, 교육도 다 살아날 수 있다는 말씀이시군요.

도정일 문화라는 기본 위에 서야 교육이 제대로 됩니다.

이현식 결국 우리 사회를 떠받치고 있는 것이 문화이기 때문에 문화가 중요하다는 것이군요.

도정일 네. 운동장이 꺼졌습니다. 그런데 그 위에서 뛰라고 해봐야 뛰어지나요? 자꾸 빠지고 엎어지죠. 복지도 마찬가집니다. 보편 복지가 어쩌고저쩌고 하는데, '무상 급식도 보편 복지냐 아니냐' 하면 보수주의자들이 나서서 '돈 있는 아이들한테도 무상으로 밥을 줘야 하나' 이러고 달려드는 거죠.
　보편 복지의 정신이 가진 기본적인 사고 방식은 무엇일까요? 급식을 하는 게 초·중·고등학교까지잖아요? 그런데 중·고등학교를 보면 무상 급식도 아니고 돈을 좀 내기도 하는데, 만약에 그런 관행이 지속된다면 아이들이 자라면서 차등과 불평등에 대한 어떤 경험을 겪게 될 가능성이 많습니다. 그거 서글픈 경험이거든요. 분노를 낳을 뿐만 아니라 원한을 갖게 하는……. 그래서 민주주의를 지향하는 사회는 평등한 의식, 평등성의 확장이라고 하는 정치적인 이상을 반드시 시야에 넣고 있어야 합니다.

이 평등성에 대해 말해보죠. 아이들이 자라는 동안 학교에서 점심을 먹는데 어떤 아이는 좋은 도시락을 싸와서 좋은 음식 먹고, 어떤 아이는 굶기도 하고, 어떤 아이는 학교의 무상 급식을 교재 배급 받듯이 타서 먹습니다. 이 학교 환경에서부터 불평등의 폭격을 받지 않게 하려면 어떻게 해야 할까요? 어릴 때부터 불평등을 보고 자라서 원한이 싹트면 평등 사회를 만들어가는 시민이 길러지지 않습니다. 무상 급식을 주장하는 사람들이 늘 강조하는 부분인데 잘 안 먹혀요. 기본 정신은 그겁니다.

그래서 복지란 결국은 소득 배분의 균등화입니다. 돈이 있는 사람만 살 수 있는 사회가 아니고 1%의 부유층과 99%의 빈곤층 혹은 중빈곤층 사이의 불평등을 얼마나 해소할 수 있는가 하는 것입니다.

불평등이라는 것은 어느 사회에나 있습니다. 그리고 불평등의 정의를 추구할 때가 있습니다. 무슨 소리냐 하면 '불평등' 하면 우리가 대단히 네거티브하게 듣습니다. 예를 들면 지방 대학생들은 취업난이 심해 쿼터제를 둬서 공무원 시험이든 기업 시험이든 일정 쿼터를 줍니다. 이런 할당제를 하게 되면 불평등으로 보이죠. 자유 경쟁 사회가 아닌가요? 그런데 이 때 불평등은 왜 그 자체로 정의로운 일이 될까요?

복지라는 것은 한 사회의 최저 수혜자를 위한 혜택을 늘려나가는 일입니다. 기본적으로 소득 배분의 균등성, 공평성을 추구하면서 최저 수혜자를 돌보는 체제여야 합니다. 부자들한테 특별히 무슨 복지가 필요한가요. 물론 좀 필요한 데가 있죠. 그런데 복지의 대상은 최저 수혜자입니다. 그러면 최저 생계비, 최저 임금, 또 사회적으로 차별을 받는 어떤 집단이나 지역에 그 차별을 타넘을 수 있는 제도를 만들어줘야 합니다. 앞서 말한 쿼터제 같은 것을요. 이런 것을 시행하는 것이 복지인데, 이때 이 복지 정책 속에는 불평등 요소가 낄 수 있습니다. 그런데 이 불평등은 잘못된 불평등이 아니라 정의로운 불평등일 수 있거든요. 이 불평등이라는 것을 사회적으로 허용해야 하는 혜택인가 물을 수 있습니다. 이것을 사람들이 알기만 하면 됩니다. 예를 들어 '장애인을 도웁시다' 하는 장애인 의무 고용제 같은 걸 보면 아무도 투덜거리지 않습니다. 최저 수혜자이기 때문에 도울 필요가 있다는 거죠.

결국 문화는 기본권으로서의 문화, 사람은 한 사회의 시민으로 자유롭고 평등해야 합니다. 이 평등권과, 평등권이라는 문화적 권리와 복지는 이렇게 연결되어 있습니다.

이현식 마무리를 하면, 이번 기획이 백범 선생이 「나의 소원」이라는 글을 쓰면서 본인이 살고 싶은 나라는 무력이 강하거나 하는 나라가 아닌 어떤 것보다 '문화의 힘이 강한 나라에서 살고 싶다'는 말씀을 하셨고 그게 해방 당시의 말씀인데 지금도 우리한테는 여전히 이루어지지 않은, 우리가 가야할 과제란 생각에서 출발했습니다. 그래서 최근 대선 국면에서 비교적 그동안 한국 사회의 여러 가지 문제들을 반성적으로 돌이켜보면서 하는 노력들이 일부에서 나오는 것 같아 반가운 부분이 있습니다. 문화도 그런 점에서 이번 기회에 꼭 점검되어야 될 것들이 있다고 생각하여 오늘 교수님께 말씀 들을 기회를 가진 것

입니다. 마지막으로 교수님께서 마무리 삼아 말씀해주시고 마치도록
하겠습니다.

도정일 오늘날 문화는 시장에 치여서 심각한 왜곡과 위축을 겪고
있습니다. 김기덕 감독이 영화를 만들어 어디서 상을 받았다고들 하지
만 시장에 나오면 얼마나 흥행될지 모릅니다.

한 나라의 문화 역량을 키우는 것은 정부만이 아닙니다. 정작 시민
이 그것을 키워야 합니다. 자기 자신이, 우리들 자신이 그것을 키워야
하고, 문화 강국이 될 수 있는 터전을 우리 손으로 만들어야 합니다. 디
자인 잘 한다느니 IT 강국이라느니 하는 걸 포함하더라도 문화 강국의
의미는 다른 데 있습니다. 궁극적으로는 문화적인 역량, 문화적으로
성숙한 국민인가 아닌가가 문화 강국의 척도입니다. 이제 여기에 교육
이 참여해야 하고, 가정도 참여해야 하고, 개인들이 이 문화를 생각해
봐야 하는데, 지금 문화는 시장에 의해 좌우되는 문화, 대중 매체에 의
해서 좌우되는 문화, 오락과 재미의 문화입니다. 개인도 그렇지만 공
동체를 지켜나가는 데도 시민들이 이 표피적인 감각을 즐겁게 해주는,
이를테면 오락 위주의 문화는 필요하죠. 하지만 이것 말고도 우리가
부단히 염두에 두고 지켜나가고 발전시켜야 할 문화가 있습니다.

어떤 놀이가 있습니다. 그 놀이를 제레미 리프킨*은 심오한 놀이, 디

---

* 제레미 리프킨 : Jeremy Rifkin. 워싱턴 경제동향연구재단 설립자겸 이사장. 자연과학과 인문과학
을 넘나들며 자본주의 체제 및 인간의 생활방식, 현대 과학기술의 폐해 등을 날카롭게 비판해온 세계적
인 행동주의 철학자. 전 세계 지도층 인사들과 정부 관료들의 자문역을 맡고 있다.

플리 플레이*라고 부르는데 그 명칭이, 용어가 참 재미있어요. 내 식으로 얘기하면, 삶의 의미와 삶의 가치를 깊게 생각하는 놀이로 보는 겁니다. 그 놀이는 사람들이 모여서 '우리 삶의 의미를 깊게 생각해보자' 그런 게 아니라, 놀면서 놀이에서 또는 어떤 행사에서 뭘 하는 겁니다. 예를 들면 '책을 읽는다' 이것도 놀이거든요. 그런데 이 놀이는 이걸 해서 내가 돈을 얼마나 벌 수 있는지 따위가 아니고 내 삶의 의미와 가치를 깊게 하기 위한 나의 노력, 내가 노는 일, 내 영혼이 노는 일, 내 영혼을 키우는 이런 일이거든요. 말하자면 깊은 놀이가 점점 사회에서 모습을 감추고 있습니다. 정치권도 시민들도 함께 이 문제를 생각해야 합니다.

---

* 디플리 플레이 : deeply play. 심오한 놀이. 완전한 몰입을 통해 삶의 의미를 깨닫고 희열을 느낄 수 있는 활동.

대한민국 문화헌장

문화는 사람이 사람답게 살 수 있는 사회의 기초이다. 문화는 시민 개개인이 삶의 다양한 목표와 염원들을 실현해 나갈 자유로운 활동의 터전이고, 공동체를 묶어주는 공감과 정체성의 바탕이며, 사회가 추구해야 할 가치, 의미, 아름다움의 원천이다. 문화는 정치, 경제, 사회의 전 영역에서 인간의 품위와 생명의 존엄을 모든 가치의 중심에 두는 사람의 사회를 열게 하며, 시민 생활의 질을 높여 모든 이가 삶의 즐거움과 행복을 누릴 수 있게 한다.

보존할 것을 보존하고 바꿀 것을 바꾸며 성찰과 희망을 버무려 과거, 현재, 미래가 만나게 하는 것이 문화의 역동성이다. 우리가 전통의 가장 좋은 부분들을 이어받고 변화의 시대적 요청들을 슬기롭게 수용하여 미래를 향한 열린사회, 정의로운 사회, 아름답고 넉넉한 사회를 만들어 갈 창조적 동력은 문화로부터 나온다. 우리는 이 땅에 사는 모든 이가 다 같이 누려야 할 문화적 권리들을 확인하고 공동체의 초석이 될 문화적 가치들을 찾아내며 사회 발전의 문화적 원칙들을 천명하여 인간다운 삶의 토대를 다지고자 2006년 5월 이 헌장을 공표한다.

1. (기본 권리) 문화적 권리는 시민의 기본 권리이다. 모든 시민은 부당한 검열, 감시, 위협에 시달리지 않을 권리, 양심의 자유를 제한받지 않을 권리, 사상과 표현의 자유를 적극적으로 실현할 권리, 이 땅 어디에서나 품위 있는 삶을 영위할 권리를 갖는다.

2. (창조, 참여, 향유의 평등한 권리) 문화적 권리는 시민의 평등한 권리이다. 모든 시민은 계층, 지역, 성별, 학벌, 신체조건, 소속집단, 종교, 인종 등에 의한 어떠한 차별도 없이 문화를 창조하고 문화 활동에 참여하며 문화를 향유할 평등한 권리를 갖는다. 시민은 삶의 질을 높일 창조적 문화 환경과 여가를 누릴 권리, 문화교육과 예술교육을 받을 권리, 평생 학습을 추구하여 스스로 기회를 창출할 권리, 모든 분야의 지식 정보와 전달 매체에 평등하게 접근하고 자유로운 표현 수단을 가질 권리, 자신의 문화적 삶에 영향을 주는 공공 정책의 결정과 그 집행 과정에 참여할 권리를 갖는다.

3. (공동체의 문화적 토대) 사회 공동체는 더불어 사는 삶의 토대가 될 기본적인 문화적 가치들을 늘 확인하고 존중해야 한다.

(가) 공동체를 지탱하는 기본적인 문화적 가치들에는 사람과 생명의 존엄, 평화와 관용, 이웃을 향한 배려와 선의, 공정성과 연대, 자연과의 상생이 포함된다.

(나) 아름답고 선한 것의 존중, 공적 가치의 옹호, 역사적 기억과 경험의 공유, 옳고 그름에 대한 이성적 판단과 같은 문화적 능력도 공동체를 묶어줄 시민적 덕목의 원천이고 상호 신뢰, 협력, 유대의 기초이다.

4. (다양성의 원칙) 문화 다양성은 개인적 집단적 정체성과 자주성의 토대이고 사회를 풍요롭게 하는 다원성의 원리이며 평화와 공존의 기틀이다.

시민은 자유롭고 다양한 방식으로 의미를 생산하고 가치를 표현하며, 자신이 원하지 않는 가치, 이념, 관습에 대해서는 무조건적 순종을 강요받지 않는다. 시민은 나라 안팎의 다양한 문화들 사이의 차이를 이해하고 존중하여 세계의 문화 다양성과 평화를 증진하는 데 기여한다.

5. (약자와 소수자의 문화권) 사회적 경제적 약자와 소수자의 문화적 권리는 특별히 보호되어야 한다.

(가) 모든 어린이와 청소년은 누구도 뒤처지거나 억눌리는 일 없이 자유롭고 평등하며 창조적인 문화 환경 속에서 평화, 정의, 상호 존중, 이해, 나눔의 정신을 가진 완전하고 조화로운 인격체로 성장할 수 있어야 한다.

(나) 정신적 신체적 장애인은 그 존엄성의 보장과 자립의 촉진, 적극적인 사회 참여와 개인적 발전을 기하는 데 필요한 문화적 지원을 제공받아야 한다.

(다) 불우한 환경의 여성, 노약자, 고아, 독거노인, 혼혈인, 소년소녀 가장 등 사회 경제적 소외의 조건 속에 살고 있는 이들에 대해서는 그 생활수준을 개선하고 삶의 품위를 높이기 위한 문화 복지가 보장되어야 한다.

(라) 외국인, 이주민, 이주 노동자를 포함한 언어적, 민족적 소수자와 소수 집단은 이 땅 어디에서나 시민과 동등한 문화적 권리를 누릴 수 있어야 하며, 자신들의 고유 문화를 향유하고 정체성을 유지하고자 할 때에도 그 권리를 누릴 수 있어야 한다.

(마) 성적 소수자를 포함한 문화적 종교적 소수자와 소수집단은 자기 의사에 반하는 문화 정체성을 강요받지 않는다.

6. (문화유산 보존의 원칙) 민족의 경험과 염원이 담긴 유무형의 문화유산과 역사 유적들은 이 땅에 사는 모든 이의 공유 자산이고 민족적 정체성의 바탕이며, 훼손할 수 없는 인류 문화유산의 일부이다. 전통문화유산과 역사 유적은 온전하고 아름답게 보전되고 민족의 창조적 업적에 대한 존경과 애착을 고취할 수 있도록 모든 이에 개방되어 새로운 문화 창조와 문화 발전의 기반으로 활용되어야 한다. 문화적으로 중요한 자연유산과 고유의 생태적 요소들도 넓은 의미의 문화유산에 포함된다.

7. (지역 문화 창달의 원칙) 지역 문화는 지역 사회를 발전시키는 활력의 원천이며 지역공동체를 결속시키는 정체성의 토대이다. 지역 문화를 가꾸어 나가는 일은 주민의 자주적 참여와 주민 자치의 원칙을 따라야 한다. 지역 주민은 자기 고장의 언어, 민속, 전통 같은 고유의 표현 형식들을 포함한 자생적 문화 자원들을 보존하고 문화 발전에 창조적으로 활용할 수 있어야 한다.

8. (예술과 학문의 자유 원칙) 예술과 학문은 창조와 혁신의 원천이며 사회의 지적, 감성적, 윤리적 발전의 토대이다. 시민은 누구나 그 능력과 재능에 따라 예술 창작과 학문 활동에 참여할 수 있어야 하며, 그가 이룩한 창조적 성과는 정당하게 보호되어야 한다. 예술과 학문은 과도한 상업주의와 이념적 독선의 폐해로부터 보호되고 표현, 사상, 탐구의 적극적 자유를 보장받아야 한다. 시민은 예술과 과학 분야에서 이루어진 발전과 응용의 혜택을 고르게 누릴 수 있어야 한다.

9. (민주주의의 문화적 토대) 민주 사회를 튼튼

히 발전시키고 유지하는 데는 정치, 경제, 사회를 비롯한 시민 생활의 모든 영역에서 민주주의의 원칙, 제도, 가치를 존중하고 함양하는 문화적 토양이 필요하다. 정부와 지방자치단체들은 자유, 평등, 정의, 자율 및 연대의 원칙에 입각하여 이 땅에 민주주의가 뿌리 내리고 발전할 수 있는 문화적 토대를 힘써 다져나가야 하며, 주요 국가 정책에서 민주주의 문화의 기조를 항상 유지해야 한다.

10. (경제 발전의 문화적 목표) 문화는 경제 발전을 이끄는 강력한 원동력임과 동시에 경제 발전의 궁극적 목표이다. 경제 발전과 번영은 언제나 인간답고 품위 있는 삶의 실현이라는 문화적 목표를 지향해야 해야 하며, 그 목표로부터 지속 가능한 발전의 동력을 얻어내어야 한다.

11. (문화산업의 균형 원칙) 문화산업은 산업적 활동임과 동시에 시민의 정신 생활과 정체성 형성에 영향을 주는 문화적 활동이다. 문화산업은 경제적 가치와 문화적 가치 사이의 적절한 균형 속에서 시민의 문화 생활 수준을 높이고 정신적 발전을 도우며 문화의 국제 교류를 통해 나라와 나라, 국민과 국민들 사이의 상호 존중과 이해, 세계 평화와 안전을 증진하는 데 기여할 수 있어야 한다. 시민의 문화 생활에 중요한 역할을 담당하면서도 시장 경쟁력의 열세에 놓인 문화산업 분야들이나 시장에만 맡길 수 없는 예외적 분야들에 대해서는 적절한 사회적 지원이 제공되어야 한다.

12. (국가의 책무)

(가) 문화 권리 보장의 책무 : 국가는 이 헌장에 천명된 시민의 문화적 권리를 보장하는 정책을 세우고 실시할 의무가 있다. 정부와 지방자치단체들은 도서관, 박물관, 공연장을 비롯한 공공의 문화 기반시설들을 부단히 확충하고 봉사 체제를 강화하여 문화의 공공성과 문화 복지의 수준을 높이고, 시민의 생활환경과 활동 공간을 문화의 관점에서 개선하며 법률과 제도에도 늘 문화적 관점을 도입해야 한다.

(나) 문화 활동 지원의 책무 : 시민의 문화적 능력은 정치, 경제, 사회 등 시민 생활의 모든 영역에 필요한 시민적 역량의 기초이며 행복한 삶의 토대이다. 정부와 지방자치단체들은 시민 개개인과 민간 단체들이 전개하고자 하는 교육, 자기계발, 창작 등의 문화 활동을 적극 장려하고 지원해야 하며, 지역 간 문화 발전의 격차를 힘써 줄여나가야 한다.

(다) 제휴 협력의 원칙 : 정부와 지방자치단체들은 시민 생활의 질을 높이기 위한 민간의 창의적 제안을 환영하고 존중하며, 시민의 문화적 삶에 관련된 사업을 계획하고 시행할 때에는 민간단체들과의 제휴 협력을 적극적으로 모색해야 한다.

13. (실행의 약속) 정부와 지방자치단체들은 이 헌장의 정신을 구현하기 위한 법적, 제도적, 정책적, 재정적 조치와 그 밖의 구체적이고 유효한 조치들을 지속적으로 강구하고 실행해야 한다. 시민사회와 시장의 영역도 이 헌장이 천명하는 문화적 이상을 실현하기 위해 노력할 의무를 지닌다.

2006.5.21

삶의
가치로서의
문화
실현하기

세종문화회관 사장 **박인배**

박
인
배

서울대학교 물리학과를 졸업하
고 한국민족예술인총연합 상임
이사, 한국문화예술진흥원 이사,
극단 '현장' 대표, 한국민족극운
동협회 이사장 등을 맡았고 2013
년 1월부터 세종문화회관 사장
으로 일하고 있다. 세종문화회관
수장으로 취임한 후 시민과 함께
하는 예술, 쌍방향 예술 생태계
실현 등 문화 생태계 전체의 활
성화를 위한 그림을 그려왔다.

이현식 박인배 사장님은 세종문화회관 사장을 맡기 전부터 문화 쪽에서 여러 가지 활동을 해오셨습니다. 어떻게 보면 1세대 문화 운동가라고 얘기할 수 있는데요, 간단하게 본인 소개 부탁드립니다.

박인배 원래 대학 학부 전공이 물리학이어서 문화 쪽과는 관련이 없었는데 연극반 활동을 시작해서 공연예술 쪽에 몸담게 됐습니다. 문화 운동을 생각하게 된 것은…… 학교를 다녔던 시절이 1970년대 유신독재 시절이었고, 그 이후 주로 전국적으로 활동했던 1980년대는 유신에 이은 신군부독재 시절이었습니다. 그런 환경에서 어떻게 문화예술로 저항하고 민주주의 정치를 할 것인가를 생각하지 않을 수 없었기 때문에 문화 운동가, 저항 예술가가 자연스러운 것이었어요. 이렇게 1970, 80년대에는 그런 운동을 할 수밖에 없었죠.

이현식 저희가 알기로는 연극으로 시작했지만 마당극 같은 활동도 많이 해서 경기도의 여러 지역 축제도 관여하신 것으로 알고 있습니다. 맡았던 일들에 관해 말씀해주시기 바랍니다.

박인배 1970, 80년대에 그런 활동을 하다 보니까 제도권 예술계에서는 일종의 활동 금지 상태였는데, 극장에서 쫓겨나니 야외 활동의 틀들을 만들어낼 수밖에요. 1980년대 말, 1990년대 초반에는 민주화에 따라 대중 운동들이 활발해지고 집회도 많아졌는데, 집회 공연 같은 데서 야외 공연의 여러 연출 방법론들을 개발했습니다. 이렇게 긴장한 상태에서 개발한 야외 공연의 여러 연출 방법론은 1990년대 중반 이후에 지역 축제가 크게 활성화되면서 야외 축제에서 유용하게 활용할 수 있더군요. 그래서 1997, 98년에 서울시 단오축제를 새로운 형태로 시행했고, 2000년도부터 2002년도까지는 과천마당극제[*] 예술 감독을 맡아서 초기 과천마당극제를 정착시키는 기획들을 했습니다. 2003년 문민정부 이후부터는 문화부 정책자문위원으로 국가 문화 정책을 검토할 수 있는 기회를 여러 차례 가졌고요. 2006년부터 2009년까지 3년 동안 안성 남사당 바우덕이 풍물단[**] 예술감독으로 가서 전통 연희를 현재의 축제와 연결시키는 기획과 전통 연희의 상품화 과제 같은 것들을 맡아서 일을 했었죠.

이현식 그래서 현재는 세종문화회관, 여기는 직책이 사장입니다. 조금 낯선데요.

박인배 다른 예술단이나 예술 감독직과는 달리 여기는 예술적 방향성을 가지되 기관 경영 부분에 많은 비중을 두고 있어서 그런 이름이 붙은 것 같습니다.

이현식 저는 1980년대 중반에 대학을 다녔는데요, 1970년대 반독재, 반유신의 저항적 운동의 일환으로 시작된 문화 관련 활동, 구체적으로는 연극, 공연 쪽부터 시작해서 1980년대에는 좀 더 확산되어 대

---

* 과천마당극제 : 과천한마당축제. 경기도 과천시에서 해마다 9월에 열리는 공연예술축제.
** 안성 남사당 바우덕이 풍물단 : 옛 남사당의 근거지였던 안성시에서 이를 계승, 발전시키고자 창단하였다.

학 학생 운동까지, 그런 문화 운동이 1980년대에 아주 광범위하게 퍼지게 되었습니다. 1970년대에 운동의 일환으로 했던 문화의 한 장르가 보편화된 것입니다. 사실 저도 대학을 다니던 1980년대 중반에 집회에 참여하곤 했는데 실제로 집회에서 자연스럽게 공연이 이뤄졌었어요. 많은 사람들이 모여 공연을 같이 보면서 웃기도 하고 어떻게 보면 저항에 대한 열정과 의지를 더 강화시키기도 하고요. 그러한 것들을 초기에 만든 분으로 알고 있습니다. 그러다 1990년대 민주화 이후에 제도권 영역 안에서도 여러 가지 활동을 하셨고 오늘에 이르렀다는 생각이 듭니다.

최근에도 문화와 관련된 활동가들이 많습니다. 여러 지역에서 많은 사람들이 이런 활동들을 하고 있는데, 사실은 1970년대, 80년대 '문화 운동'과는 좀 다른 것 같아요. 70, 80년대 문화 운동이 아닌 문화 활동과 관련하여 젊은 친구들에게 필요한 덕목이나 자질로 어떤 것들이 있는지 말씀해주시기 바랍니다.

박인배 이건 모든 문화예술 활동의 기반이기도 한데, 예술 활동을 왜 하냐에 대한 자기 질문을 끊임없이 해야 합니다. 사실 저는 초기에 전공이 아닌 취미 활동으로 연극을 시작했습니다. 그런데 연극을 하기 위해서는 돈, 자금이 많이 필요하거든요. '이런 큰 자금을 내 취미 활동에 써도 되나' 하고 회의를 가진 적도 있었습니다. 연극으로 수입이 생기냐 안 생기냐의 문제가 아니라 많은 돈을 내 취미 활동에 써도 되는가 하는 거였죠. 그런데 그것이 점점 '그렇다면 예술가의 사회적 기능이 무엇인가' 하는 생각을 하게 되고 이른바 '인문학적 깊이'가 생겨났습니다.

예술가의 사회적 기능이란 사회의 미래를 예감하고 예측하는 일이라고 봅니다. 환경이 아주 나빠지면 이끼 같은 친구들이 먼저 죽는다면서요? 그런 환경에 대한 민감함, 바로미터 같은 역할이지요. 즉 사회변화 또는 시대 정신의 변화를 미리 예감하고 그것을 먼 미래가 아니라 반 발짝 정도 앞서서 예견할 수 있어야 합니다. 사회과학자들도 그런 예측을 하는 사람들이죠. 그런데 그 사람들이 논리로 예측을 한다면 예술가들은 사회 변화, 시민들의 정서적 변화 같은 것들을 직감적으로 예감할 수 있어야 하고, 그것을 자기 표현을 통해서 드러낼 수 있어야 하는 사람이라고 생각해왔죠. 세상의 변화에 대해서 민감하게 느껴야 될 필요가 있습니다.

이현식 압축해서 얘기하면, 인문적 교양을 바탕으로 시대나 사회의 변화를 감성적으로, 직관에 의해서 파악하고 그것을 통해서 과연 예술이 어떻게 사회 변화에 대응해야 할 것인가 고민하는 게 중요하다 라고 정리하면 될 것 같습니다.

박인배 네, 그런데 그 직관이 자칫 자기만의 주관으로 빠지지 않게끔 노력하는 것도 대단히 중요하죠. 많은 예술가들이 자신의 주관을 예술의 고유 영역이라고 주장하고 있는 경우가 많거든요.

이현식 그렇죠. 그런 것에 대한 사회적 책임, 그리고 자기 생각이 사회 속에서 어떻게 검증받는지 이런 것들이 중요하다고 이해하면 될 것 같습니다. 박인배 사장님의 개인에 대한 얘기와 생각들은 이 정도로 정리하겠습니다.

화제를 바꾸어, 사실 과거의 참여정부나 DJ정부 아래에서도 여러 가지 일들을 하신 걸로 알고 있습니다. 특히 현재 세종문화회관 사장이 된 것은 어떻게 보면 아주 구체적인 정책 현장에서 여러 가지를 결정할 수 있는 자리에 계신 것이라고 생각합니다. 짧은 기간 동안 많은 일을 하셨는데 일하시면서 느낀 점도 많을 것 같습니다. 그러한 느낀 점들을 정책의 문제들, 한계점, 성과 같은 부분과 연관시켜 말씀해주시기 바랍니다.

박인배 문화부 정책자문위원을 할 때의 역할이 바둑 두는 데 훈수를 두는 것이라면, 이 직책은 내가 직접 돌을 놔야 하는 위치에 있는 거예요. 2011년 가을에 서울시장이 바뀌면서 파악해보니 서울 안에서도 문화 향유의 불균등이 굉장히 심했습니다. 그래서 문화 정책 방향이 서울의 도심 중심 문화가 아니라 생활권 중심의 문화를 활성화시키는 방향으로 두게 되었다고 봅니다. 그런 점에서 세종문화회관도 그와 같은 취지로 우리 예술단들의 공연 활동을 자치구 문예회관과 연계해서 진행한다는 운영 목표를 중심에 두고 이제 막 시작한 단계입니다. 그런데 기구가 크다 보니까 결국은 행정 관행에 의해서 관성이 매우 무겁게 느껴지는 거죠. 그리고 행정 관행은 안정 추구형으로 설계되어 있기 때문에 쉽게 바뀌지 않는 부분들도 있고, 또 여러 가지 규정이나 조례, 법제도까지도 비슷한 상황이라 구체적이고 확실한 성과로 드러내기에는 좀 더 시간이 걸릴 것 같습니다.

이현식 아무래도 실제로 결과물이 나오려면 공공 영역과 관련된 제도, 법규, 예산, 조직 이런 것들이 모두 뒤따라야 하기 때문에 성과를 내려면 1년 정도는 기다려야 하지 않을까 하는 생각이 듭니다. 그런데 지금 얘기 중에 흥미로운 것이, 서울시 안에서도 문화적 혜택에 대해서 상대적으로 좋은 위치에 있는 지역이나 계층이 있다는 부분인데요. 세종문화회관과 관련된, 서울시 전 지역으로 확대시키려는 정책의 한 사례를 좀 더 자세하게 말씀해주시기 바랍니다.

박인배 우리 나라 국가 문화 정책, 특히 공연예술 정책에서의 지원은 초기였던 1970년대 무렵부터 공급형으로 추진됐거든요. 그래서 산 꼭대기이긴 하지만 남산국립극장이 1970년대 초에 지어졌고 세종문화회관은 1970년대 말, 그리고 1980년대 중반에 예술의전당, 이렇게 큰 공연장 세 개가 한국의 공연예술 중심지로서 자리매김하고 있었던 것이죠. 그러다 보니까 여기에 관람 오는 사람들은 극히 일부분인 마니아 층들이 찾아오고, 일반 시민의 입장에서는 아주 멀게 느껴지는, 문턱이 높은 공간이었습니다. 실제로 여기서 진행되고 있는 공연의 수준이나 티켓 가격을 보면 서울 시민이라 하더라도 일반 시민들이 가족들과 함께 와서 보기에는 상당히 부담스러운 면이 역시 있죠. 그럼에도 불구하고 2011년도 서울시정연구원에서 실시한 문화 실태 조사를 보면 자치구 문화 회관의 이용률은 크게 떨어져 있는데, 특히 서울 중심에서 외곽으로 갈수록 많이 떨어져 있어요.

왜 문예회관 이용률이 떨어지냐는 문항에는 좋은 공연이 없다는 부분의 응답이 매우 높게 나오고, 세종문화회관에 자주 가느냐는 질문에는 자주 못 가며, 좀 더 생활권에서 좋은 공연을 볼 수 있었으면 좋겠다는 것이 일반적인 이유입니다. 20대들은 거리에 상관없이 좋은 프로그램은 가겠다고 나오는데 30대 이상은 생활권 가까이에서 볼 수 있었으면 좋겠다는 욕구들이 있습니다. 그러니까 일반적으로 공급형 다음 단계의 수요자 선택에 의해서 공연이 활성화되게 하려면 좀 더 생활권에서의 요구를 수용해서 거기에 부합되게 가야 한다는 부분에 중점을 둔 겁니다. 물론 그 동안에도 찾아가는 공연이나 나눔 예술* 같은 형태의 활동들이 있었는데, 나눔 예술 형태로만 자꾸 가다 보니까 공연 수준이 떨어지는 겁니다. 그래서 문예회관에서 운영될 수 있는 어느 정도 질적인 수준을 유지한 공연을 연계하고, 또 무료 공연이 아니라 최소한의 공연비를 책정해서 스스로 선택해서 공연장에 오도록 방향을 설정했습니다. 하지만 자치구 문예회관이나 세종문화회관이나 하나의 행정 체계가 아니다 보니 일률적으로 진행되지는 않습니다. 자치구 문예회관도 각각 문화 재단이 운영하는 데가 있고, 시설관리공단이 운영하는 데도 있고, 구청에서 직영하는 곳도 있습니다. 직원들이 문화 기획 쪽에 전문적 식견을 가진 경우도 있는 반면 전혀 관심 없다는 경우도 있는 상태입니다.

이현식 세종문화회관이 가진 콘텐츠를 군, 구 문예회관과 공유하는 방식인 것 같습니다. 그런 경험의 연장선으로, 서울도 지방 자치 단체

---

* 나눔 예술 : 2004년부터 시작한 세종문화회관의 사회공헌 프로그램. 문화현장을 찾기 어려운 계층을 위해 서울시국악관현악단, 서울시합창단, 서울시뮤지컬단 등 세종문화회관 산하 예술단과 공모를 통해 선정된 전문예술단체가 직접 현장을 찾아가 무료로 공연을 선보인다.

의 하나인데 지방 분권적인 관점에서 현재 우리 나라 문화 정책을 어떻게 평가하십니까?

박인배 지방 분권은 1995년 자치 단체장을 직접 선출하는 것부터 분권이 많이 강화, 강조되는 추세였습니다. 참여정부를 시작하면서 지방 분권을 강조하고 세종시 설계도 하고 또 광주를 문화 중심 도시로 설정했죠. 이렇게 했음에도 불구하고 결국은 경제력 집중과 미디어 독과점을 떨쳐버릴 수 없었습니다. 이렇다 보니 지역 문화 정체성 확보라는 과제 자체가 중앙 집중의 관점에서는 그냥 '6시 내 고향'에 잠깐, 골든타임이 아닌 시간에 스치듯 나오는 구호 수준에 아직 머물러 있어요. 실제로 지역에서 행정을 담당하는 사람들도 서울의 독과점 매체에서 홍보하기를 더 지향할 뿐 지역 내부 문화의 조직화, 또는 지역 문화를 활성화해서 키워내는 것에는 관심을 덜 가진다는 거죠.

이현식 그 연장에서 이명박 정부 문화 정책의 공과를 따진다면, 그리고 더 나아가서 과거의 참여정부나 국민의 정부 때와의 차이점이 있다면 말씀해주시기 바랍니다.

박인배 이명박 정부는 기본적으로 문화를 공보적 관점에서 보고 있습니다. 이전의 문화공보부가 있던 시절처럼 국정홍보처를 문화홍보부에 갖다났잖아요? 그리고 국정홍보처를 담당해야 하는 차관, 그 사람이 문화부 전체를 좌지우지 해버렸어요. 그래서 문화부 정책 소식지가 어느 날부터는 국정 홍보 내용으로 오더군요. 이건 문화부를 완전히 옛날 문화공보부 시절로 되돌려놓은 겁니다. 그렇게 해서 가장 강하게 문제를 일으켰던 것이 미디어를 장악하려는 방송 장악이나 인터넷 표현 자유 억압입니다. 기본적으로 문화 정책이나 예술 창작 활동의 근간이 되는 표현의 자유에 제한을 가하기 시작했어요. 그러다 보니 구체적으로 방송사 파업이 계속 일어나고, 그리고 파업 이후에 PD나 기자들을 해고하고……. 그러한 방송사일수록 드라마 제작까지도 천편일률적이 되어 버리죠. 이게 첫 번째로 큰 문제점이었습니다.

두 번째는 선택과 집중입니다. 문화 정책에서 한정된 재원으로 사업을 벌일 때 선택과 집중은 필요한 수단이기도 하죠. 그런데 선택과 집중이라는 명분하에, 이 역시도 제한 내지는 퇴출시키는 방법으로 활용했습니다. 그래서 불거진 것이 문화 권력 균형화 전략입니다. 창작력 자체에 관심을 갖기보다는 정권 홍보 수단으로 문화 정책을 활용해버린 게 여실히 드러난 거죠.

이현식 요약하자면, 한 축으로는 표현의 자유를 억압했는데, 제도적인 면에서 개인의 표현의 자유 억압은 미네르바 사건이 보여주고 있죠. 이렇게 방송, 미디어의 장악과 관리로 표현의 자유 억압을 한 축으로 볼 수 있다면, 두 번째는 선택과 집중이라는 표현을 명분으로 내세워 입맛에 맞는 것은 말 그대로 선택과 집중을 하고, 정책의 방향과 어긋나는 것은 통제하는 상황이라는 것이지요.

박인배 신자유주의 정책이 수립되면서 시장 영역이 공공 영역보다 비대해지고 더 많은 권한을 가져버린 게 사실입니다. 문화 영역에서도 문화 산업이 확장되면서 공공 문화 정책이 개입할 수 있는 여지는 지극히 한정적이었죠. 그럼에도 불구하고 공공 문화 정책이 개입해서 문화 상품 시장의 불균형을 조정하는 데에 선택과 집중이 필요한 것인데, 공공이 개입해야 할 영역과 아닌 영역을 전혀 구분 못하고 정권 안보용으로 개입을 해버린 거죠.

이현식 신자유주의가 확대되면서 문화 역시 시장의 영역 속에서 크게 의존해서 작동되는데, 오히려 그런 문화적 공공성을 보호해야 할 영역에 정부가 개입하는 것은 옳지 않다는 말씀으로 이해하면 되겠습니다. 문화적 공공성을 통해서 보호해야 할 영역이나 시장의 논리에 맡길 수 없는 부분조차도 정치적인, 혹은 정부의 관심에 맞추어 선택적으로 적용하다 보니 문화적 공공성이라는 것 자체가 친정부냐 아니냐를 따지게 되는 문제를 만들어낸 것이 이명박 정부의 문화 정책이었다는 것이지요.

그렇다면 조금 더 연장해서, 한국 사회라는 거시적인 틀 속에서 우리가 흔히들 환경이 어떻다, 교육이 어떻다, 복지가 어떻다, 여러 가지 얘기들을 하고 있는데요. 특히 복지와 관련해서는 보편적 복지와 선별적 복지 얘기, 경제와 관련해서는 경제 민주화 같은 사회적 아젠다들이 있습니다. 그런 측면에서 문화도 환경, 교육, 복지와 마찬가지로 그런 영역 중에 하나라고 생각할 수 있는데요. 사실 '먹고 살기도 힘든데 무슨 문화냐' 이런 얘기를 하는 분들이 많습니다. 과연 현재 우리 사회에서 문화라는 게 어느 정도의 위치에 있는지, 말씀 부탁드립니다.

박인배 환경, 교육, 복지와 문화는 서로 위상이 다르기 때문에 그걸 분과학문 체계에 의해서 영역으로 나누어 관심 집중이 되게 계량하는 것은 불가능합니다. 앞에서도 잠깐 얘기했지만 문화는 이미 문화 산업만 하더라도 전체 경제, 세계 경제 구조에서 보면 10%에 가까운 비중을 차지하고 있거든요. 이런 걸로 볼 때 문화가 경제와 상호 관계가 있다는 거죠. 그게 다 통합된 사회의 한 요소로 되어 있는데, 환경이나 교육, 복지처럼 한정된 전문 영역으로 보는 건 조금 시각 자체가 다른 겁니다.

문화정책 안에서의 불균형 문제가 오히려 더 큰 문제입니다. 문화의 경제적 가치에 몰두하다 보니 경제 성장 중심으로 K-POP, 한류의 경제적 효과에 지원을 많이 했죠. 그런데 결국 세계적으로 뜬 것은 지원받지 않은 싸이의 말춤입니다. 문화적 현상에 대한 이해 자체가 아직까지는 사회 변화를 못 따라가고 있어요. 싸이의 말춤이 갑자기 떠버린 것은 우리가 문화계에서 복잡계 이론*을 얘기하듯, 북경에서 나비의 날갯짓이 미국에서 토네이도를 만들 수 있다는 장난 같은 얘기가 실현된 얘기거든요. 나비의 날갯짓에 해당하는 창발 효과, 또 그것이 네트워크를 장악하고 있는 몇몇 사람들의 중계로 유튜브에서 터진 거죠. 복잡계 이론의 자기 조직화** 같은 원리와 그대로 맞아떨어져서 전 세계적으로 폭풍을 일으킨 겁니다. 현재의 경제적 효과에 집착해서 지

---

* 복잡계 이론 : 얼핏 작은 사건처럼 보이는 수많은 변수가 유기, 복합적으로 작용해 큰 영향력을 갖게 된다고 보는 이론.
** 자기 조직화 : 시스템의 구조가 외부로부터의 압력이나 관련이 없이 스스로 혁신적인 방법으로 조직을 꾸려나가는 것.

원하는 것은 그야말로 문화를 도구적으로만 바라봤던 아주 구시대적인 관점들이었다는 거죠. 물론 문화를 투자의 도구로서 얻는 점도 있습니다. 그때는 예술을 도구화했다고 비난한 사람들도 있었죠. 그런데 그건 그 시대에 요구되는 것이고, 이명박 정부에서 문화를 정부 홍보의 수단으로 쓴다고 했던 건 이전의 독재 시대의 패러다임에서 생각했던 것이죠.

그렇다면 현재의 환경, 교육, 복지와 또 다른 차원에서의 삶의 영역으로서의 문화, 이 부분에서 문화 내부의 영역들 간의 관계를 어떻게 균형 잡을 것인가. 물론 환경도 환경 운동을 통해, 예를 들어 환경평가 제도 같은 것은 굉장히 강력한 법을 구축하고 있습니다. 그런데 그런 부분에서도 결국 해결하는 것은 인간이 지금처럼 소비적인 삶의 태도를 재생산이 되는 삶의 태도로 바꿔야 하는 문제예요. 그럼 삶의 태도를 뭐로 바꿀 건가 하면 그건 문화적 가치의 관점을 바꿔야 합니다. 교육에서도 근대 합리론의 한계를 보완하기 위해선 감성 교육과 지식 교육을 병행해야 합니다. 이건 거의 아무도 부정 못하는 얘기잖아요. 복지 자체도 여태까지 물질적 복지 중심으로 사고했던 것에서 정신적 가치 영역에서의 복지 문제, 지금 복지관에서 운영되는 프로그램을 보면 거의 30% 이상이 문화적 치유에 대한 프로그램입니다. 이런 게 다 중첩된 영역이라는 거죠. 문화가 상위 영역이기 때문에.

이현식 문화라는 게 환경이든 교육이든 복지든 그 밑을 든든하게 받치고 있는 기제라서 문화가 잘 받쳐줘야 환경, 교육, 복지가 제대로 결실을 얻습니다. 문화가 여러 영역에 기본 바탕으로 작동을 하고 있기 때문이죠. 그런데 그렇게 보다 보면 문화는 모든 데 다 관여하고 있기 때문에 굳이 문화를 특정한 영역이라고 얘기하지 않음으로써 문화에 대한 관심이 사라지고 일반 보편적인 걸로 흩어지는 하나의 측면이 있습니다. 또 다른 면은 말씀하신 것처럼 문화가 돈이 되기 때문에 그쪽으로 쏠리는 현상이 극단적으로 나타나는 부분인데요. 이러한 문화의 양 극단을 두고 과연 문화라는 것이 어떤 위상과 위치를 가져야 할 것인가를 생각해봐야 합니다.

이번엔 대선 문제로 넘어가겠습니다. 대통령 선거든 총선이든 사회가 당면한 공동체의 중요한 문제를 제기하고 그 문제를 어떻게든 해결하려는 정권 담당층을 창출하게 되는데요. 이렇게 사회가 변화하고 발전한다고 할 때, 아무리 성장을 한다 하더라도 성장의 이익을 고루 누리는 시스템 없이 성장했을 때는 여러 가지 문제점들이 나타납니다. 대선을 바라볼 때에 문화적 측면에서 보면 과연 어떤 관점으로 놓고 바라봐야 할 것인지 말씀 부탁드립니다.

박인배 넓은 의미로 문화를 보면 각 후보나 각 캠프의 스타일 자체가 문화죠. 태도, 관습 이런 게 다 문화인데, 얼마 전 인터넷 기사를 쭉 보다가 각 후보의 스타일 비교가 나와 있어서 봤더니 의상 스타일만 비교해놨더군요.

세 후보의 문화 정책을 찾아보니 아직 문화 정책들이 안 나와 있었습니다. 왜 안 나올까 생각해보면, 경제 민주화는 다 얘길 하면서도 구체적인 내용에 대해서는 몇 번 얘기해봤더니 쟁점이 심각하니까 서로 피하고 있는 것 같아요. 마찬가지로 문화 정책에 대한 부분도 오히려 그보다 더 어려운 문제여서 문화 정책을 선뜻 내놓기를 피하는 것이 아닌가 싶습니다. 어느 후보든지 정책 토론회장에서 문화 정책을 자신 있게 얘기할 수 있는 후보라면 좋죠. 그만큼 문화 정책이 어려운 부분입니다.

이현식 총선 때니 지방 선거 때 이 사람들이 지역을 놓고 무슨 문화 공약을 내놓았는지 살펴보았는데 오랫동안 관행이 바뀌질 않습니다. '우리 지역에 공연장을 짓겠다' 대부분의 문화 공약이 이 정도 수준이에요.

박인배 시민들에게 설문조사 해봐도 그렇게 나옵니다. 은평에서도 설문조사를 했는데, 이전한 국립보건원 부지에 뭘 했으면 좋겠냐는 설문에 랜드마크*스러운 복합 문화예술 시설이 들어왔으면 좋겠다는 의견이 가장 높게 나왔어요. 그래서 하부 질문에 은평에서 살고 싶지 않은 이유를 물으니 집값이 안 오른다는 것이었고, 또 하부 질문으로 집값이 안 오르는 이유를 물으니 문화 시설이 없다고 답하더군요. 서초를 생각해서겠죠. 예술의 전당이 있으니까 서초는 집값이 올라간다고. 그래서 은평에도 그런 게 있어야겠다고 생각하는 겁니다. 결국 문화 시설을 그야말로 랜드마크적인 지역 개발의 도구로 보고 있어요.

이현식 이렇게 문화와 관련된 공약이 서울이나 지방이나 마찬가지

---

* 랜드마크 : land mark. 어떤 지역을 대표하거나 구별하게 하는 표지.

인데, 이게 과연 문화 공약이라고 할 수 있는 건지 다시 한 번 생각해봐야 합니다. 이번 대선에서는 다른 식의 패러다임을 현재 후보 측이 내놓은 것이 없다면 메시지라도 줄 필요가 있다고 생각합니다. '이러한 것들은 문화공약이 아니다, 다른 것들이 필요하다'는……

인천의 사례를 말씀드리면 인천 지방 선거가 있기 전에 문화도시기본계획이라는 걸 내놓은 적이 있습니다. 각 후보들이 이 계획을 받도록 만들려고 조금 다른 식의 개혁을 내놓았는데, 다 받긴 받았지만 실행으로 옮기는 게 쉽지 않더군요. 문화도시기본계획에서 내놓은 공약이란 게 돈 들여서 해놓기보다는 시스템을 바꿔야 하는 문제들이어서 그게 잘 이뤄지지 않았습니다.

박인배 우리 사회가 고도 성장은 포기해야 한다는 것에 대한 국민적 합의까지는 아니더라도 책임 있게 공약을 내세워야 하는 사람들은 공약 내세웠다가 이게 불가능하다는 걸 알아야 한다는 거죠.

오늘 기사를 보니 용산 업무 지구 부도 일보 직전에 관한 내용이 있던데, 용산 참사도 그것 때문에 일어난 거잖아요? 정말 최대의 사기 사건이 되어버릴 가능성이 큽니다. 하우스푸어들부터도 자각을 하고 있어요. 집값이 오를 걸 전제로 하고 대출받아 산 건데, 그 사람들 입장에서는 자기 삶이 망가지는 거예요. 이런 점에서 이제 문예회관을 거대 복합 문화 시설로 지어서 유지할 수 있는 지자체는 없습니다. 서울시도 오페라하우스 짓는 거 매몰 비용이 500억 정도 생기는데 그거 하자고 말할 수 있는 사람이 여야 정당 아무도 없거든요. 지금 고전하고 있는데, 설계가 잘못된 게 아닙니다. 운영 비용이 충당된다고 생각했는데 안 된 거죠. 운영해서 수입금으로 충당하는 설계가 아니라 부동산 가치 상승에 의해서 이자 수익으로 가능하다고 본 것이거든요. 아파트 투자하는 사람들이 다 그렇듯 말입니다.

이현식 결국 문화 시설을 일종의 토건으로 봤던 건데, 이제는 그런 식의 토건 경제는 우리 미래를 먹여 살릴 수 없다는 인식이 확산되면서 그런 공약은 힘을 발휘하지 못하겠군요.

박인배 사회 변화가 대단히 빠른 속도로 진행되고 있기 때문에 그런 개발 공약 남발로 지역 정당 구조를 유지하고 있던 정당 정치에 대해서 엄청난 반발이 일어나는 겁니다.

이현식 그렇다면 차기 정부 문화 정책의 방향을 포괄적 혹은 주요한 영역별로 생각해본다면 어떤 게 있을까요?

박인배 포괄적으로 큰 틀은 삶의 가치로서의 문화에 대한 인식들을 가지는 것입니다. 문화적 가치를 중요하게 내세우는 인식 말이지요. 이 대담의 제목이 백범 선생의 '문화가 찬란한 아름다운 나라'를 인용했던데, 그만큼 선각자로서의 탁견이 계셨던 거예요.

경제는 먹고 살 만하면 되고, 군사력은 침략을 막을 수 있는 수준이면 됩니다. 그럼 뭘 목표로 살 것인가. 드높은 문화의 가치, 문화의 힘을 세우는 나라를 원한다. 여태까지의 모든 정치적 이슈나 대선 이슈는 경제 성장 중심이었습니다. '경제 성장 한다고 해서 열심히 일했는데 잘사는 놈은 잘살고, 나는 뭐냐.' 이 경제 민주화에 대한 요구가 후보 어느 누구도 부정할 수 없는 공통 공약이 되어버린 거예요. 물론 다 차이가 있겠지만.

경제 민주화라는 것은 경제 성장 위주의 국가 가치가 아니라 그걸 어떻게 나눌 것인가에 대한 국가 가치를 세우는 것이고 삶의 가치 문제입니다. 삶의 가치 문제로서의 문화적 가치에 대한 중심 목표가 있어야 해요. 문화적 가치가 뭔지 지금 논의된 바가 없으니까 후보들도 아무 말도 못하고 있는 거예요, 다들 정책 안 내놓고. 그렇다면 후보들 입장에서 구체적인 정책 방향은 못 내놓더라도, 경제장관 총책이 경제 부총리가 되었다면 문화부총리 얘기도 나와야 할 때입니다. 문화부 하나로 부총리로 격상하기 어렵다면 문화, 교육을 합해서 부총리 격상을 해야 해요. 후보로서는 이 정도 주장할 수 있죠. 지금 시점에서는 차기 정부에서는 문화부와 교육부를 합쳐서 문화부총리로서 문화적 가치를 세우고 그것을 교육의 이념으로 삼아 경제 성장 유지의 국가가 아니라 경제를 공유해 나누는, 공동체적 가치가 실현되는 문화 국가를 만들겠다는 걸 주장할 수 있겠죠.

그러면 우리는 문화적 가치에 대한 얘기를 해봐야 합니다. 무엇을 중심에 놓고 생각해야 하는가를 두고 세 가지 정도 생각해 봤어요. 하나는 표현의 자유입니다. 미디어, 언론은 소통을 기저로 하는데, 방송 3사의 독과점 체제가 얼마나 강고한지, 종편 4사 밀어줬지만 별 효과 없었잖아요. 그만큼 공중파 3사의 위력이 강하다는 거예요. 손발 묶어 가면서 절대적으로 밀어줬는데도 바닥을 기고 있으니 말입니다. 기술은 같지만 방송이라는 게 과잉 투자를 해야지 가능한 부분인데, 미리 투자해놓은 3사에 종편이 못 따라가고 있는 것입니다. 이 부분을 소통의 기저로서 지역 미디어가 활성화되어야 합니다. 현 정부 들어서 지역 언론사에 주던 몇천만 원 지원금을 잘랐어요. 균형을 잡아 독과점을 해결하기 위해서는 미디어 다원화가 되어야 합니다. 그러면 아주 작은 미디어에 대한 지원 정책을 가지는 것, 즉 독립 영화에 대한 지원이 이후 한국 영화의 발전에 동력이 됐던 것처럼 작은 미디어에 대한 지원을 해야 해요.

지역 언론, 동네 미디어 현장에서 보면 거의가 자원 봉사 하고 있습니다. 그런데 그 자원 봉사 체제가 이제는 기술적으로 다 갖춰졌어요. 다들 손에 카메라 하나씩 들고 다니니까. 이 네트워크 체제가 구성되면 새로운 미디어 틀이 어떻게 형성될 것인가에 대한 설정만 하면 됩니다. 그런데 그걸 통제하려 하고 막으려 하고 법적으로 막아놓고는 합니다. 이러한 것들이 표현의 자유를 막는 문제를 일으키고 미디어 네트워크 체계의 전환을 막고 있습니다. 「나의 소원」 앞부분을 읽어보면 백범 선생도 국민 개개가 자기의 언로를 확보하는 데 지장이 없어야 한다는 얘길 하고 있어요. '언로의 확보'라고 얘길 하고 있는데 이거야 말로 모든 민주주의의 근간이고 자기 표현을 할 수 있는 자유의 기본이 되어야 합니다. 그런데 지금 독과점 언론들이 자극을 하고 있으니까. 그 구조가 단순히 언론 체계만이 아니라는 거죠. 극장가의 독점적인 배급 구조나 공연도 마찬가지예요. 세종문화회관은 한국에서 가장 큰 극장입니다. 그런데 지금 민간 사업 극장들이 점점 소수 자본에 의해서 확장되고 있어요. 이런 걸 보면서 공공 영역의 위상을 어떻게 유지할 수 있을까, 구체적인 정책 과제를 세워야겠다는 생각이 들었습니다. 그게 첫 번째에요. 미디어가 정확하게 소통되게 하는 것.

두 번째는 국민 스스로도 문화적 권리에 대한 자각이 있어야 하는 것처럼 문화적 권리를 확보하는 틀, 이게 정책적으로 수립되어야 한다는 겁니다. 이 문화적 권리라는 것은 결국 자기 표현을 할 수 있는 교육의 기회에 해당하는 거예요. 드라마 〈뿌리 깊은 나무〉는 양반 선비들이 자신들의 나라를 만들려고 한자를 독식하고 있는데, 한글이라는 국민 누구나 쉽게 배울 수 있는 글을 나눠주면 큰일 난다고 해서 사대부의 비밀 조직 밀본에서 반대한다는 내용입니다. 여기서 한글의 역할이 바로 자신을 표현해서 글을 적을 수 있는 문화적 권리를 제공해주겠다는 걸로 표현한 것이라고 봐요. 그런 소통의 기저 혹은 소통이 문자만이 아니라 감성 표현으로서 소통되는 것, 이런 문화예술 교육이 권리로서 확보될 수 있어야 합니다.

문화적 가치라는 건 경제 중심의 삶이 아닌 새로운 삶에 대한 체험이자 새로운 삶 자체에요. 그런 새로운 삶의 가치를 어떻게 가질 것인가. '나도 발가벗고 살아보자'는 가치를 표현해 볼 수도 있고 시뮬레이션해 볼 수 있는 게 예술적 공간이죠. 이런 것들이 가능한 문화적 자기 표현의 능력을 교육받을 수 있는 기회를 보장한다는 점에서 생활권에서의 문화 활동 공간 제공의 중요성이 생겨나는 겁니다. 거대 시설이 아니라 자기 생활권, 작은 문화 공간에서 마음대로 자기를 표현하고 만들고 부수고 창작하고…… 이런 걸 할 수 있는 게 일종의 문화적 권리로 확보되고 제공되어야 해요. 현재 이 수요가 많이 늘어나고 있습니다. 여름에 세종문화회관 뜨락에 공연장 하나 만들어놓고 공연할 예술 동아리들 참가 신청을 받았더니 10배수씩 신청을 해요. 2, 3년 전만 해도 생각지도 못했던 건데 요새 그만큼 활동 공간을 요구하는 동아리들이 늘어나 있다는 거죠. 이 부분을 생활권에서 가능하게 한다는 공약을 걸면 어느 후보든 엄청난 지지를 받을 거라 생각합니다.

작년 서울시에서 동네 예술 창작소라고 하는 서울시장 공약이 있었습니다. 공약 사항이기에 정책을 실현하려고 하는 데도 일 년에 약 20개 늘리는 것도 참 어렵더군요. 그런데 국가 정책 차원에서 현실적인 공약을 내걸고 동원한다면 어떨까요. 일반 대중들은 자신의 무너진 삶을 거기서 치료하고 새로운 삶을 설계할 수 있겠죠. 새로운 삶을 체험하거나 미리 시뮬레이션해 볼 수 있는 꿈의 공간이 될 수 있습니다.

세 번째 문화 다양성 부분은 공공에서 지켜줘야 하는 부분이라는 겁니다. 문화 산업은 이미 상업적 활동을 하기에 공공에서 제어하기가 무척 어려워졌습니다. 그런데 문화 산업적 입장, 상업적인 문화 기획자 입장에서는 투자 대비 수익을 창출해야 하니까 계속 독과점 장악을 하려 하죠. 그럼 균형을 맞춰서 일반 생활 예술 영역들이 왕성하게 창작에 대한 아이디어나 스스로 문화 상품을 선택할 수 있는 선택권의 비평 능력 확보가 필요합니다. 서로 자극적이고 상업적인 상품들로 '너희들 장악할거야, 우리는 너희들 거부하고 우리끼리 할 거야' 하는 관계로서는 안 된다는 거죠. 현재 상업주의 대중 예술이 추구하는 대박을 통한 소품종 대량 소비 구조에서 다품종 소량 생산 구조로 선순환될 수 있는 문화 산업 영역, 생활 예술 영역의 상호 선순환 구조가 갖춰져야 합니다.

또한 창조 생태계 속에서 문화적 다양성이 유지될 수 있도록 하는 생태계적 관점에서 문화예술계를 바라봐야 해요. 그런데 공공 정책에서 그걸 자꾸 분절적으로 봐서, 한 부분만 부추겨서는 성과가 안 나옵니다. 시장 구조에서 이미 연결된 부분을 선순환 구조를 만들어가는, 선순환 구조의 네트워크가 끊어진 부분만 붙여주는 역할을 하면 되는 거죠. 드라마가 히트 치면 많은 시청자들이 생기고, 그만큼 댓글이 많이 달리면 그로 인해 드라마 결말이 바뀌는 지점까지 와 있습니다. 담당 PD들은 시청률에 목이 왔다갔다 하는 거잖아요. 그러면 시청률을 올리는 데 상업적 요구인 PPL*을 집어넣는 것도 있지만 한편으로는 댓글에 의존해야 되는 부분도 있는 거예요. 그렇다면 과연 댓글 다는 사람들이 정확한 비평 능력을 가지고 있는가. 비평 능력이 길러지는 것은 문화 다양성이 보장되어서 다양한 문화를 접촉해봐야 길러지는 거죠.

이현식 큰 틀로는 삶의 가치를 복원하고 삶의 가치를 재구성할 수 있는 문화적 가치를 내세워야 한다는 말씀이지요. 여기서 문화적 가치가 무엇인지를 지속적으로 토론해 나가되 영역으로 세분화시킨다면 표현의 자유가 기반이 된 미디어 다원화, 문화적 권리 확보와 문화예술 교육의 기회보장, 창조 생태계 속에서의 문화 다양성 확보 등이 있다는 말씀으로 정리할 수 있겠습니다.

박인배 이걸 구체적인 국가 문화 정책으로 실현한다면 이렇습니다. 문화 진흥 기구와 문화 산업 진흥 기구를 통합하라는 거예요. 그렇게

---

* PPL : Product PLacement. 영화나 드라마 속에 소품으로 등장하는 상품을 일컫는 것으로 브랜드명이 보이는 상품뿐만 아니라 이미지, 명칭 등을 노출시켜 관객들에게 홍보하는 일종의 광고 마케팅 전략.

해서 창조 생태계 활성화에 어느 부분, 즉 생태계 활성화가 끊어지는 지점에 그 기금이 들어가게 해줘야 합니다. 순수 예술 진흥 기금 하면 그냥 무조건 지원해주고, 문화 산업 기금은 어차피 돈 있으니까 또 지원해주고 하는 방식으로는 곤란합니다.

이현식 미디어샌디 같은 경우도 문화예술 교육과 연결되면 충분히 많아질 수 있는 부분이고 생활 문화 시설도 마찬가지인 것 같습니다. 앞의 세 가지가 문화 공약을 바라보는 원리라고 할까요, 각각 세부 사업들이 이러한 곳에서 나올 수 있을 것이라 생각됩니다.

박인배 그런데 이렇게 세부 사업들이 이런 관점만 되면 돈은 문제가 안 되지만, 돈을 효과적으로 안 쓰고 있는 게 또 문제가 되죠.

이현식 일반 국민들이 가진 아직 발견되지 않은 잠재된 문화에 대한 욕구들과 정책이 맞아떨어졌을 때 개인에게도 사회에도 중요한 전환점이 되리라 생각됩니다. 지금까지의 내용이 대선을 준비하는 캠프에서 문화 정책 혹은 문화 공약을 만들어낼 때 중요한 참고점이 됐으면 하는 마음입니다. 그러면 마무리 차원에서 이런 것들을 어떻게 관철시켜 낼 것인가, 그리고 문화 쪽에서 일을 하고 있는 사람들이 대선 국면에서 어떤 일들을 해야 할 것인가에 대해 말씀해주시죠.

박인배 실제 활동하고 있는 사람들도 창조 생태계의 선순환 구조를 설계하는 데 자기 위치가 어디에 있는지 생각해야 합니다. 생태계적 구조는 네트워크 구조에요. 자기 위치에서 어떤 구상을 하고 설계도를 그릴 때, 창조 생태계라는 게 하나의 정지된 그림이 아니라 선순환 구조에 따라 역동적으로 움직여 나가야 한다는 거죠. 그런 움직이는 설계도에 대한 그림을 우선 그리는 공유, 이런 게 필요합니다.

구체적으로 대선 국면에서는 각자의 위치에 따라 달라질 수도 있을 텐데, 우선 현재 시점에서 보면 정치 부분에 있어서도 변화에 대한 국민의 요구가 굉장히 거셉니다. 어느 후보가 선택되어 귀결될지는 두고 봐야 알겠지만, 지금 어느 후보든 표를 얻으려면 변화에 대한 국민의 요구, 특히 정치권의 변화에 대한 요구를 어떻게 수용할 것인가에 대한 확실한 약속을 하면 될 것이라 봅니다. 마찬가지로 문화를 넓은 의미에서 보면 사회 정치에 대한 열망이기 때문에 문화 정책 내지는 문화 활동에 대한 변화의 욕구도 굉장히 커요. 그것을 기존의 문화 활동을 하던 방식에서 어떻게 변화된 활동으로 조직할 것인가에 대한 준비를 해야 할 것입니다.

이현식 문화가 가진 중요한 가치들이 삶의 가치를 바꾸고, 그런 문화적인 가치가 우리의 공동체를 바꿉니다. 그렇기 때문에 문화가 중요한 것이지, 동네에 공연장 하나 들어서고 그런 차원의 문제가 아니라는 인식이 확산되어야 한다고 생각합니다.

몇 년 전 일본의 요코하마 시의 캐치프레이즈를 봤는데 '성숙한 도시 요코하마'였습니다. 그때 인천은 '명품 도시 인천'이었는데, 그걸 보고 많은 걸 느꼈어요. 그럼 마지막으로 마무리 삼아 자유롭게 말씀해 주시죠.

박인배 앞에 무거운 얘기를 너무 많이 했네요. 가장 중요한 건 국민 각자가 자기 삶을 어떻게 되돌아볼 것인가 하는 것입니다. 명상적으로 되돌아보는 게 아니고 자기 표현의 방식 또는 감정의 표현을 좀 더 원활하게 할 수 있는, 자기 활동을 스스로 개발하는 것부터 시작했으면 하는 바람이에요. 예를 들면 대부분의 한국 사람들이 생활 속 스트레스를 술 먹고 노래방 가서 소리 지르는 것으로 해결하고 있는데, 그런 부분들이 좀 더 자기 취향에 맞는 예술 동아리 활동으로 이어지거나 동아리 활동 속에서 또 하나의 공동체적인 삶의 태도, 그런 것들을 즐겨볼 수 있으면 좋겠습니다. 세종문화회관에서도 시민 연극 교실 같은 걸 하는데, 평생을 집에서만 살아 60세가 다 됐는데 이 활동을 통해 삶의 전환점을 마련했다는 분도 계세요. 리더스 프로그램 같은 것도 처음 세종문화회관에서 설립했을 때는 사교 모임 비슷한 형태였습니다. 그런데 최근에 보면 그 분들이 돈 벌려고 뛰어왔던 자기 평생에서 은퇴를 앞두고 새로운 삶의 가치로서의 인문학 또는 문화예술을 이해해야겠다는 마음으로 참여하시는 분도 계시고요. 그래서 지금은 학구적인 분위기가 높아졌죠. 사교를 목적으로 온 분들은 '요새는 왜 뒤풀이 안 하지' 이런 반응이지만요. (웃음)

이현식 잘 놀 줄 알고 잘 여가를 보내는 게 더 좋은 삶이고 행복한 삶이라고 생각합니다. 그런 사회가 오리라 기대를 하면서, 장시간 감사합니다.

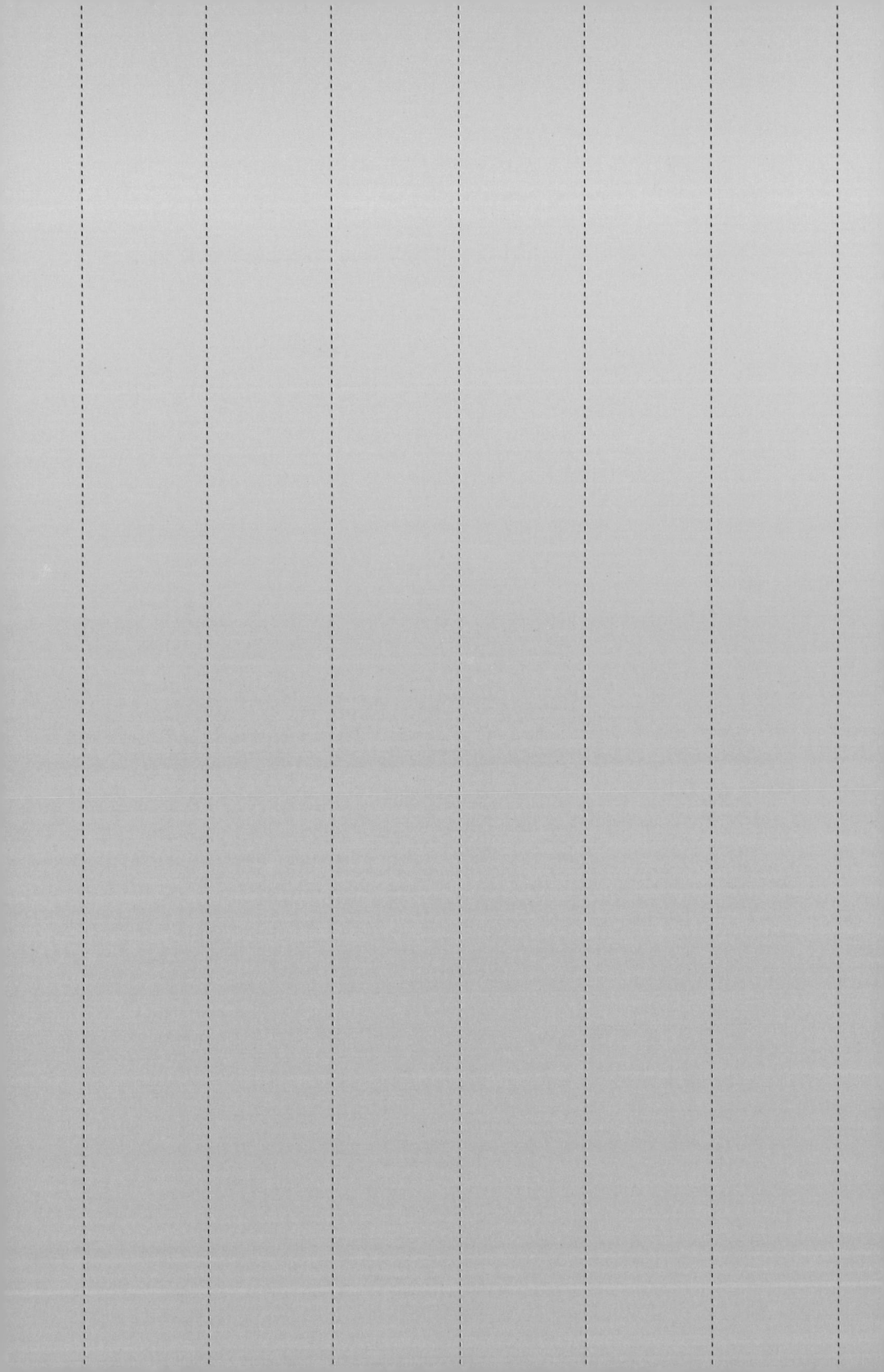

정해진 것이
없어도
즐거운
문화

하자센터 운영위원 **전효관**

전효관

연세대학교 사회학과 박사과정을 수료하고 1999년~2003년동안 하자센터 부소장을 지내다가 2004년 문화예술교육 기획운영 단장이 되어 문화예술교육 분야에서 활동. 전남대학교에서 4년동안 교수로 지내다가 다시 하자센터로 돌아와 현대 하자센터 운영위원으로 청년 문제에 힘쓰고 사회적 기업을 만드는 등 문화 정책과 문화 교육 및 기획 일을 하고 있다. 문화연대, 참여연대, 서울시 문화교류센터, 하자센터, 한국문화예술위원회, 하이 서울 페스티벌 시민모임 등 시민사회, 정부, 문화 관련 활동을 두루 하였으며 저서로는 『놀자, 하자: 프로젝트로 말하는 하자센터 이야기』, 『남북한 문화 차이와 언론』, 『청소년의 일상과 가족』 등을 공저로 펴냈다.

이현식 전효관 선생님이 어떤 분인지 독자들에 소개를 부탁드립니다. 이후 하자센터에 대한 얘기와 이어서 문화와 관련된 정책적인 측면, 대선과 관련한 선생님의 생각 순으로 여쭈려고 합니다.

먼저 일반 독자들은 문화 쪽으로 활동하시는 분들을 잘 모르는 경우가 많습니다. 또 문화 쪽에서 일하고 싶어하는 젊은 친구들은 현재 활동하는 사람들이 어떤 경로를 통해 현재의 자리에 있는지 정해진 코스가 없다 보니 많이 관심을 가집니다. 그래서 인터뷰 해주시는 모든 분께 개별적인 질문들을 하고 있습니다. 사회학을 전공하셨는데 어떤 과정을 거쳐서 문화 쪽으로 일을 하게 되셨나요. 하자센터* 운영에 참여하고 계시지만 하자센터에 국한되지 않고 문화 활동을 많이 하시는데 이에 대해 말씀해 주십시오.

전효관 공부는 말씀하신 대로 사회학을 했습니다. 사회학 학위를 받을 때까지는 문화 쪽에 관심이 거의 없었습니다. 하자센터를 만들게 된게 문화 쪽으로 발을 붙인 계기였는데 그 때가 1999년도, IMF 때였습니다. 연세대학교 사회학과의 조혜정 교수님이 센터를 함께 만들어보자고 했습니다. IMF 때였으니까 홍대 앞에 문화 작업자들도 다 할 일이 없어 난감한 상태여서 문화 쪽의 새로운 경향을 만드는 사람들과 사회 운동을 했던 사람들이 결합하면 새로운 샘플이 나오지 않을까, 이런 의도가 있었습니다. 사실 처음에는 한 발 걸치는 정도로 일을 해볼까 하고 시작

---

* 1999년 12월 18일에 개관하여 연세대학교가 서울시로부터 위탁 운영을 하고 있다. 공식 명칭은 '서울시립청소년직업체험센터'. 하자센터는 '스스로의 삶을 업그레이드 하자', '하고 싶은 일 하면서 해야 하는 일도 하자', '자율과 공생의 원리'를 모토로 하기에 유래된 별칭이다.

했습니다. 그런데 갑자기 홍대에 있던 작업자들이 준비팀 같은 데로 마구 들어왔습니다. 그때가 마침 사회 운동 시기가 끝난 후 문화의 시대가 왔다고 해서 그런 활동들이 인디*를 중심으로 활발하게 일어났을 때였기 때문에, 인디음악을 하거나 영상, 디자인을 하는 사람들을 많이 알게 되었습니다.

그런데 사실 그런 작업만 해서는 더구나 IMF 상황에서 힘드니까 모인 사람들끼리 청소년 교육이나 이런 것과 관련하여 사회적 경로 같은 걸 만들자 한 것이 하자센터의 출발이었습니다. 하자센터는 처음에는 공방이나 작업장 형태로 만들어졌습니다. 거기서 문화 작업자들이 청소년들과 함께 작업하는 계기가 만들어지면서 문화 활동가들과 만나게 되었습니다. 그러다 보니 청소년 문화라는 게 지금은 그렇지 않지만 그때는 새로운 문화 트렌드처럼 조명되기도 했습니다. 그러면서 문화와 교류가 자연스레 늘어난 것입니다. 그래서 저는 문화 활동가라기보다는 문화 활동을 하는 사람들을 코디하는 역할을 했던 것 같습니다.

나중에 하자센터를 그만두면서 문화예술 교육을 했는데, 그것도 교육과 결합되는 지점에서 정책 설계를 해보려다 하게 된 것입니다. 그런데 그때가 문화예술 교육을 처음 만들 때니까 많은 예술가들이 새로 들어오면서 하자센터에서 알던 예술가 외에 공공미술과 같은 활동을 하는 예술가들과 함께 작업하게 되었습니다. 그때 이선철 씨**를 비롯한 초기 멤버들과 만났습니다. 그렇게 문화 관련 방면으로 서서히 접어들었습니다. 딱히 문화를 따로 공부하진 않았습니다. 특별한 경로나

---

* 인디(indi) : 자본, 기업 등에 종속되지 않고 자유롭게 문화예술 활동을 하는 그룹이나 개인을 지칭하는 용어.
** 이선철 : 감자꽃 스튜디오 대표. 본 대담집 '삶의 터전에서 시작하는 문화' 참조.

트랙이 없었습니다.

이현식 그러면 학위 논문도 그런 쪽 논문이 아니신 건가요?

전효관 학위 논문은 담론 분석인데 대상은 남북 정치였습니다. 그런데 그 논문에서 문화적인 부분에 대한 언급은 있지만 이론적인 얘기였습니다.

이현식 제가 학교 다닐 때, 『연세춘추』에 다소 과격한 글을 많이 쓰신 것으로 기억합니다. 그러다가 문화 쪽에서 일을 하신다고 들었고 하자센터 얘기도 들었을 때는 과격한 분이라는 선입견 때문인지 의외였습니다.

어쨌든 그 이후에는 전남대학교 문화전문대학원에 계셨습니다. 초기 하자센터 운영 경험, 그리고 참여정부 때 문화예술 교육 사업을 시작할 무렵 성부의 자문 역할 같은 일을 하셨고, 문화 전문 대학원에 연구자 및 교육자로 계시다가 다시 하자센터로 오셨습니다. 최근에 인천대학교의 문화 대학원을 특수 대학원 형태로 만들자고 지역에서 계속 요구했습니다. 문화 전문 인력을 양성할 수 있는 대학원이 필요하다는 것입니다. 인천에는 대부분 예술 쪽의 대학원만 있지 문화 대학원이 없습니다. 또 지역을 잘 아는 인재를 키우려면 문화 대학원을 세우거나 하는 구체적 정책이 필요한데 인천에서는 오히려 그 전에는 예술 대학을 만들겠다고 했었습니다. 문화 대학원이 실업자 양성소라는 농담도 있지만 (웃음) 어렵게 인천대에서 이런 과정들을 통해 내년에 문화 대학원을 출범하고 적은 정원으로나마 시작하게 되었습니다. 그와 관련해서 선생님이 겪으신 실제 경험들을 듣고 싶습니다. 현장에 있을 때, 학교에 있을 때, 정부와 일할 때 각각 어떠셨습니까?

전효관 경험들이 다 다른 것 같은데 하자센터는 조그마한 국지적 실험을 하는 곳입니다. 그래서 정책과 직접 관련이 있냐고 물으면 관련이 아주 없다고 할 수는 없지만 무관한 편입니다. 그런데 하자센터에서 국지적 실험 같은 걸 하다가 중앙 정부 문화부에 가서 문화예술교육 사업을 했는데, 추진책을 짜고 지원 사업을 설계하기도 했지만 사람과 행정이 안 보이는 느낌이 들었습니다. 예를 들어 지원 설계를 하는데 지원의 초점이 분명하지 않았습니다. 그러다가 우연히 대학에 가게 되었습니다. 전남대학교에서 그때 광주 문화 사업과 맞물려 문화 전문 대학원을 만들겠다고 했는데 제가 논문을 안 썼기 때문에 특채 형식으로 가게 됐습니다. 그때는 처음에 광주가 그런 사업을 한다고도 하고 학교도 의욕적으로 전문 대학원을 만들겠다고 하니까.

이현식 전남대학교의 문화 전문 대학원은 지금도 전문대학원 형태로는 유일하잖아요?

전효관 예. 그래서 가서 4년을 일했는데, 지역 사회에 갑자기 큰 일이 벌어지고 또 그 프로젝트와 어느 정도 제가 관계되다 보니까 굉장히 힘든 일이 많았습니다.

이현식 아시아 중심 도시라든지?

전효관 예, 그 사업도 그렇고, 처음에 가서 에듀 컬처 사업이라는 것을 진행했었는데 여러모로 힘든 일이 많았습니다. 서울에서 하자센터 할 때나 문화부 일을 할 때도 일 자체에만 집중했었는데, 광주에 가니까 관계적으로 해야 하는 일들이 많았기 때문입니다. 그건 제 책임도 있다고 생각하는데, 지역에 스며드는 과정이 없이 일을 하다 보니까 일이 잘 안 되는 것이었습니다. 새로운 경험을 한 것입니다.

그래도 그 때 재밌었던 건 지역 문화 활동을 하는 사람들을 다른 면에서도 보게 된 것입니다. 지역의 젊은 사람들의 경우, 특히 광주는 서울의 젊은 사람들보다는 에너지가 강하다고 느꼈습니다. 그런데 이 젊은 사람들이 활동할 수 있는 장들이 잘 안 열리니까 답답해 하고 자기들끼리 뭉치기도 하는데, 그런 장을 열어주고 격려해주면 좋겠다는 생각을 했었으나 정책 사업 같은 것들에 매여 추진하지는 못했습니다. 그러다가 대학 일에서 완전히 손을 떼게 되었습니다. 엄밀히 말하자면 제가 연구자도 아닌데 대학에 있는 게 이상했고, 애초에 시작도 우연이었습니다. 물론 문화예술 일 자체도 우연히 하게 된 것이지만, 대학에서는 특히 삶의 긴장감이 없어지면서 축 늘어지는 느낌이 들었습니다. 게다가 제가 생각하는 대로 시스템이 잘 굴러가지 않는다는 생각이 들었습니다.

그러다 보니 하자센터가 이제 저 개인에게는 활력과 에너지가 있는 공간으로 느껴졌습니다. 처음에는 왜 이렇게 조그마한 데서 답답하게 일을 하고 있을까 생각할 때도 있었는데, 이제는 하자센터가 상대적으로 좋아 보였던 것입니다. 하자센터도 10년 이상을 몸담으니까 이제 사회적 관계망도 많이 넓혀져 있는 상태입니다. 하자센터가 초기에는 교육으로 출발해서 이제는 사회적 기업이 되었습니다. 요즘엔 청년 문제와 관련된 일을 대대적으로 하고 있습니다. 하자센터는 그런 시대적인 과제가 생기면 그걸 붙잡고 풀어보고, 전문성 여부를 따지지 않고 공감대를 이끌어내는 곳이라고 설명할 수 있겠습니다.

이현식 하자센터에 대해 조금 더 여쭤보겠습니다. 실제로 그동안 하자센터에 대해 들어보기는 했지만 잘 모르는 분들도 많습니다. 저도 그렇습니다. 옛날식으로 말하면 청소년 회관 같은 것인가요?

전효관 예, 그렇게 보시면 됩니다.

이현식 일단 겉으로 보면 청소년 회관의 형태, 그리고 서울시로부터 위탁받아서 운영하고 있는 형태 정도인 하자센터가 기존의 청소년 회관, 문화 회관 등과 다른 점이 있을 것 같은데요.
그리고 앞으로 하자센터가 할 일이 더 많아질 것 같습니다. 하자센터가 한국 사회에서 어떤 모델이 될 수 있고, 이 모델이 어떻게 확장되면 어떤 가능성이 있을지에 대해서도 말씀해 주십시오.

전효관 초기에는 하자센터를 대안학교처럼 생각하는 사람들도 있었습니다. 그러다가 최근에 하자센터를 아는 사람들은 사회적 기업을 양성하는 곳이라거나, 청소년 문제를 떠나서 청년 문제를 다루는 곳으로 생각하기도 합니다. 그런데 처음에 대안학교를 운영해 보니까 대안학교를 졸업한 후 대학에 진학하지 않는 학생들의 진로 문제를 고민하다가, 사회적 기업 정책을 만들기 전에 처음으로 시도해 본 것이 노리단* 기업입니다. 공연 같은 걸 하면서 먹고 살 수 있을까, 이런 무대로 실험을 해보자 해서 시작한 것입니다. 그러던 와중에 사회적 기업 정책이 생기면서 사회적 기업을 양성하는 일을 하게 되었습니다. 지금 10여 개 이상이 인증된 사회적 기업으로 배출되어 한국 사회에서 제 역할들을 하고 있습니다. 그런데 사회적 기업을 양성하다 보니까 이런 기업에 종사하고 사회적 일을 하려는 사람들이 계속 유입되어 생태계를 활성화시켜야 하는데, 지금 청년들의 상태가 침체되고 있어 청년 문제를 분석적으로 다루는 쪽으로 초점이 옮겨가고 있는 상황입니다.

전반적으로 하자센터가 사람들에게 성공 모델, 혁신 모델처럼 보여지는 것 같습니다. 그 힘은 하자센터에서 하는 일 중의 하나에서 찾을 수 있습니다. 하자센터에서는 내부 직원들과 함께 지금 시대에 어떤 변화가 미묘하게 일어나는지를 보고 학습하게 한다는 점입니다. 하자센터는 생각 외로 어떤 분야에 전문성을 가진 사람들이 많지 않은데, 이를테면 하자센터 졸업생들도 그렇고 요즘 문화예술 하는 친구들 중에는 과거와 조금 다른 양상의 작업자들이 생겨났습니다. 예전에는 주류 예술이 있고 인디 예술이 있어서 작가적인 의식을 깊이 내면화한

---

* 재활용을 바탕으로 사회적 활력과 지속가능한 즐거운 디자인을 지향하는 공공적 문화예술기업. 2004년, 하자센터(서울시립 청소년직업센터) 내의 신나고 의미 있는 일을 원했던 예술가, 청소년, 기획가 등 11명으로 이루어진 팀으로부터 시작, 2007년에는 노동부로부터 사회적 기업인증을 받았다. 누군가의 예술 작품을 감상하고나 구경하기 위한 예술 교육이 아닌, 삶의 문제를 해결하고 지혜를 얻기 위한 미적 기술을 습득하고자 한다. 사업분야로는 크게 공연사업, 디자인사업, 교육사업이 있다.

사람들이 있었다면, 요즘은 작가 의식은 약화된 채로 자기 일상에서 아는 사람들과 작은 작업들을 하는 등의 새로운 작가군, 주체들이 생겨납니다. 이런 변화 양상, 미묘한 변화를 두고 직원들에게 '이런 새로운 작가군과 어떤 일을 함께할 수 있을까'라는 질문을 던지는 것입니다. 청소년 문제도 청년 문제도 모두 이런 식으로 그 대상을 환기시키고 변화를 살펴보면서 시작됐고 이런 게 혁신의 기초라는 생각을 했습니다.

하자센터 확산은 꽤 오래 전부터 나온 이야긴데, 그래서 몇 개 지점을 선정하여 작업하기도 했습니다. 전북이나 일부 지역을 정해서 연구 작업도 했는데 쉽지는 않았습니다. 왜냐하면 지역에서 원하는 것은 구체적인 프로그램 계획인데 전주나 전북은 도농都農도시입니다. 이런 도시마다의 특성, 조건이 다르기 때문에 지자체에서 원하는 핵심적인 프로그램을 지자체 주도로 하자센터를 만들어가기는 어렵다는 생각이 듭니다. 오히려 민간 주체가 있으면 하자센터를 만들기보다는 서로 교류를 하면서 영향을 주고받는 그런 관계가 좋지 않을까 하는 생각이 들었습니다. 그러다 보니 새로운 대안을 만드는 지역과 교류하는 폭이 넓은 편입니다. 어떤 특정한 곳에 계속 서있지 않는 것, 이것이 하자센터가 갖는 힘 중에 하나인 것 같습니다. 그러다 보니 이곳을 찾아오는 문화, 경제, 복지 등 다양한 분야의 사람들 중에는 같이 연결돼서 일을 하기도 하는 경우가 생깁니다.

최근 홍대 다니는 친구가 하자센터를 주제로 논문을 썼는데 '브리콜라주로서의 하자센터'라는 제목이었습니다. 역량을 집중해서 당면한 문제를 풀어낸 후 제도화시켰다가 새로운 문제가 나타나면 다시 그 문

제를 풀기 위해 뛰어드는 내용을 담고 있습니다. 유동적인 것은 좋지만 이 경우 직원들이 업무가 지정되어 있지 않아 힘든 면도 있습니다. 당장 내년에 할 사업을 알 수 없을 정도입니다. 서울시 같은 데에도 보면 사업계획서 같은 걸 내야 예산을 주는데, 그래서 어쩔 수 없이 짜긴 하지만 맞는 게 하나도 없을 때도 있습니다. 이렇게 운영해도 되나 하고 생각할 때도 있는데 근근이 잘 넘어갔습니다. 지금까지는 국지적 실험이 됐는데 특히 최근에 박 시장님이 취임하고 나서 저도 개인적으로 괴로운 것이 위원회 같은 걸 너무 많이 하게 된 것입니다. 박 시장님이 추진하려는 혁신 사업 같은 부분들에 직·간접적으로 많이 관계하고 있는 상황입니다.

이현식 이제 전효관 선생님 개인 말고 박 시장님이 최근에 마을 만들기 같은 것에 관심도 많으시고 청소년 문제에 관해서 하자센터를 대단히 중요한 모델로 생각을 하시는데, 혹시 이걸 서울시 전역으로 확대할 계획은 없는지 궁금합니다.

왜냐하면 인천을 비롯한 지역들에 청소년복지회관이 있는데 하자센터와 큰 차이점이 어른의 시점으로 청소년 문제를 바라보는가, 아니면 청소년 스스로의 시점인가 하는 것입니다. 하자센터가 가진 것은 그것이 문화이든 아니든 기존의 제도권 학교에 적응하지 못하는 청소년들에게 스스로의 고민, 문제 의식을 가지고 그들이 하고 싶은 것들을 하게 하고 새로운 숨 쉴 공간으로서 제공되는 것 같습니다. 그런데 청소년회관들은 여전히 어른의 시점으로 청소년들을 치료해야 할 대상으로 보기 때문에 잘 안 되는 것 같습니다. 그걸 보고 저는 인천에서도 하자센터 같은 것을 시도해볼 만한데, 하는 아쉬움이 있었던 것 같습니다. 그래서 그런 식의 모델이 성공할 수 있는 요인들이 분명히 있겠지만 인천에서는 인천에서의 모델을 만들어야 한다고 생각을 했습니다. 서울의 하자센터가 성공적인 것은 서울이라는 지역의 전체적인 역량과 직원들의 역량이 밀접하게 관련이 있다는 생각이 듭니다.

전효관 외부에서 어떤 분이 하자센터를 보고 말씀하신 게 있는데, 하자센터가 특정 장르에 속한 사람들이 주도한 게 아니고 인문학이나 사회과학 등을 한 사람들이 주도하다 보니 특정한 문제를 지속적으로 바라보기보다는 지금 문제에 집중하는 것이 필요한지, 시대 변화가 무엇인지를 계속 찾는 경향이 있습니다. 하자센터는 하나의 문화적 세팅입니다. 청소년들이 여기에 오면 한국 사회의 다른 곳에서 느끼는 질서와는 전혀 다른 질서를 경험하게 됩니다. 위계 질서가 깨져 있고 완전히 새로운 문화적 세팅을 볼 수 있습니다. 단, 정교한 프로그램은 아닙니다. 사회적 기업 얘기를 할 때도, 사람들이 하자센터가 사회적 기업 성공률이 높다고 하는데, 그건 사회적 기업을 인큐베이팅하거나 마케팅 기법이 있어서가 아니고 모여서 같이 부흥회도 하고 업무상의 긴장을 풀어주는 완충 장치와 같은 효과를 주기 때문입니다. 분위기나 효과, 문화적 세팅에 가까운 것이지 프로그램이 있어서 그에 맞추는 것이 아니라는 것입니다. 그래서 누군가 프로그램을 내놓으라 하면 난감합니다.

그래도 다른 데에 하자센터를 또 만든다면 저는 핵심 주체 두세 명이 어디서든 세우면 된다고 봅니다. 특징적인 것은 '관'과의 관계성입니다. 저도 서울시와 일을 하면서 산출 지표나 성과에 얽매이게 되는데, 사람들은 하자센터를 사회적 샘플이라고 보면서도 그런 부분에서 자유로워지는 면이 있습니다. 하자센터는 사실 평가에 대해 거의 신경을 쓰지 않습니다. 등수도 하위권이지만 그 점수가 중요하다고 보지 않습니다. 여기서 활동하는 사람들이 자율성을 가지고 자신이 스스로 해볼 수 있는 일을 기획할 수 있다는 장점이 크다고 생각합니다. 이런 것들이 문화적으로 다른 곳과 구별되는 부분이라고 볼 수 있을 것입니다.

이현식 제가 현실적으로 고민해보니 인천도 그렇고 다른 도시에서는 우리 나라의 문화적 역량이 이런 하자센터를 만들어내기가 어려울 것 같습니다. 사람도 많지 않고 허용할 수 있는 문화적 뒷받침도 없습니다. 하자센터는 어쨌든 공무원들이 보기에 연세대라는 학교의 타이틀도 있고 그곳의 전문가들의 역량 때문에 함부로 대할 수 없다는 생각이 들었을 것 같습니다. 공무원들이 갑으로서 을을 대하듯이 하자센터를 대했다면 지금의 하자센터가 만들어지기가 쉽지 않았을 것 같습니다.

그런 여러 가지 것들이 총체적으로 작동하고, 그게 시너지 효과를 일으켜서 좋은 성과를 내지 않았나 하는 생각이 듭니다. 그런데 이런 실험들이 각 지역에서 한두 개씩은 일어나야 할 것 같고, 꼭 청소년 대상이 아니더라도 이런 식의 창의적이고 다양하고 기존의 질서로 귀결되지 않는, 말하자면 환경이든 어떤 형태든 뭔가 있어야 활력이 생길 수 있지 않나 싶습니다.

전효관 예. 요즘에 제가 보기에는 그런 작은 시도들이 많이 만들어지는 것 같습니다. 그런데 제도권에서 활용을 잘 못하고, 민간은 너무 재원과 자원이 없다 보니 백업이 안 되고 있습니다. 이렇게 민간에서 하는 것들을 잘 발굴, 육성하는 게 중요하다고 생각합니다.

이현식 인천에서 사실 이 부분에 대해 고민하고 몇 가지 실험을 하고 있습니다. 그런데 실험은 여러 차례 해봤는데 계속 똑같은 실험을 반복하고 있는 실정입니다.

다른 질문을 드리겠습니다. 아까 말씀하실 때 지역에 가보면 지역에서 문화 쪽 활동하는 사람들을 수용할 수 있는 구조가 많지 않다고 하셨는데, 저도 문화 재단에 있다 보니 신규 직원을 채용하거나 할 때 경쟁률이 매우 높습니다. 그들이 이쪽에서 계속 일하기 위해 어떤 자세를 가져야 하고 무슨 능력이 필요할까요?

전효관 사실 잘 모르겠습니다. 늙어서 그런지. (웃음) 그냥 제가 30대 중반의 이쪽 사람들을 제 세대와 비교해서 보면 전문성이 상당히 탁월합니다. 우리는 왜 저런 사람이 없었을까 하는 생각이 드는데, 그 전문성이 지극히 제한된 영역과 시야 속에서 발휘되는 것 같습니다. 과거 세대 사람들은 틀은 있는데 그 안에 들어갈 콘텐츠가 없고, 젊은 세대들은 콘텐츠적인 전문성은 있는데 그게 어떤 맥락에 접합되어야 하는지 잘 모르는 상황인 것입니다. 그게 접합이 잘 안 되다 보니 젊은 문화 기획가나 문화 쪽에서 활동하는 사람들이 대부분 직장 생활처럼 하고 다 자기 기획의 문제에 빠져있는 것 같습니다. 자기 삶의 기획에 빠져 카페를 하고 싶어하는 사람들이 늘어난다든지 하는 모습이 보입니다. 그런데 전체적으로 보면 젊은 사람들이 활동할 수 있는 사회적 장을 대대적으로 열지 않으면 한국 사회의 에너지가 나오지 못할 것입니다. 사회적 장을 열어줘야 합니다.

그래서 요즘 제가 청년 문제를 가지고 서울시에 대대적인 공공 프로젝트를 해야 되는 시점이라고 말하고 있습니다. 청년 실업 문제를 복지의 문제로 푸는 것도 좋지만 사람들의 시점이 이를 경험하게 할 수 있는 공공적인 영역 같은 걸 대폭 열어서 사람들이 일을 통해 경험과 지혜를 쌓아가는 과정을 만들어야 한다는 생각입니다. 문제는 젊은 사람들이 지금 불안감이 너무 커져서 저도 하자에서 요즘 젊은 사람들하고 얘기하다 보면 확실하지 않으면 말하기 꺼려하는 모습이 있습니다. 불안한 시대가 위험을 감수하는 행동을 안 하게 만드는 정황이 있습니다. 하지만 문제를 풀어보는 경험들을 하면서 커리어career를 성장시킬 수밖에 없습니다.

예전에 다같이 MT를 갔다가 직원들이 하자센터에 있으면 커리어 개발이 안 된다고 말한 적이 있습니다. 그래서 어떤 커리어가 개발이 안 되느냐를 토론하다 보니 그들은 명료하게 정의되는 커리어를 원하고 있었습니다. 그런데 그런 얘기를 하다가 생각해 보니 저는 커리어를 쌓기 위해 일을 해본 적은 없는 것 같습니다. 일을 하다가 커리어가 개발된 것입니다. 물론 지금이 시대적으로도 어려운 상황이긴 하지만 어떤 문제에 뛰어들어서 문제 자체를 풀어보는 경험을 해야 그 다음에 자신이 기획을 하거나 사람들과 여건에 관한 이야기를 하거나 할 때 도움이 될 것입니다. 외부에서 벌어지는 일에 호기심을 가지고 있으면서 거기에 뛰어 들어가 보는 도전이 필요합니다. 호기심은 있지만 뛰어들지 못한다거나 호기심 자체가 없다거나 하면 문화 활동이나 기획 같은 것으로 새로운 것을 만들어내기 어렵다고 생각합니다.

이현식 정리해보면 젊은 세대들이 자기가 해야 할 영역에 대한 전문성, 스펙을 잘 갖춰놓고는 있지만 세상과 어떤 문제를 해결하기 위해 적극적으로 대면하고 맞서고 문제를 풀어보려는 고민과 상처받거나 하는 것들이 부족하다는 말씀인 것 같습니다. 그래서 그러한 노력을 통해서 세상을 살아갈 수 있는 자기 능력이 생기는 것이므로 도전이 필요하다고 하셨습니다. 저도 개별적인 전문화, 분화된 지식이 아니라 인문적 교양, 사회학적 상상력이 생겨나서 일을 할 수 있는 것 같아서 선생님 말씀에 동의합니다.

전효관 그렇습니다. 일을 하다 보면 어떤 일도 본질상 복잡합니다. 머리로 생각하고 논리적으로 정리가 될 수는 있지만 일에 뛰어들어 봐야 뭐가 얽혀있는지 알고 풀 수 있는 것입니다. 그런데 이 복잡함이라는 상황을 바닥을 치면서 헤쳐 본 경험이 없으면 현실에서 경험을 해봤다고 하기 어려울 것입니다.

이현식 그래서 경험을 많이 할 수 있도록 젊은 친구들이 판을 벌일 수 있는 기회를 줘야 한다는 말씀이고요. 또 청년 실업 문제나 등록금 문제를 복지적인 차원에서 해결할 게 아니라 오히려 많은 일들을 할 수 있는 장을 공공 차원에서 열어주는 게 필요하다고 하셨습니다. 그 연관선상에서 질문을 해보자면, 물론 삶의 모든 게 문화라고 볼 수 있지만, 현재 한국 사회에서 환경, 교육, 복지 등으로 영역을 나눈 좁은 형태의 문화를 전제로 했을 때, 이 문화가 가진 현재의 위치나 이명박 정부가 들어선 후 달라진 문화적 변화에 대해서, 또 문화의 위기, 가능성 등에 대해 말씀해주시기 바랍니다.

전효관 이명박 정부가 들어와서 문화가 어떻게 됐나 하는 것은 감이 잘 안 오는 부분입니다. 하지만 서울시의 경우 예전의 컬처노믹스* 같은 정책을 보면 생각나는 것은 있습니다. 사실은 그것이 개발인데 문화로 포장을 한 것입니다. 그런 문화적인 것을 만드는 건 많이 했는데 사람들의 삶과의 관련성은 적었다는 게 문제라고 봅니다. 또 요즘 중산층이 붕괴되고 삶의 위기에 대한 이야기도 많은데, 문화적인 영향이라는 게 어떤 의제를 해결하는 것으로 연결되지 않으면 문화나 예술의 독자성과 고유성만 가지고는 사회적인 포지셔닝positioning을 하기는 어려울 것 같습니다.

그래서 솔루션으로서의 문화를 많이 생각해보게 됩니다. 예를 들어, 서울에서 마을 만들기 센터를 만드는 것도 어떤 사람은 왜 서울에서 마을 이야기를 하느냐, 그게 왜 필요하느냐 라고 하지만 관계 같은 것들을 다시 조금이라도 재구성하지 않고는 문제를 풀어내기 매우 난감한 상태니까 그런 시도를 하는 겁니다. 문화적으로 보면 사람들이 만날 수 있는 공간 같은 데서 같이 공동 작업을 해본다거나 공동 활동을

---

* Culture+Economics=Cultunomics. 이미 활성화한 문화 마케팅을 넘어 문화를 소재로 부를 만드는 것.

해보는 것이 중요한 시기입니다. 그런 시점에서 보면 요즘은 문화예술 교육도 그렇고 문화 복지도 그렇고 문화와 다른 영역과 결합을 하면서 점차 경로를 확장해나가야 한다는 생각이 보편화된 것 같습니다. 그런 데 그걸 실제적으로 풀어갈 수 있는 문화적 힘을 구현할 사례들을 많이 만들면 문화적인 역량이 중요해질 것입니다. 그런 점에서 문화적인 풀이는 굉장히 유용하다고 봅니다. 왜냐하면 이제 세상에 나타나는 문제들이 너무 복잡해져서 정량적이고 시스템적인 해결 방법으로 문제가 풀리지 않을 때가 많습니다. 이럴 때 경제적 해결책이나 정치적·정책적 해결책 외에도 문화는 아주 유연하게 사람들과 문제를 풀어갈 수 있는 하나의 방식이 될 수 있습니다. 그래서 문화적인 관점이 중요해진다고 봅니다. 요즘에는 제도적이고 시스템적인 방식으로 문제를 해결하기가 점점 어려워지고 있는 것 같습니다.

이현식 저도 거기에 전적으로 공감하는 게, 교육 문제에서 저희 아이가 지금 고3인데 별로 공부를 잘 하지 못합니다. 그런데 이 교육 문제가 결국 말씀하신 대로 입시 문제 개선 같은 방식으로 해결할 수 있는 게 아니라 오히려 사람들이 가진 자녀에 대한 욕망을 바꾸는 것으로 해결할 수 있을 것 같습니다. 기러기아빠와 같은 말들도 이런 욕망에서 나온 말이라고 볼 수 있을 것입니다. 이런 식의 사고를 펼쳐나가는 게 교육 문제의 핵심인 것 같습니다. 단순히 정책, 제도의 일부를 바꾸는 것으로 해결할 수 없을 거라는 점에는 저도 많이 공감합니다. 문화가 바뀔 때 교육도 바뀔 수 있다고 봅니다.

전효관 맞습니다. 교육 문제를 해결하기 위해 단순히 학급 수를 20명 이하로 줄인다거나 하는 방식을 도입하려고 하는데, 이런 걸로 지금의 교육 문제를 해결할 수 없습니다. 학급 수를 줄이는 것은 학급 수 문제에 국한되고 그 문제가 그리 시급한 것도 아닙니다. 교육이라는 것이 사회 속에서 사람들에게 배움의 경험을 주고 성적과 상관없이 자존감을 가지고 살아갈 수 있는 기반과 힘을 줘야 되는데, 그것이 안 되고 있는 현실입니다.

이현식 그러니까 문화라는 게 문화만의 고유한 가치가 있다거나 이런 것이 문화다 라고 정의하기보다는 삶의 문제를 해결해나가는 방식에 문화가 연동되고 결합되어 문제를 해결하는 역능, 기제로서 작동하는 데 의미가 있는 것이라는 것, 그리고 문화의 정의나 의미의 경계를 구분짓는 것은 중요하지 않다는 말씀이지요?

전효관 그렇습니다. 물론 장르 예술은 있지만 그건 예술이고 문화적인 기획, 정책의 방향은 따로 있다는 것입니다.

이현식 이제 대선이 70일 정도 남았는데, 현재 대선 국면을 놓고 문화적 관점에서 점검해야 할 사항이 무엇이라고 보시나요? 그리고 세 후보[*]가 조금씩 다른 정책을 내놓고 있는데 각각의 차이점이 무엇이라고 보시나요? 또 이제는 얘기가 됐으면 좋겠다 하는 점이 있다면 어떤

---

[*] 인터뷰 시점에서 거론된 주요 대통령 후보는 박근혜, 문재인, 안철수였다.

것이 있을까요?

전효관 세 분 다 문화 쪽 관련된 언급은 거의 없는 것 같습니다. 그게 쟁점이 아니기도 하고 해서 그럴 것입니다. 그런데 사실 정책 쪽은 잘 모르겠습니다. 내일 문화 연대에서 후보 정책 그룹 토론을 한다고 사회학적으로 봐달라며 100대 과제를 가지고 온다고도 하는데, 적어준 거 보고도 너무 많아서 깜짝 놀랐습니다. 아무튼 잘은 모르지만 대선 국면에서 꼭 문화적인 정책이 아니더라도 한 사람의 리더가 문화적 소양이나 관점 같은 걸 가지고 있었으면 좋겠다는 기대는 있습니다. 세상을 경제의 관점으로만 보는 게 아니라 문화적 관점을 병행해서 가진 사람이 나오면 자연스럽게 문화적인 정책의 토대가 마련되거나 문화에 대한 이해도가 높아질 수 있다는 기대가 있기 때문입니다. 문화적인 문제도 그렇고 많은 문제가 풀기 어려운 상황인데, 저는 그 어려운 문제나 상황을 중심으로 사람들이 모였으면 좋겠습니다. 문화적으로도 예를 들어 젊은 작가들이 살기가 어렵다는 문제가 있을 때 그 사람들이 상황을 공유하는 그룹이 되고 그 사람들끼리 재능과 전문성을 서로 나누어 거기서부터 변화가 초래되는 과정이 만들어졌으면 좋겠습니다.

이현식 제가 다시 질문을 풀어서 드리겠습니다. 이 질문에 두 가지 문제 의식이 있는데, 하나는 이번 총선 때와 지난 지방 선거 때 인천에서 총선에 나온 국회의원 후보들의 공약을 살펴봤는데, 마침 문화 쪽 일을 하다 보니 자연히 문화 관련 공약을 보게 됐습니다. 지방선거 때는 더 예민하게 보게 됐는데, 문화 공약의 대다수가 공연장을 짓겠다는 식의 개발 논리뿐 진짜 문화 공약이 아니었습니다. 아무래도 선거 때 이슈화되는 것은 한 사회에서 당면하는 의제들인데, '문화는 곧 공연장 문제'라는 식으로 사람들에게 각인되면 문화에는 전망이 없다는 생각이 들었습니다. 그래서 대선 국면을 어떤 관점에서 봐야 할지 의견을 듣고 싶습니다.

　두 번째는 지난번 지방 선거 때는 무상 급식이 중요한 의제였고, 그 바탕을 보면 복지에 대한 문제 의식이 있었습니다. 또 지금 대선 국면에서 많은 사람들이 이야기하는 경제 민주화도 이런 게 결국 한 사회 공동체가 해결해야 할 의제들로 제시되는 겁니다. 그렇다면 문화도 아까 말씀드린 것처럼 한국 사회에서 문화가 차지하는 위치가 무엇이어야 하는가 하는 고민과 다 연동되는 겁니다만, 대선 과정에서 이런 것들이 문화다 라고 인지되어야 하는 것입니다. 그런데 예술가들은 예술가들에 대한 지원을 늘려 달라거나 뭔가를 자꾸 늘려 달라 하는데 그게 문화가 아닐 수도 있습니다. 그렇기 때문에 실제 문화계에서 일하는 사람들이 '이런 것이 핵심이다'라고 목소리를 낼 필요가 있는 것입니다. 그래서 리더가 가져야 할 문화적 소양이라든가 생활 문제와 관련해서 문화와 연결되는 것들이 이런 점에서 너무나 중요하다고 말씀드린 것입니다. 그런 문제 의식 속에서 문화 정치에 대해 질문을 드리는 것입니다. 무엇이 중요한 것인지 생각해 두신 것이 있다면 말씀 부탁드립니다.

　전효관 문화 정책에 대해서는 생각을 별로 안 해봤습니다. 그런데 우리가 정치, 경제 문제를 얘기하고 있는데, 저는 사람이 사는 데에는 삶의 문제도 있고 영혼의 문제도 있다고 생각합니다. 이런 걸 다루는 게 문화의 문제라고 봅니다. 삶이 있는 시대로 가야 하는 것은 분명합니다. 삶의 위기가 크기 때문입니다. 그런데 삶이 있는 시대를 제도적으로 어떻게 만들 것인지 생각해보면, 참여정부 때도 한계가 있다고 생각하는데, 예를 들면 사회 정책을 문화적으로 디자인해본다거나 하는 장치와 기구 같은 것들은 있어야 합니다. 문화예술인들을 지원하는 것은 좋지만, 사회를 다시 디자인하는 데 문화적 관점이 들어가야 되는데 그럴 때 문화예술인들이 참여할 수 있게 사회 자체를 문화적으로 재구성하는 이런 것이 중요한 문화 의제라고 생각합니다. 제도적인 사회 혁신 문제뿐 아니라 문화적 사회 혁신이 중요하고도 어려운 문제인데, 이런 기회에 이런 것을 해낼 수 있는 국가적 의지나 장치를 담보했으면 좋겠다는 생각입니다.

사람들 사이가 고립되고 익명화되고 관계가 없어지고 있는 사회에서 삶의 관계들을 전체적으로 회복하기 위해 저는 문화예술이 가장 유용하다고 생각합니다. 왜냐하면 사람들을 만나게 하고 그 안에서 다른 방식으로도 대화하고 소통하게 하며 사회 통합적 가치도 있고 창조적 가치도 있는 일을 할 수 있기 때문입니다. 나아가 경제 민주화에 걸맞는 수준의 문화적 사회 혁신 플랜 같은 걸 할 수 있는 계기가 있었으면 좋겠다고 생각합니다. 어쨌든 대선에서 문화적인 내용은 장식물처럼 지나가는 말 정도로 언급되는 정도인 것 같습니다.

이현식 말씀하신 문화적 관점은 소통, 네트워킹, 고립된 것들 사이의 순환 같은 것들이 가장 사회에서 필요한 대목이라는 것인데, 말하자면 사회의 여러 영역들 사이에 소통이 가능하게 하는 게 문화라는 말씀이지요. 문화라는 건 어떤 특정 대상이라기보다 과정의 문제이고, 절차를 그런 식으로 만들어나가는 게 필요하다는 말씀인 것 같습니다.

전효관 그렇습니다. 제 경험에 비추어 보면, 요즘 갑자기 서울시의 도시 개발 문제 자문위원회에 들어가게 되었는데, 저는 그걸 하면서 꼭 계획을 일목요연하게 만들어야 하나 하는 생각이 들었습니다. 지금 시민 참여 얘기가 대단한 이슈입니다만, 시민 참여는 좋지만 시민들이 자신들이 살고 있는 영향력 범위 안에서 어떻게 바꿔볼 것인가를 얘기해야 하는데 '서울은 무슨 도시가 돼야 합니까' 하고 물어보는 모습을 보고 과연 시민 참여가 가능할까 하는 생각이 들었습니다. 참여라는 뜻은 좋은데 자기가 구체적으로 개입할 수 있는 범위 내에서 뭐가 좋을지, 뭘 하면 좋을지를 두고 이야기가 활성화되어야 하는데 그런 부분을 고려하지 않는 것 같았습니다. 문화적으로도 살아가는 생활권, 주거권에 있어서 문화적으로 어떤 장치가 있으면 좋을지, 꼭 공연장이 아니라 텃밭이 될 수도 있고 자전거 공방이 될 수도 있고, 또 그렇게 되면 사람들 간의 관계가 어떻게 달라지는지 등의 이야기들이 활성화되어야 한다고 봅니다. 예를 들면 도시 계획 같은 것에서도 문화적 관점이랄까요, 삶에서 느끼는 문제들이 언급될 수 있었으면 좋겠다고 생각합니다.

이현식 지금 말씀하신 부분이 도시 계획인데, 인천의 경우도 도시 계획위원회에 계속 얘기를 해서 지난번 시장 공약에 문화 전공자가 도시 계획에 반드시 들어가도록 하는 내용을 넣었습니다. 그래서 두세 명이 도시계획위원회로 들어갔는데 그것도 들어가는 걸로 끝나는 형식적인 참여가 되었습니다.

핵심은 문화적으로 형식화되고 제도화 · 관료화된 삶의 구조, 이런 진짜 삶이 아닌 것을 진짜 삶과 만나게 만들어야 하는 건데 문화가 그런 역할을 할 수 있다는 말씀인 것 같습니다. 또 자기 정부에서는 그런 식의 행정과 정책, 리더십이 구현되는 문화가 중요하고, 특정한 문화예술도 필요하겠지만 그게 전체 문화로 호도되어서도 안 된다는 뜻으로 이해하겠습니다. 마지막으로 참여정부 때 일을 해보셨는데, 현재 이명박 정부와 참여정부 때의 차이가 있다면 어떤 게 있을까요?

전효관 사실 잘 모르겠습니다. 참여정부 때 문화부에는 그래도 가끔 가는 상황이었는데 이명박 정부 때는 문화예술 교육을 처음 어떻게 시작했는지 전화 문의 받은 게 전부이고 부르질 않았습니다. 그런데 참여정부 때의 문화 정책은 분명 어떤 한 발을 내딛으려는 노력이 있었습니다. 딱히 성과가 있지는 않았지만 시도를 하는 게 있었는데, 이명박 정부에서는 개발 쪽을 강조하다 보니까 문화 정책으로 어떤 일을 했다는 느낌은 별로 없는 것 같습니다. 지원 제도에 대한 손질이나 이런 부분들은 보이는데 오히려 전통 시장 사업이나 이런 사업들은 많이 있었던 것 같지만 크게 보면 정부의 문화 정책의 기조를 드러내는 사건들은 별로 없었다고 봅니다.

그래서 다음 정부로 가면 문화적인 리더십들이 바로 섰으면 좋겠습니다. 제가 꼭 문화를 해서가 아니라 문화적인 리더십들이 중요한 시대로 가고 있는 것 같습니다. 왜냐하면 저는 요즘이 문화적으로 전환기적인 질서 속에 있다는 생각이 들기 때문입니다. 전환기적인 질서에는 어떤 문제에 대한 답을 분명히 갖고 있지 않아서 그 답을 얻기 위해 사람들이 그 상황을 공유하거나 자기가 가진 걸 내놓으려고 하지 않으면 절대 문제가 풀리지 않는 특징이 있습니다. 그래서 사람들의 이야기를 드러내게 하고 그 사람들에게 기회를 주고 문제를 풀어주는 문화적 리더십이 필요할 것 같습니다.

또 개인적으로 지원 사업을 볼 때는 수월성도 중요하지만 새로운 문화적 주체들이 나오고 있는데 그런 사람들이 활동할 수 있는 환경이나 장場 같은 건 어떻게 마련해 줄 것인지 궁금하고, 저는 옛날 작가들보다 현재의 작가들이 지역 같은 데는 훨씬 잘 결합할 수 있다고 봅니다. 과거에는 작가 의식 때문에 결합이 어려웠지만 요즘은 작가 의식이 상대적으로 약해져서 마을에서 사람들과 함께 뭔가를 만들고 하는 것이 자연스럽고 용이해졌기 때문입니다. 그래서 그런 장을 많이 열어주고 지원 제도도 그런 쪽으로 많이 열어놓게 되면 그게 다 사회적인 자원이 될 거라고 봅니다. 그 사람들에게 사회적 의미를 강하게 부여하면 꺼려하겠지만 그 사람들이 하고 싶은 일들을 잘 엮으면 그게 관광도 되고 자원도 되고 스토리도 되고 이런 식의 포용적 문화 정책이 필요하다고 생각합니다.

이현식 장시간 동안 수고하셨습니다. 고맙습니다.

작은 마을 큰 소통, 신나는 마을살이

서울시 마을공동체 종합지원센터장 **유창복**

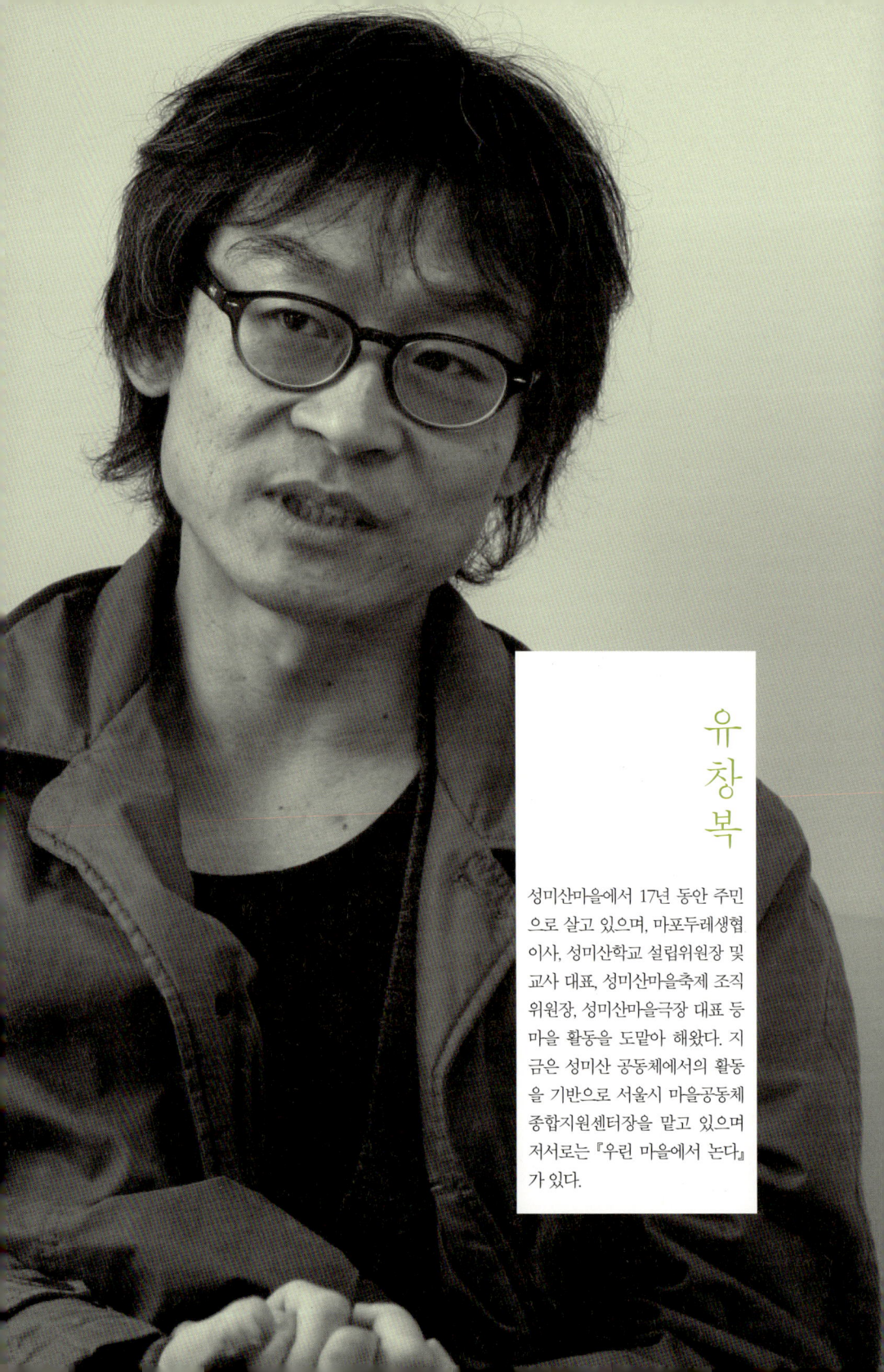

유창복

성미산마을에서 17년 동안 주민
으로 살고 있으며, 마포두레생협
이사, 성미산학교 설립위원장 및
교사 대표, 성미산마을축제 조직
위원장, 성미산마을극장 대표 등
마을 활동을 도맡아 해왔다. 지
금은 성미산 공동체에서의 활동
을 기반으로 서울시 마을공동체
종합지원센터장을 맡고 있으며
저서로는 『우린 마을에서 논다』
가 있다.

이현식 먼저 본인 소개를 부탁드립니다. 이 질문은, 공무원이나 교사처럼 그 직업을 얻기 위한 경로가 명확한 직업이 있는 반면, 문화 와 관련된 직업은 경로가 매우 다양하기 때문에 드리는 겁니다. 어떻게 해서 오늘에 이르게 됐는지 그 경로를 들려주시죠.

유창복 시간으로 따지면 1980년도에 제가 대학교 1학년이었습니다. 광주가 한창 심란하던 때에 우연히 서클룸을 들어갔는데 그게 탈춤반이었습니다. 2001년에 마을에서 첫 축제를 했습니다. 20년 전, 노천극장에서 신나게 춤추던 제가, 20년이 지난 후 마을에서 축제를 기획하며 즐거워하고 있더라고요. 그 후로 매년 마을축제를 기획해왔던 것 같네요. 그러다가 2007년에 축제를 좀 더 크게 기획하게 됐습니다. 길을 막고 조금은 축제다운 모습으로 기획을 하게 된 것입니다. 그 당시에는 마을에 동아리가 많이 만들어지는 시기였고, 저도 '무말랭이'라는 마을 극단의 배우가 됐습니다. 마을의 동아리들이 활성화되면서 극장에 대한 요구가 생겼고, 그래서 성미산마을극장을 만들게 되었습니다.

이현식 대학 다닐 때 탈춤반에 들어갔고, 탈춤 행사를 했고, 여러 가지 활동을 하다가, 이쪽으로 인연이 된 건 성미산마을에 살게 되면서 그 마을의 여러 가지 활동에 자연스럽게 결합하여 이쪽 일에 나서게 되신 거군요.
그럼 그 연장선에서 성미산마을에 대해, 성미산마을이 어떤 곳이고, 위에서 언급한 '마을' 극장이 어떤 것인지, 그리고 선생님께 극장장의 경험이 어떤 영향을 주었는지 말씀해 주십시오.

  유창복 '성미산마을'의 시작은 1994년도입니다. 우리 나라 최초의
공동육아 어린이집이 이 동네에서 처음 시작된 것입니다. 생태적인 환
경과 수평적인 소통의 문화 속에서 아이를 기르고 싶었던, 상가 건물
에 갇혀서 중환자실 같은 환경에서 애들을 키우는 게 싫었던, 그래서
동네 곳곳을 나들이 다니며, 흙놀이 하며 아이를 키우고 싶었던 부모
들이 함께 공동육아를 설립했습니다. 정병호, 조한혜정, 정유성 같은
선배들이 프로그램을 제안해 준 덕택입니다. 그렇게 아이들을 기르다
가 아이들이 점점 크면서 동네가 눈에 들어오기 시작했습니다. 그래
서 방과후 교실도 공동육아협동조합으로 만들었고, 아이들이 중학교
에 가면서 입시 경쟁을 피해 대안학교를 만들었습니다. 아이들이 성장
해 감에 따라 동네가 보이고 마을에 대한 인식이 생겨나게 되었던 것
이고, 동네 사람들과 함께할 수 있는 마을 콘텐츠들을 계속 만들어 갔
던 것입니다. 두레생협을 만든 것을 필두로 해서, 동네 부엌, 마을 카
페, 마을 식당까지 다양한 마을 기업을 설립하게 되었습니다.
  2001년 여름, 서울시가 성미산에 배수지를 건설하겠다고 해서 성
미산이 헐릴 위기에 처했습니다. 그 후 2년 동안은 성미산을 지켜내려
는 과정에서 마을이 단단해지고 지역으로 확장되는 계기를 맞게 되었
습니다. 2003년 가을, 결국 성미산을 지켜내자 마을은 폭발적으로 확
장했고, 1994년부터 약 10년이 넘는 세월 동안 마을의 일상적 필요와
욕구를 중심으로 하는 마을살이가 2006년 무렵에는 그 구색도 다양해
지고 규모 역시 꽤 성장하게 되었습니다. 그러면서 소통상의 어려움

이 드러나게 됐습니다. 마을이 너무 커지자 누가 어디서 무슨 일을 하는지 서로 잘 모르게 된 것이지요. 그러면서 한편으로는 문화와 예술에 대한 욕구가 더욱 강해졌던 것 같습니다. 아이들을 키울 때는 아이들을 함께 챙기는 일상 속에서 생활이 돌아가다가, 아이들이 다 자라고 나자 그 동기가 '아이들'에서 '나 자신'으로 이전된 것입니다. 어른들 스스로 재미있게 할 만한 것을 찾으면서 예술 동아리가 생기기 시작했습니다. 그 결정적인 계기가 2007년 축제였습니다. 이 축제 때 마을 동아리들이 대거 등장하여 멋진 공연을 해냈습니다. 마을 사람들이 모두 이 사람들의 끼에 놀라고 흥겨워하는 마당이 펼쳐졌습니다. 이렇게 사람과 관계에 대한 새로운 발견을 하면서 일상 생활 상의 욕구와 관계가 '예술과 놀이'로 이어지고 마을은 '함께 노는' 관계로 넘어섰다고 여겨집니다. 이런 과정에서 극장이 있었으면 하는 바람이 생기고, 결국은 마을에 극장이 들어서게 되었습니다. 그러고 보면, 육아로부터 시작된 마을살이가 놀이와 예술로 확장되어 가는 큰 흐름이 있었던 것 같습니다.

이현식 그런데 극장을 만들려면 많은 돈이 필요했을 텐데 그 돈은 어떻게 마련하셨나요?

유창복 지금도 자금 면에서는 어려운 면이 있습니다. 극장 설립을 궁리하던 중 시민단체 네 군데가 한꺼번에 이사를 온다는 거예요. 함께하는시민행동, 여성민우회, 녹색교통, 환경정의, 이렇게 네 단체가 참여연대가 건물 짓는 것에 자극을 받아 넷이 힘을 합쳐 건물을 짓기로 결정하고는, 이왕이면 성미산마을에 그 터를 잡고싶다는 것이었습니다. 그래서 마을이 나서서 적당한 땅을 알아봐 주고 계약을 했지요. 그러자 또 이 건물을 마을을 위해 어떻게 활용했으면 좋겠냐고 물었습니다. 주저 없이 극장을 넣자고 했지요. 그들도 흔쾌히 동의하고 의기투합해서 극장을 짓기로 설계를 변경했습니다. 그런데 건축 자금과 극장 설비 자금은 마을에서 감당하기는 큰돈이니 마을 밖에서 목돈으로 도움을 받기로 했지요. 당시 대선이 있었는데, 처음에는 기업에서도 반응을 좀 보이더니만 이 대통령이 취임하자 태도가 달라지더라구요. 하는 수 없이 대출을 받아 충당할 수밖에 없었습니다. 아직도 그 대출 이자를 해결하고 있는 형편이라 재정적으로 어려움이 많습니다.

이현식 다음 질문입니다. 최근 젊은 친구들 중에 문화 쪽에서 일을 하거나 하고 싶어하는 친구들이 꽤 많이 늘어나고 있는데 저도 그런 친구들을 마주하면 가끔 질문을 받습니다. 재단 쪽에서 일을 하고 싶다거나 관련된 일을 하고 싶은데 어떻게 해야 할까, 하는 질문입니다. 선생님이 보시기에 이런 문화 쪽에서 일하고 싶은 젊은 친구들이 마을에서 꿈을 펼치려면 무엇이 필요하다고 생각하십니까? 또 어떤 소질과 자질이 필요할까요?

유창복 지금 청년들은 어떻게 보면 마을에 설 곳이 없습니다. 마을이란 자기가 자란 가족이 있는 곳인데, 요즘은 스무 살이 되면 다 객지로 뜨기 때문입니다. 저도 그랬고, 제 자식도 스무 살 이후로는 집에 잘 오지 않습니다. 이처럼 자기가 자랐던 가족을 중심으로 하는 마을에서 뿌리를 내리기란 쉽지 않습니다. 그렇다고 다른 마을에 가서 정착하여 마을살이를 할 수 있는 기반이나 관계가 있는 것도 아닙니다. 젊은이들은 밥 먹는 것, 노는 것, 일하는 것 등을 다 따로 하고, 돌아다니면서 유목적인 생활을 합니다. 마을과 인연을 맺을 만한 관계가 없는 것입니다. 그런 면에서 예술 기획자든 예술가든 그런 정체성을 갖는 젊은이들이 마을과 접촉하기가 쉽지 않습니다.

성미산마을에도 청년이 마을과 접속한 사례가 있는데, 세 가지 유형이 있습니다. 첫 번째 유형은 젊은이들이 마을과 접속했다가 바로 튕겨져 나가는 경우입니다. 생활이 다르고 정서가 다르고, 한마디로 '뻘쭘한' 거지요. 두 번째는 동네가 좋다고 아예 결혼하고 마을에 정착해버리는 유형입니다. 마지막은 인공위성입니다. 인공위성처럼 마을과 적정한 거리를 유지하면서 매몰되지도 않고 튕겨져 나가지도 않는 경우입니다. 이 사람들은 대개 문화 기획자들입니다. 문화적 자원이 있어서 동네와 관계를 유지할 줄도 알고, 인공위성처럼 거리를 유지하는 기술도 있는 친구들입니다. 그러나 이러한 인공위성 관계가 안타까울 때가 많아요. 인공위성의 긴장을 생활 속에서 유지하기가 쉽지 않기 때문입니다. 위 세 유형의 공통점은 마을과의 개인적인 접속이라는 점입니다.

그래서 젊은이들이 마을과 접속할 때는 개인이 아니라 자기 나름대로의 우주정류장 같은 자신들의 네트워크가 꼭 필요합니다. 세 명이든 네 명이든 그들만의 네트워크를 가지고 마을과 접속하는 것입니다. 마을과 접속하다 보면 서운한 일도 많고 속상한 일도 있는데, 자신들만의 편안한 베이스캠프로 돌아와서 서로 위로하고 다시 충전해서 마을과 접속할 수 있는, 이런 그들만의 아지트 같은 관계망이 있어야 합니다. 자기들끼리의 문화 코드가 있고 처지가 유사하고 서로 공감할 수 있는 문화적 감성대가 있는 관계가 필요한 것입니다. 이런 관계망이 없이 마을과 바로 접촉하면 대다수가 튕겨져 나가거나 혹은 외롭게 살게 됩니다. 그러니 청년들이 자기들끼리 연결된 네트워크를 가지고 마을과 만나는 게 중요하다고 생각합니다.

이현식 이번에는 서울시 마을공동체 종합지원센터(이하 마을 지원 센터)와 관련된 질문을 하겠습니다. 마을 지원 센터가 만들어진 지가 얼마 안 됐기 때문에 센터에 대한 소개를 먼저 부탁드립니다.

유창복 마을 지원 센터는 딱 1년 됐습니다. 처음 시작은 박원순 시장이 보궐선거에 당선된 그날이었습니다. 그날 선거캠프의 지인으로부터 연락이 왔습니다. 박 시장의 핵심적인 시정 목표 중 하나가 마을 만들기인데 거기에 관련된 철학적인 방향과 정책에 관련된 조언을 해 달라고 했습니다. 성미산마을의 몇몇 이웃들과 다른 마을의 활동가들을 긴급히 초대해서 약 열흘 동안 날마다 토론을 했습니다. 그리고 시장실에 가서 토론 결과를 발표하니까 박원순 시장이 좋다고 하면서 실행 가능한 좀 더 구체적인 정책을 마련해 달라고 했습니다. 아울러 서울에서 이미 활동하고 있는 활동가들과 폭넓게 의논해서 만들어 달라는 것이었습니다. 이러저러한 연락망을 총동원하여 서울시 전역에 마을 활동을 하고 있는 기관과 개인들에게 사발통문을 보내 집담회를 제안했습니다. 그러자 첫 집담회에 100여 명의 마을 활동가들이 모였습니다. 정말로 생각보다 많은 사람들이 모인 것을 보고 모인 그들도 놀라고 초대한 우리도 놀랐습니다. 그 자리에서 박 시장께 발표한 내용과 박 시장의 제안을 공유하고, 의욕과 여건이 되는 20여 명의 활동가들이 TFT을 구성하기로 했습니다. 이 TFT가 또 다시 보름 동안 매일 출근하다시피 하며 토론한 결과를 시장에게 전달했습니다.

사실 처음 박원순 시장이 마을 만들기를 한다고 했을 때 기대와 우려가 반반이었습니다. 기대는, 그동안 골목에서 외롭게 했던 활동이 빛을 보겠다는 것이었고, 우려는, 서울시의 어마어마한 조직력과 자타가 공인하는 박 시장의 추진력이 합쳐지면 마을에 무슨 일이 생길지 걱정된다는 것이었습니다. 관官 주도 마을 만들기는 오히려 마을을 해칠 수도 있기 때문입니다. 두 의견이 팽팽했습니다. 저는 이 두 의견을 그대로 박 시장께 전했습니다. 박 시장도 알고 있다고 했습니다. 그래서 이 우려를 불식시킬 방안을 논의하였고, 그 결론이 바로 '주민주도형 마을 만들기'였습니다. 관 주도가 갖는 문제를 충분히 알기 때문에 마을에는 주민 주도가 필요하고, 하지만 관이 나서서 자원을 제공하면 마을 만들기가 더욱 활성화되지 않겠나 하는 기대가 있었습니다. 따라서 그 관 주도의 부작용을 최소화하면서 행정의 지원을 통해 마을 만들기를 활성화해보자는 것이 주민 주도 마을 만들기인 것입니다.

그래서 서울시의 마을 담당 조직은 최소로 하기로 하여 '과科' 수준의 지원 창구를 만들고, 중간 지원 조직을 중심으로 마을 지원 사업을 추진하기로 했습니다. 그게 바로 '마을 지원 센터'입니다. 그리고 마을 지원 센터는 서울시가 조례를 통해 만들고 운영 및 사업 예산을 제공하되 그 운영은 철저히 민간에게 위탁하기로 하였습니다. 그래서 5월경 '사단법인 마을'을 설립하고, 마을 지원 센터의 수탁 공모를 준비했고, 지난 9월 오픈했습니다.

구체적인 마을지원사업은 서울시의 각 실국이 예산을 편성하고 실행합니다. 마을 지원 센터는 주민 주도의 프로세스를 설계하고 지원합니다. 가장 중요하게 생각하는 것은 마을 계획 수립입니다. 마을 계획은 그 마을에 사는 주민이 세우는 것이 가장 바람직합니다. '우리 마을 프로젝트'는 마을 지원 센터가 직접 실행하는 대표적인 사업이자 주민주도 프로세스의 시범 사업입니다. 주민이 세 명 이상만 모이면, 세 명이든 서른 명이든 3백 명이든, 그 수준에 맞는 마을 계획을 수립하는 과정 자체를 지원하는 것입니다. 아직 의제가 정해지지 않은 주민 모임을 구성하는 단계(유형①)와 주민 모임과 의제가 있어서 이를 실행하려는 단계(유형②)로 세분하여 지원합니다. 모임 결성과 사업 계획을 궁리하는 단계이므로 사업비가 크게 들지 않습니다. 우리는 '수다비'라고 말합니다만, 주민들이 만나서 회의하고 필요한 교육받고 견학 하는데 드는 비용 정도만 지원하였습니다. 지원 액수가 백만 원에서 500만 원 안팎입니다. 그러다 보니 단체들은 별로 관심을 가지지 않고 오히려 일반 주민들이 훨씬 큰 관심을 보였습니다. 백만 원 내외의 지원비를 어렵지 않게 '만만하게' 받아들이게 된 것이지요. 우리가 노렸던 (?) 것도 바로 '만만한 마을 사업' 그 점이었고요. 이러한 형태로 하반기에 자기가 사는 곳의 마을 계획을 세우는 프로젝트가 시동이 걸리고 있습니다.

이현식 신청이 많이 들어왔나요?

유창복 예. 지금 100개가 넘는 프로젝트를 선정해서 진행하고 있습니다. 내년에는 올해 세운 마을 계획을 실행하기 위한 계획을 세우고, 실행 예산을 어떻게 확보해서 연결할 것인지를 계획하고 있습니다. 바로 '포괄 예산'입니다. 민간에서 일하다 보면 정부의 꼬리표 예산은 너무 답답할 때가 많습니다. 그래서 주민이 권한과 책임을 가지고 상황에 맞게 자율적으로 유연하게 쓸 수 있는 예산 지원 방안이 없을까 고민했습니다. 이른바 '꼬리표 예산'이 아닌 '바구니 예산' 제도를 마련하는 일입니다. 사전에 사업 내용과 방법이 특정되지 않은 채 편성되어, 주민의 다양한 제안에 열려있는 예산 지원 방식인 셈입니다. 그런데 이런 열린 예산은 의회의 예산 감시와 상충됩니다. 그래서 일단 시범적으로 작은 예산으로 실험해 보기로 했습니다.

절차에 관한 문제도 있습니다. 보통 지원 절차는 1년에 한 번 하는 공모 방식이 대부분입니다. 그런데 말이 1년 단위이지 실제 사업 기간은 6개월도 안 됩니다. 3, 4월에 공고하고, 5월에 사업비 주고, 10월이면 성과를 증명하라고 합니다. 마을은 10년의 호흡인데 6개월의 호흡은 오히려 마을의 흐름을 거스르는 일입니다. 그래서 공평하고 투명한 지원 절차상 공모 방식이 불가피하다면 '수시 공모'를 하자고 했습니다. 1년에 한 번 공모하면 이른바 '선수들'만 자원을 가져갑니다. 또 준비가 안 됐는데도 공모 시한을 놓치면 1년을 기다려야 되므로 서둘러 공모 신청을 하게 됩니다. 결국 부실이 생기는 것입니다. 결국 단기간에 성과가 드러나는 가시성 사업이 주를 이루게 됩니다. 수시 공모 제도를 시행하면 준비됐을 때 준비된 만큼 지원을 신청할 수 있습니다. 그것만으로도 주민이 참여하기가 쉬울 것입니다.

그리고 공모 심사 제도에 너무 의존하지 말 것을 제안하고 있습니다. 행정이 일방적으로 지원 심사의 요건을 정해놓고 그에 부합하면 지원하고 아니면 탈락시킵니다. 준비가 덜 되었으면 탈락시키고 말 것이 아니라 이후에 계속 준비를 할 수 있도록 지원하는 시스템을 만들자는 것입니다. 그래서 등록제를 마련합니다. 사업을 하고 싶어 지원 등록을 했는데 부족한 면이 있다면 "지원을 해드리기에는 이 정도로는 부족하신 것 같으니, 이러저러한 점을 보완하시고, 필요하시면 이러저러한 도움을 드리겠습니다" 하고 안내를 하는 것입니다 이른바 인큐베이팅incubating 개념으로 지원의 성격을 바꾸는 일입니다.

그래서 주민의 마을 계획 수립, 수시 공모, 인큐베이팅 지원, 이 세 가지가 지원 제도의 개선 방안으로 주장한 대표적인 사항입니다. 우리는 이것을 '마을 지향 행정'이라고 부르고 센터의 주요한 목표로 삼고 있습니다.

이현식 그 연장 선상에서, 말씀하는 가운데 알 수 있는 부분도 있었는데, 결국 지금 마을 지원 센터가 어떻게 만들어졌는지, 또 무슨 일을 하는지, 여러 가지에 대해서 들어보니 저희 문화 재단에서 하는 일과도 연결돼서 흥미로운 부분이 많습니다. 배워야 할 부분도 많이 있는 것 같습니다. 그런데 이런 마을 지원 센터가 우리 나라에서는 처음이니까 사회적으로 어떤 의미를 가질지 궁금합니다. 또 앞으로의 전망, 과제 이런 것들도 말씀해 주실 수 있을까요.

유창복 강릉, 안산, 수원 같은 곳도 기초 자치 단체 수준에서는 이미

센터가 만들어졌습니다. 광역으로는 서울이 처음이고 부산에서 지금 서울의 마을 지원 센터를 학습하고 있습니다. 경기도에서도 조례가 만들어져서 조만간 마을 지원 센터가 만들어질 것 같습니다. 광역 차원에서도 움직임들이 서서히 생기고 있습니다. '마을, 마을 만들기'가 일시적인 정책은 아닌 것 같아요. 시대적인 현상이고 전국적인 흐름으로 가는 것 같다는 생각이 듭니다. 그래서 긍정적이긴 한데 걱정이 되기도 합니다. 관이 너무 나서면 마을 사업을 그르칠 수 있기 때문입니다. 그래서 시작하는 단계에 놓인 지금이 가장 예민하고 가장 섬세하게 성찰해야 합니다. 마을은 살고 있는 주민들이 스스로 필요한 걸 발굴하고, 아쉬운 걸 하소연하고, 그러다가 해결할 궁리가 나오고 궁리 끝에 자율적으로 실천하고 성공하는 과정에서 만들어지는 관계망입니다. 이런 생활의 필요를 협동적으로 해결해가는 과정에서 형성된 이웃 간의 관계망이 곧 마을입니다. 그래서 주민 스스로 필요를 발굴하고 협동적으로 해결해나가는 과정을 잘 드러내고 활성화되도록 돕는 것이 핵심입니다.

그래서 관이 욕심부리지 않고 나서고 싶은 마음들을 참는 것이 중요합니다. 또 한편으론 주민들도 이런 지원의 기회들을 어떻게 잘 활용하느냐도 중요합니다. 원래 정부가 지원하는 자원은 '독毒'입니다. 하지만 병원에서 처방해주는 약이 사실은 독 아닙니까? 독성이 강하지만 그 병증에 딱 맞는 약효가 있기 때문에 부작용을 감수하고 약으로 먹는 것처럼, 정부의 돈도 독이지만 꼭 필요한 용도로 쓰면 약이 되는 것입니다. 바로 정부의 개입과 자원을 '오용과 남용'하지 말고 적절하게 약으로 사용하는 것이 중요합니다. 정부의 지원과 개입을 민간주도성을 통하여 약으로 활용해낼 때, 진정한 의미의 거버넌스*가 실현되는 것입니다.

물론 관은, 거칠게 표현해서, '갑을관계', 즉 계층적 거버넌스에 익숙해져 있습니다. 지금 마을 만들기는 시민적 거버넌스, 즉 시민이 정부 자원을 협동적으로 활용하는 시스템이 필요합니다. 정부가 주도하는 계층적 거버넌스는 시장적 거버넌스의 연장입니다. 돈을 줬으니 성과를 내라는 식입니다. 그런 시장적 거버넌스에 익숙해져 있는 정부에 맞서서 시민적·주민적 거버넌스를 관철해내는 것이 중요합니다. 그런데 문제는 '관'이 '민'을 잘 안 믿는다는 것이지요. 관은 1년 단위로 의회의 승인을 받아야 하고, 의회의 감사로부터 자유롭지 않습니다. 그래서 시민의 일거수일투족을 걱정합니다. 걱정하고 못 믿으면 결국 사사건건 개입하게 됩니다. 하지만 시민적 거버넌스를 과제로 던졌다면 일정 리스크 테이킹**을 해야 합니다. 리스크 테이킹 하지 않는 신뢰는 립서비스에 지나지 않습니다.

이현식 지금은 박원순 시장이니까 그게 가능할 수 있는데, 다른 시장이 와도 가능할까요?

유창복 저는 시민적 거버넌스 학습을 한 만큼 정권이 바뀌어도 그 경험치가 남을 거라고 봅니다. 이렇게 갈등을 하면서도 거버넌스의 경

---

* governance. 협치(協治). '국가 경영' 또는 '공공 경영'이라고도 번역되며, 최근에는 행정을 '거버넌스'의 개념으로 보는 견해가 확산되어 가고 있다.
** risk taking. 위험 감행. 위험을 지각한 뒤, 굳이 행동하는 것.

험을 조금씩 쌓아갈 때, 사회적으로 시민적 거버넌스의 관행과 문화가 만들어져 갈 것이라고 생각합니다. 어느 한순간에 되는 일이 있을까요. 그래서 딱 그만큼의 목표를 가지고 있습니다. 과한 기대를 가지지 않으려 합니다. "맨날 관은 똑같애"라고 푸념하고 실망할 필요도 없고, 경험한 만큼 경험치가 쌓여간다고 보면 됩니다.

이현식 앞서 말씀 중에 부산, 경기도에서도 이 마을 지원 센터가 있다고 하셨는데, 이 센터가 서울이기 때문에 가능한 점이 있을 것 같습니다. 제가 보기에 이건 박원순 시장이 아니라 하더라도 지역적인 면에 있어서, 서울은 뭔가 다른 점이 있습니다. 예를 들어, 인천에서 서울을 보면 서울이 수도首都라서 그런게 아니라 인천과는 어딘가 다른 부분이 있습니다.

왜 이런 말씀을 드리느냐면 지난번 전효관 선생님과 대담을 하면서 하자센터가 인천에서는 왜 안 만들어질까 하고 고민한 적이 있습니다. 전효관 선생님도 익산에서 하자센터를 만들자고 해서 그러려고 했는데 안 된다고 하셨습니다. 서울이기 때문에 하자센터가 가능했던 것입니다. 이렇게 서울이기 때문에 가능한 부분이 있습니다. 리더십의 문제도 아니고 어떤 지역적인 이유가 있는 것 같습니다. 마을 만들기도 서울이기 때문에 혜택을 누리고 있거나 가능한 점이 있고, 서울이기 때문에 안 좋은 점도 있을 거라고 생각합니다. 그런 부분에 대해 생각해 본 적이 있으신가요?

유창복 어쨌든 서울에 많은 자원이 집중되어 있기 때문에 문제도 집중되어 있습니다. 그래서 그 문제를 해결하려는 시도도 집중되어 있는 거라고 봅니다. 영국이 시민 사회에 대한 많은 고민을 가지고 있는 것도, 가장 먼저 자본주의의 문제를 고민하고 그 폐해를 경험했던 역사가 있기 때문에 가장 먼저 문제를 해결하기 위한 노력을 한 것처럼, 광역으로는 서울이 가장 먼저 마을 지원 센터가 세워진 것도 그런 맥락이 있다고 봅니다.

그런데 저는 아무리 서울이라도 광역적 시도가 갖는 한계가 있다고 봅니다. 마을은 인구가 30만~40만이 되는 자치구 차원도 아닙니다. 작은 동네와 골목 어귀, 아파트 단지 등 행정 구역도 넘어서는 일상적인 생활권의 개념입니다. 그런데 천만의 인구가 사는 대도시에서 마을 사업을 지원한다는 것이 효과적일까 하는 의문이 듭니다.

그래서 초기 서울시 마을 지원 센터의 역할과 위상을 토론하면서 과연 광역 단위의 마을 지원 센터가 타당한가라는 논쟁이 있었습니다. 결론은 최소 자치구 차원으로 마을 지원 센터가 만들어져야 한다는 것이었습니다. 그 이유는 민-관 거버넌스의 기초 단위가 자치구이기 때문입니다. 최소 그 정도 수준으로는 지원 센터가 있어야 그 아래의 마을 단위를 지원할 수 있기 때문입니다. 그런데 당시 바로 자치구 마을 지원 센터를 만들자고 하면 관에서 나서버리게 되고 완전히 관 주도로 내달릴 것이 불가피하다는 판단을 했습니다. 마을 지원 센터를 민간 주도로 만들려면 관의 변화가 선행되어야 하고, 민간 측도 상당한 준비가 필요한데 양측 모두 준비가 부족한 상태였습니다.

그러므로 자치구별 역량과 준비 상태를 면밀히 보면서, 민과 관의 협력적인 거버넌스의 토대와 경험을 쌓아가는 과정을 잘 관리할 수 있는 지원 체계가 필요했습니다. 광역 차원의 마을 지원 센터를 설립하기로 한 이유가 바로 여기에 있습니다. 민과 관의 실질적인 거버넌스를 통해 자치구 마을 지원 센터가 만들어지는 로드맵을 유도하려면 광역 차원에서 속도를 조절하는 역할이 필요했습니다. 따라서 광역 마을 지원 센터는 자기 소멸을 목표로 하는 기관입니다. 자치구마다 마을 지원 센터가 모두 만들어지면 광역 센터는 그 역할을 자치구 지원 센터로 이관하고 해소하게 되는 것이지요. 해소가 아니더라도 광역 차원의 제한적인 역할만 수행하고 자치구 지원 센터로 중심을 넘겨야 할 것입니다.

이현식 인천의 부평에서도 국토해양부 지원을 받아 '도시대학'이라는 프로그램을 했는데, 제가 일부 참여했습니다. 그 프로그램이 지금 말씀하신 대로 주민들 스스로 마을 계획을 짜는 프로그램이었고, 주민들끼리 열 명이 됐든 다섯 명이 됐든(최소인원이 다섯 명) 함께 팀을 이룹니다. 팀에는 전문가가 일종의 튜터tutor처럼 참여하고 공무원과 구의회 의원이 참여하는데, 이들의 참여는 주민들의 일에 관여하는 것이 아니라 주민들이 하는걸 보고 알도록 하기 위해서였습니다. 이렇게 열 개의 프로그램이 진행되었고 결과를 통해 가장 잘된 프로젝트를 뽑아 상도 주었습니다. 주부들로 이루어진 팀에서 만든 프로젝트가 최종적으로 상을 받았는데 결과물을 보고 굉장히 놀랐습니다. 주부들이 마을에서 아이들을 대상으로 설문조사 하여 아이들이 무서워하는 길을 조사하고 분석하고, 그 길을 어떻게 보완하고 가꿀 것인가 고민하여 주부들의 시각으로 마을 계획을 너무 잘 만든 것입니다. 이런 현장성과

주민들의 생각, 분석이 진짜 마을 만들기라는 생각을 했습니다.

그래서 서울에서 추진하는 마을 만들기 센터를 보면서 한편으로는 기대가 큽니다. 그동안 서울이 주도적으로 해나갔던 것으로부터 주민 조직으로 내려가면 이건 꼭 서울이라서 가능한 게 아니라 작은 단위의 마을이라 더 성공할 수도 있겠구나 하는 생각이 들기 때문입니다. 그래서 기존에 서울에서 했던 다른 시도들에 비해서 다른 지역에서 적용하기 쉽지 않을까 하고 기대되는 면도 있고 또 물론 우려스러운 부분도 있습니다. 서울이 이런 식으로 마을 만들기 프로젝트를 해서 성과가 나면 다른 광역 자치 단체나 기초 자치 단체에서 마구잡이로 쫓아하지 않을까 하는 점입니다.

그러면 말씀하신 대로 관 주도의 그런 정책이 브랜드처럼 될 수 있고, 또 인천 같은 경우 비교적 야권이 우세한 지역이지만 지난번 지방선거에서 인천 지역은 야권만이 아니라 인천지역 시민 단체에서 단일 후보를 만들어 기초 자치 단체장도 많이 당선됐고 시장도 그랬습니다. 기초 자치 단체장 중에는 그런 점에서 소통되는 사람도 많습니다. 괜찮은 의견을 내면 기초 자치 단체장은 받아들일 자세가 되어 있습니다. 예를 들어 부평의 도시 대학 같은 것도 부평구청장은 굉장히 관심이 많은데, 말씀하신 대로 주민과 주민, 주민과 관을 매개할 수 있는 사람이 너무 없다 보니 실행이 어렵습니다.

그런 점에서 서울이기 때문에, 혹시 서울에 있으면 서울이 아닌 다른 지역의 삶을 잘 모르실 수 있는데, 제가 보기에는 이 사업에서도 서울이기 때문에 가능한 부분이 분명히 있는 것 같습니다. 이번에 저는 마을 지원 센터도 한편으로는 그 자체로 기대가 있지만, 다른 한편으로는 그렇게 많은 자원들이 한꺼번에 모일 수 있었던 것도 사실 서울이기 때문에 가능한 거라는 생각이 듭니다. 보시기에 이 부분은 꼭 서울에서 뿐 아니라 다른 지역에서도 훨씬 더 가능할 수 있겠구나 라고 생각을 하신 부분이 있으신가요?

유창복 제가 보기에는 안산, 수원도 열심히 활동하고 있고, 강릉은 정부가 지원을 끊으면서 공중에 떠버린 경우지만 아무튼 불가능한 일은 없다고 봅니다. 관이 자원을 배분하는 창구로서 센터를 만들고, 그걸 민간의 주도성에 위탁한다고 했을 때 거버넌스에서 중요한 것은 서로 간에 힘의 균형이고, 이런 것들이 마을의 운명을 주도하는 것입니다. 결국 또 같은 말이지만, 민간이 정부 자원을 효과적으로 약으로 잘 활용할 수 있고 주민의 주도적 흐름을 잘 지켜줄 수 있는 힘이 있느냐가 관건입니다. 이를 뒤집어 말하면, 마을 지원 센터를 만드는 건 바로 주민이 스스로 마을살이를 주도할 수 있는 힘을 성장시키는 데 초점이 맞추어져야 하며, 가시적인 성과나 당장의 성과에 초점을 맞추기 시작하면 오히려 이 힘을 그르칠 수 있다는 것입니다. 그래서 마을 지원 센터가 진짜 이 힘을 강화시키기 위한 방향과 목표를 잘 견지하고 속도 조절을 어떻게 잘 하느냐가 중요한 과제로 제시될 수밖에 없다고 생각합니다.

이현식 서울은 이미 여러 가지 영역과 단위에서 활동하던 사람들이 다 결합을 해서 센터를 만들고 참여하고 했던 것인가요?

유창복 예. 현재 마을 지원 센터의 식구들은 총 26명입니다. 처음 센터를 만들 때 '다 올라가면 소는 누가 키우느냐'며 올라오지 말라고 했습니다. 자기 동네에서 훌륭히 자리 잡고 있으면 올라오면 안 된다고도 말했습니다. 여기 마을 지원 센터에는 40대 중·후반대의 시니어들과 2, 30대 주니어들이 섞여 있습니다. 일부러 그렇게 안배했습니다. 2,30대 주니어는 마을살이의 경험이 있는 사람이라기보다는 복지, 문화, 미디어 등등 전문 분야에서 활동을 했던 사람들입니다. 반면 시니어들은 마을에서 꽤 오랫동안 마을살이를 해온 사람들입니다. 그러므로 각자의 마을에서 나름 리더 역할을 해온 분들이지요. 사실 고참들이 그 자리를 비워야 마을의 새로운 젊은 리더십이 또 채워지는 것 아닙니까? 그런 차원에서 시니어들의 마을 지원 센터 참여를 제안했습니다.

이현식 이제 마지막 질문입니다. 주민 주도라고 해도 서울시 쪽에서 같이 일을 하고 계신데 서울도 지방 자치 단체입니다. 그런 점에서 국가의 문화 정책이 지방 분권이란 측면에서 문화 정책을 어떤 식으로 밀고 나아가야 할 것인지, 혹은 현재 서울시의 문화 정책 방향이 무엇인지 등에 대해 알고 계신 것이나 느끼신 것이 있을까요?

유창복 저는 문화예술 전체에 관련된 지식이나 경험이나 식견은 없습니다. 다만 마을 차원에서 제한하여 말씀드리자면, 커뮤니티 아트community art 라고 하는 말이 요즘 몇 년간 많이 회자됐습니다. 그런데 그 말에 대해 저도 그렇고 많은 사람들에게 혼란이 있었던 것 같습니다. 커뮤니티가 바탕이 된 예술 행위community based performance 와 커뮤니티 아트는 구별할 필요가 있습니다. 커뮤니티 아트는 커뮤니티의 여러 가지 일상과 이야깃거리들을 예술가가 예술적으로 재현하면서 예술적 메시지를 예술가 나름대로 이야기하는 것입니다. 예를 들면 재건축 현장의 사진을 찍어서 사진전을 하거나 하는 건 예술가 자신의 예술적 가치를 재개발 현장이라는 커뮤니티의 현실을 재현하면서 주장하는 것입니다. 그런데 이런 작업을 보고, '주민은 어디 갔느냐' '주민은 도구화되고 주민 주체는 사라졌다'는 식으로 질문을 합니다. 이런 질문은 '커뮤니티가 바탕이 된 예술 행위' 관점에서 하는 질문이지, 커뮤니티 아트의 관점에 있다고 보기는 어렵습니다. 커뮤니티 아트는 커뮤니티 아트로서 나름의 영역과 역할이 있는 것이고, 주민을 찾는 질문은 '커뮤니티가 바탕이 된 예술 행위'를 통해 하는 것이 적절하다고 봅니다. 즉, 저는 이 두 가지를 구분하고 싶습니다. 또한 community based art 라고 하기보다는 community based performance 라고 말하고 싶습니다. 커뮤니티를 베이스로 한 예술은 장르적 구분이 필요 없고 장르를 넘나들기 때문입니다. 또 예술적 전문성과 아마추어성이 명확하게 준별되지 않습니다. 그런 의미에서 커뮤니티를 베이스로 한 예술 (행위)이란 커뮤니티에서의 문화예술의 '생태계'를 의미합니다. 그래서 마을 단위의 문화예술의 생태계를 어떻게 만들어갈 것인가라는 점에 초점을 두고 보아야 합니다.

생태계라는 말을 쓰는 이유는 일상의 예술을 봐야 한다는 생각 때문입니다. 우리가 어떤 사람을 좋아해서 그에게 노래로 마음을 전한다거나, 또 부모들이 아이들 어린이집 송년 잔치를 기획하고 생일 잔치를 기획할 때 다 예술적인 터치가 있습니다. 이런 일상의 모든 것들이 예술이라고 생각합니다. 이런 일상적 예술 행위가 발전된 것이 마을 단위의 합동적인 예술 활동입니다. 마을의 문화예술 생태계란 바로 공연, 합창, 퍼포먼스, 연극, 밴드, 대동놀이, 축제 등 마을에 함께 사는 이웃들의 관계망을 토대로 하는 합동적인 예술 활동이 잘 되고 재미나고 또 성숙되게 하는 환경이자 요소입니다. 그리고 그 생태계의 성숙을 좌우하는 세 가지 요소가 있습니다. 하나는 주민들의 '예술 동아리'이고 또 하나는 '마을 축제', 그리고 '공간'입니다. 공간이란 성미산마을의 극장일 수도 있고, 인천시민예술센터의 동아리 연습실 같은 개념일 수도 있고 마을 카페나 작은 마을 도서관일 수도 있습니다. 다양한 일상의 공간들을 통해 예술적 행위를 일상적으로 누리는 것이 중요합니다. 그러다가 일 년에 한 번 축제로 힘을 주는 것입니다. 그것이 동아리라고 하는 주민들의 일상적인 예술 활동의 그릇으로 피드백되고, 이런 선순환되는 마을 단위 예술 활동의 생태계가 성장해 가도록 해야 합니다. 바로 이런 선순환되는 생태계를 어떻게 조성할 것인가 하는 데에 문화예술 정책의 초점을 맞추어야 한다고 생각합니다.

그런데 서울시의 정책을 보면 순서가 잘못되어 있습니다. 먼저 공간을 만들겠다고 정부가 지자체에 명령을 내리면 지자체에서 비어있는 아무(?) 공간을 들고 옵니다. 심지어 주민의 접근성조차 고려하지 않기도 합니다. 그렇게 아무 공간을 가져오면 프로그램은 예술가에게 채우라고 합니다. 그리고 제일 마지막으로 주민을 초대합니다. 마을 문화예술 생태계의 조성과는 정반대로 하는 것입니다. 원래 마을의 문화예술 생태계의 흐름은 주민이 먼저 놀고, 놀다 보니 공간이 부족하고, 그

143

래서 공간이 설계되고 이렇게 공간이 채워지고 공간이 진화해야 하는 것입니다. 결국 문화예술 공간에 관한 정책이 생태계 조성과는 완전히 거꾸로 가는 것을 볼 수 있습니다. 또 한 예를 들면, 북카페와 관련된 것인데, '북카페는 도서관, 카페는 찻집' 이렇게 고정된 시각으로 보고 정책을 실행하는 것입니다. 이미 도서관만 보아도 더 이상 단순한 도서관이 아니라 다양한 소통의 문화 공간, 복합적인 문화 공간으로 자리잡고 있습니다. 이렇게 각자의 특성을 다 분리해서 보고 있다는 게 문제입니다. 공간을 통합적인 삶의 공간으로 보지 못하고 기능적인 특성만으로 보는 것입니다.

이현식 기존의 정책들이, 말하자면 예술가 정책이나 문화 정책이라고 하면 이를 빌미삼아 공연장을 짓거나 개발하는 것과 다르지 않은 정책들이었다고 본다면, 이런 정책들도 물론 진행해야 하겠지만, 앞으로의 정책의 방향은 마을 만들기와 같이 주민들의 커뮤니티를 만들어 잘 소통될 수 있게 하고 또 주민들이 모이는 동아리 활동, 공간, 축제 이런 것들에 초점을 두어야 한다는 뜻으로 정리할 수 있겠습니다.

지금이 대선 국면이기 때문에 마지막 질문은 포괄적인 것입니다. 선거를 할 때 예를 들어 지난번 선거 때는 무상 급식이라는 의제가 나왔는데, 지금 대선 국면에서는 경제 민주화 얘기들이 나오고 있습니다. 이런 의제들은 선거 때마다 그 사회 혹은 그 사회가 당면한 여러 가지 문제들이 아젠다화되고 이슈화되는 상황에서 나온 것입니다. 그리고 대선과 정치의 과정들이 다 그것들을 해결해나가는 과정입니다. 그렇다면 문화 역시도 사실 이런 부분에서 문화가 뭔지를 확실히 말하고 문제로 거론될 때가 오지 않았나 하는 생각이 듭니다. 예컨대 현재까지 대선 후보들은 문화예술에 대한 지원을 확대하겠다거나 지원은 하되 간섭은 안 하겠다는 식으로 기존의 패러다임으로부터 전환되지 않을 것 같은 느낌이 들어서 묻고 싶습니다. 혹시 그런 점에서 보면 대선 국면에서 문화가 어떤 사회적 의미를 가질 수 있을까요? 그리고 그게 경제 민주화 같은 의제들처럼 보편적인 가치를 지닐 수 있을까요?

유창복 지금 우리가 살고 있는 사회는 너무 개인이 배제되고 있습니다. 경제적으로도 그렇고 사회적으로는 더욱 그렇습니다. 정치적으로는 선거 국면을 통해서만 일시적으로 관계가 회복될 뿐, 끝나고 나면 모두 개인으로 분해된 일상으로 복귀되고, 정치는 소수 정치가들에게 위임해버리고 맙니다. 그렇게 정치가 일상 생활로부터 분리되고, 나와 무관해지는 것입니다. 현실에서는 아이들과 여성들이 동네 골목에서, 심지어 자기 집 안에서 봉변을 당하는 일이 빈발합니다. 단지 CCTV를 많이 설치한다고 해결할 수 있는 게 아닙니다. 성범죄자를 물리적으로 화학적으로 거세시킨다고 해결되는 것도 아닙니다. 답은, 극도로 고립화되고 배제된 개인들의 관계를 다시 회복하는 것입니다. 누구라도 살면서 닥치는 크고 작은 어려움을 하소연할 수 있는 누군가가 곁에 있다는 것 자체가 중요한 회복이라고 봅니다. 하소연하다 보면 자신의 문제가 자신만의 문제가 아니라 관계의 문제, 또 우리들의 문제라는 문제 의식을 가지게 되고, 그래야 우리의 문제를 함께 해결하려는 마음이 생기고, 그게 정치로 이어질 수 있다고 봅니다. 그래서 그런 관계를 회복해내는 것이 이 사회의 무엇보다 당면한 과제라고 생각합니다.

그런데 그런 관계 회복을 예전에는 민주, 역사 이런 큰 주제를 던지고, 그 의미를 가르치고 동원하는 방식으로 했습니다. 이제는 그런 방식으로는 더 이상 통하지 않습니다. 오히려 아주 친밀한 관계에서 사적인 수다의 소통으로부터 회복이 시작됩니다. 사적으로 나누는 하소연과 소통의 내용은 대체로 자기 삶의 필요, 결핍, 아쉬움, 고통스러움, 안타까움, 그리고 욕구와 욕망들입니다. 자식을 어떻게 건사할지, 노부모를 어떻게 부양할지, 어떻게 취업할지 등등, 이런 현실의 문제들을 의논하고 하소연하고 해결하는 것입니다. 이렇게 개인이 단절과 배제로부터 탈출하여, 자기의 신세를 들어주며 걱정하는 관계에 들어설 때, 비로소 자기 자신으로서 긍정받게 되고 문제 해결의 가능성이 열리게 됩니다. 이렇게 자신으로 인정받고, 생활을 함께 하소연하고 해결책을 궁리하는 관계가 바로 마을입니다.

우리가 마을 문화, 예술이라고 하는 것도 결국은 마을 단위에서 삶의 문제를 함께 얘기하는 사람들 간의 감성과 살아가는 방식을 지칭하는 것입니다. 살아가는 방식의 상당 부분이 소통이지요. 그 중에서도 말로 주고받는 소통 수단 못지않게 중요한 것이 비언어적인 소통입니다. 어쩌면 비언어적인 소통이 훨씬 더 비중이 클지도 모릅니다. 요사이 말을 하면 할수록 다투는 일이 잦습니다. 소통하자고 말을 하는데 소통은커녕 더 갈등만 커진단 말입니다. 남의 얘기를 안 듣기 때문입니다. 하고 싶은 말은 많은데 듣기는 싫으니 싸우는 것이 당연하겠지요. 평소에 친하게 지내는 사람은 뻘소리를 해도 '왜 저래 어제 또 마누라하고 다투었나?' 하고 맙니다. 그렇지만 평소 미운 사람이 바른 소리할 때 제일로 재수 없지요. 진실이 진실로 전달되려면 '수용적 관계'가 있어야 해요. '개떡 같이 얘기해도 찰떡 같이 알아듣는' 그런 관계이지요. 그런데 그 수용적 관계가 말로는 잘 안 만들어진다는 거지요. 우리는 지금 언어적 소통의 성능이 형편없는 시대에 살고 있습니다. 그래서 요즘은 '이해와 설득'이라는 언어적인 소통보다는 '놀이와 공감'이라는 비언어적인 소통이 훨씬 효과적입니다.

수용적 관계가 성립하는 관계로 가족 공동체나, 농촌 부락 공동체를 들 수 있습니다. 가족은 '콩깍지'라는 신의 섭리로 이루어지고, 농촌부락은 개인의 선택이 아닌 주어진 운명적인 관계입니다. 하지만 그나마도 지금은 다 해체 상태입니다. 농촌 마을 청년회 총무의 평균 나이가 60대라 하지요? 블랙홀과도 같은 도시의 흡입력에 거의 해체되다시피하고 가족 해체의 위기가 어제오늘 이야기가 아닌 요즘, 수용적 관계를 새로이 만드는 일이 시급합니다. 그래서 다시 마을입니다. 물론 이 마을은 농촌 부락으로 되돌아가자는 낭만적인 주장은 아닙니다. 불가능하지요. 새로운 수용적 관계를 만들어야 합니다. 지금 우리가 만들고자 하는 마을은 멤버십membership에 기초한 어소시에이션association입니다. 그저 주어지는 관계가 아닙니다. 같은 동네에 산다고, 한 아파트 안에서 산다고 저절로 만들어지는 관계가 아닙니다. 손을 내밀고 내민 손을 잡아야 비로소 형성되는 관계입니다. 그래서 놀이와 공감이 절실합니다. 친밀한 관계를 만들고 그 속에서 수용적 관계를 쌓아가려면 놀이와 예술을 통한 공감이 가장 든든한 바탕이 되고 활력과 동력의 가장 큰 원천이 될 겁니다.

이현식 관계 회복이 우리 사회의 가장 중요한 문제고 그 관계 회복을 위해 놀이가 매개체가 된다는 말씀이지요. 함께 잘 놀 수 있어야 하는데, 예술이 그런 일들을 할 수 있고 이런 점에서 앞으로 우리 사회가 지향해야 할 부분에서 굉장히 중요한 기저를 이루는 부분이 문화라고 말씀하셨습니다.

인터뷰를 마치도록 하겠습니다. 장시간 인터뷰에 응해주셔서 정말 감사합니다.

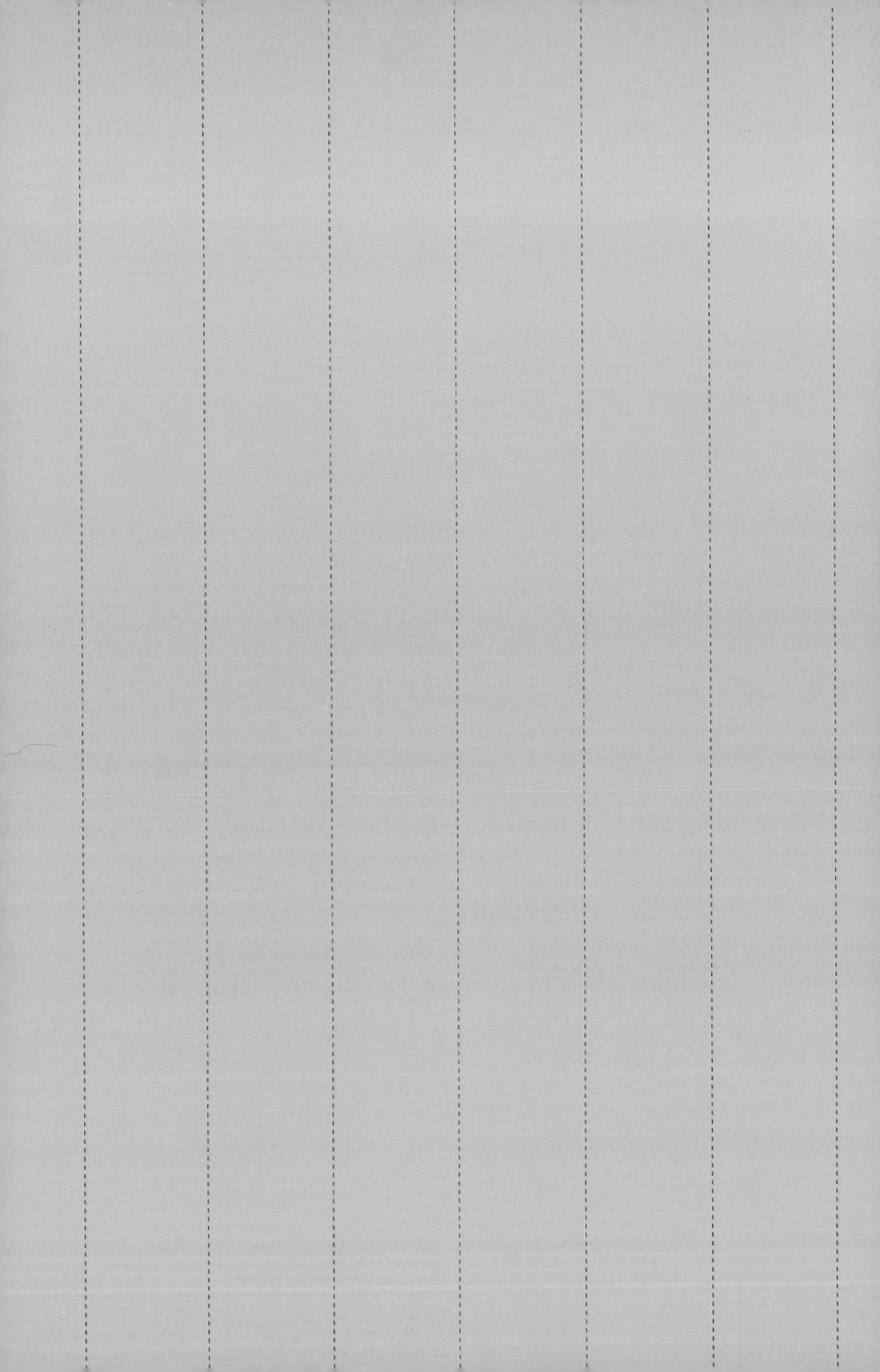

지역
문화예술도
밑천이
필요하다

대구대학교 경제학과 교수 **홍인기**

홍
인
기

고려대학교 경제학과에서 학사
및 석사학위를 취득한 뒤 한국개
발연구원(KDI)에서 주임연구원
으로 일했다. 이후 텍사스주립대
학교(어스틴 소재)에서 박사학
위를 취득하였고, 귀국하여 국회
예산정책처(NABO)에서 경제분
석관으로 근무했다. 현재는 대구
대학교 경제학과에서 교수직을
맡고 있다.

이현식 대구대학교에 계시는 홍인기 교수님을 모시고 이야기를 나눠보도록 하겠습니다. 지역문화에서 정책은 매우 중요합니다. 하지만 정책을 수행하기 위해서는 재정·재원이 뒷받침되어야 합니다. 그래서 경제학 전공자인 교수님을 모시고 지방 문화 또는 지역 문화를 발전시키기 위해서 재정 측면에서의 현안이 무엇인지 그리고 이를 해결하기 위해서 어떻게 해야 하는지를 주제로 얘기를 나누어볼까 합니다. 홍인기 교수님이 현재는 대구에서 활동하시지만 고향은 인천이시죠?

홍인기 네. 인천에서 태어나서 대학원을 졸업할 때까지 살았습니다. 서울에서도 거주했고 미국 생활도 꽤 오래 했지만, 인천에서만 25년을 지냈습니다. 대구로 이주한 지는 3년이 좀 넘었는데, 부모님과 동생이 인천에 거주하기 때문에 자주 오가고 있습니다.

이현식 선생님께서는 대학원을 졸업한 뒤 한국개발연구원에서 근무하셨고, 텍사스주립대학에서 공부하신 다음에는 국회예산정책처에서 연구를 하셔서 경제학 중에서도 정부의 공공재원 분야에 밝으신 걸로 알고 있습니다. 경제학에서도 주전공이 어느 분야인가요?

홍인기 주전공으로는 재정학, 최근에는 폭넓게 공공경제학이라고 하는 분야를 공부했습니다. 그중에서도 특히 조세 쪽을 전공했습니다.

이현식 대선을 앞두고 여러 현안들이 논의되고 있습니다. 지방자치제도가 시행된 지가 어느새 10년이 넘었지만, 중앙집권적인 우리의 정치 체제 탓에 진정한 지방 분권은 여전히 미흡하다고 많은 이들이 지적합니다. 지방 분권의 핵심적인 조건은 자주적인 재정권이라고 볼 수 있을 것 입니다. 현재 지방 재정 측면에서 지방 분권이 겪고 있는 문제가 무엇이라고 생각하시는지 말씀해주십시오.

홍인기 지난 십여 년간 정치적인 차원에서 지방자치제가 상당 부분 진행되어 왔고 또 제도가 점차 정착되어 가고 있는 점은 인정합니다. 그렇지만 재정 측면을 보면 문제는 점점 더 심각해지고 있습니다. 근본적으로 서울 및 수도권 지역, 그리고 몇몇 산업 단지들을 중심으로 하는 지역들만이 불균형적으로 성장하고 있기 때문입니다. 지역 불균형 문제가 지난 20~30년간 계속 진행되어 왔기 때문에 해결책을 찾기도 쉽지 않은 상황입니다.

또 다른 추세로는, 지방자치제에서 지방의 자체적인 거버넌스는 점차 중요해지고 있는데도 우리 나라의 중앙 정부가 이를 뒷받침하는 재원 나누기에서는 굉장히 인색합니다. 지방자치제를 처음 시작했을 때에는 지자체의 경험과 역량이 충분치 않아 여러 가지 시행착오를 겪게 마련이지만, 이제는 십여 년의 세월이 흐르면서 지역적으로 자체적인 거버넌스를 펼칠 수 있게 되었습니다. 그런데도 정작 실행에 필요한 재원을 허락하지 않는 셈입니다. 규제에 필요한 많은 정책 도구들과 재원 마련 수단들이 여전히 중앙 정부의 손안에 있기 때문이죠. 지역에서 아무리 좋은 아이디어를 내고 이를 실행에 옮기려 해도 주머니가 가벼우니 성과가 기대에 미치지 못하게 됩니다.

이현식 제가 알기로는, 지자체의 재원이 될 수 있는 세목들이 부동산을 거래할 때 내게 되는 취득세나 양도세 등에 집중되어 있고, 비교적 안정된 재원 마련이 가능한 것은 국비라고 들었습니다. 그래서 부동산 경기가 악화되거나 하면 지자체의 재원 규모가 예상과 크게 달라져 문제라고 합니다. 게다가 최근 들어서 중앙 정부에서 국민의 세금을 감면해줄 때 지방 재정과 밀접한 관련이 있는 세금을 주로 감면해주고 있기 때문에, 지자체의 재원 마련에 큰 지장을 초래한다고 하더군요. 이 문제에 대해서 좀 더 말씀해 주시면 좋겠습니다.

홍인기 프랑스의 재무장관이자 경제학자였던 콜베르Colbert는 '세금을 징수하는 가장 좋은 방법은 거위가 너무 꽥꽥되지 않도록 하면서 되도록 많은 깃털을 뽑아내는 것이다'라는 이야기를 할 정도로, 조세는 인류 문명과 늘 함께 왔으면서도 경제적 정치적 차원에서 문제를 일으킬 소지가 항상 있는 제도입니다. 민간 경제 주체의 경제 활동을 되도록 덜 위축시키면서, 시장이 해낼 수 없는 공공 부문을 통해 국민의 후생을 높일 수 있는 방안을 찾아내는 것이 국가의 역할입니다. 그러기 위해서는 재원 확보가 꼭 필요하죠. 결국 조세는 불가피한 것입니다. 그런데 우리 나라 같이 중앙집권식의 개발과 근대화 과정을 거친 나라에서는 대부분의 징세권을 중앙 정부가 거의 다 가지고 있습니다. 사실 이는 국가가 경제 개발과 성장을 주도하던 과거에는 큰 문제가 되지 않았습니다. 하지만 우리 나라가 중진국 계열에서 탈피하여 전 세계에서 10위권에 가까운 경제 규모를 달성하게 되면서 경제와 사회가 크게 변모하게 되었고, 그에 걸맞은 국가의 재정 구조가 절실하게 되었습니다. 특히 기존의 조세 제도가 크게 탈바꿈을 해야 하는데, 그 기회를 여러 차례 놓쳐버린 것입니다. 우리 나라의 조세 제도는 1980년대 이후로 크게 달라진 바가 없습니다. 가장 규모가 큰 세목들인 부가가치세, 개인소득세, 법인세를 중심으로 움직이고 있거든요. 그러다 보니 지방 자치를 통해 사회·경제적으로 지역을 균형 있게 발전시키면서 다양성을 추구하는 사회로 나아가는 데 재정적인 지원이 제대로 이루어지지 못하고 있습니다.

게다가 1990년대 말 발생한 외환 위기와 몇 해 전 발생한 글로벌 금융 위기 이후 우리의 성장 동력이 예전만 못해졌습니다. 복지 지출, 지역 균형 발전 그리고 문화 등 해결해야 할 현안들은 점점 더 많아지고 있는데, 이에 필요한 새로운 재원 마련은 더욱 어려워진 상황입니다. 그러다 보니 지역 차원에서의 복지나 문화와 같은 후발 수요가 특히 재원 측면에서 어려운 형편입니다. 건설과 수출 부문에 대한 국가적 지원은 여전한데도 말이죠.

한 가지 더 말씀드리고 싶은 것은 기존의 재산세, 취득세, 등록세와 같이 재산과 관련된 거래 및 보유에 따라 세금을 매기고 그것을 지역 발전에 사용하는 시스템이 그 자체는 잘못된 것이 아니라는 점입니다. 그런데도 유독 우리 나라에서 지역 개발과 발전에 재원이 부족한 까닭은 부동산이 자본 이득capital gains을 획득하기 위한 투자, 나쁘게 말하면 투기의 목적으로 오용되어 왔기 때문입니다.

재산 관련 조세는 안정적인 거주 기반과 생활 기반을 영위하는 지역 주민들이 결국 자신들에게 돌아오는 다양한 지역 공공재를 생산하기 위해서 꼭 필요한 재원입니다. 그런데 투기가 주목적이 되면서 수익률에 따라 울고 웃는 사업으로 부동산이 변화하게 됩니다. 수익률은 당연히 경제 상황에 따라 등락을 거듭하죠. 지역의 생활 기반과 유리된 부동산 경기에 따라 지역의 재정 수입이 휘둘리게 된다는 말입니다.

이현식 질문의 초점을 인천의 재정 위기 문제로 돌려보았으면 합니다. 한때 공무원들의 수당도 주지 못하는 문제까지 생길만큼 재정이 악화되었다고 하는데요. 이렇게 자꾸 재정 차원에서의 위기 상황이 반복되고 또 심화되는 까닭은 무엇일까요? 일반 시민들이 이해하기 쉽게 말씀해 주실 수 있는지요?

홍인기 그나마 인천은 다른 광역 지자체들에 비해서 재정 현황이 좋은 편이라고 할 수 있습니다. 재정 상태가 좋다는 것은 기본적으로 현재 지고 있는 빚이 얼마인가 하는 문제와 밀접하게 관련되어 있습니다만, 빚이 좀 많더라도 성장하는 경제, 아직 역동성을 잃지 않은 지역 경제라는 관점에서 보는 것이 더 적절합니다. 경제가 역동적이라면 필요한 경우에 빚을 많이 지더라도 이를 향후 5년, 10년에 걸쳐 차근차근 갚아나가면 되기 때문입니다. 그런데 그 빚을 갚아나갈 수 있는 여지가 없도록 중앙과 지방과의 관계가 결정되어 있다면 문제가 심각해집니다.

또 지역에서는 정치인들의 도덕적 위해moral hazard 문제가 중앙 정부에 비해서 훨씬 심합니다. 자기가 집권하고 있을 때에 판을 크게 키워놓으면 그 뒷감당을 하는 사람은 나중에 그만큼 고생을 하는 것입니다. 재정의 성격상 항상 최소한 몇 년 뒤에야 문제가 나타나기 때문입니다.

이현식 중앙 정부가 지자체의 재정 문제를 제어하는 시스템이 좀 문제가 있다고 말씀하셨는데, 그 부분을 좀 더 구체적으로 설명해주실 수 있나요?

홍인기 기본적으로 지금 행정안전부를 포함한 중앙 정부에서는 광역 지자체에게 재정 차원에서 여러 방식으로 규제를 많이 합니다. 이는 가부장적인 시각입니다. 학생을 교육하거나 자녀를 양육할 때에는 행여나 발생할 문제를 미연에 방지하여 안전을 도모하고자 강제하는 여러 조치들이 나름대로 중요할 수 있습니다. 하지만 아이들이 크면 결국은 그들을 놓아줘야 합니다. 학생들이 성숙할수록 자율성을 더 허락해야 됩니다. 하지만 현재 중앙 정부에서는 이러한 조치들을 자꾸만 늦추고 있습니다. 그들은 지자체들이 정말 뛰어나게 새로운 정책 실험을 하기 위해서 세금을 걷고 돈을 쓰는 일에 심하게 규제를 하고 있습니다.

세금을 부과하지도 빚을 지지도 못하게 하는 규제는 지자체들마다 성장 가능성이 다르고 또 거버넌스 능력이 다르다는 현실을 무시한 처사입니다. 또 규제를 하고 간섭을 하더라도 일관되게 한다면 그나마 문제가 덜한데, 중앙 정부가 자의적으로 판단하여 경우에 따라 빚을 더 질 수 있도록 허가를 해줍니다. 아시안 게임을 한다거나 지역에서 커다란 예산 수요 사업이 있는데 중앙 정부 차원에서의 지원이 곤란할 때 주로 이런 방식을 선택하죠. 이럴 때만 공채인 지방채를 발행할 수 있게 해주는데 그 지방채를 갚아 나가야 하는 쪽은 결국은 지역 주민들입니다. 이처럼 굉장히 자의적으로 빚지는 것을 허락해주면서 대부분의 경우 새로운 정책 실험은 막고 있습니다.

이현식 저도 그런 비슷한 애로 사항을 들어본 적이 있습니다. 인천의 경우도 시장께서 현재의 재정 구조로는 아무것도 할 수 없도록 묶어 놨다는 점을 꽤 설득력 있게 설명하시는 것을 들은 바 있습니다. 뭔가를 하기 위해 당장 어려운 상황을 타개하고자 돈을 마련할 수 있는 지방채를 발행하면 상당히 많은 수익을 창출할 수 있다고 해도, 중앙 정부에서 정해놓은 지방채를 발행할 수 있는 한도에 묶여 인천시에서 지방채를 발행할 수도 없고, 그렇다고 국비 지원을 좀 늘려달라고 해도 국비 지원을 늘려주지 않는 그런 여러 가지 어려움이 있다고 들었습니다.

홍인기 지방채를 늘려줄 때 지역 주민의 수요와 여력, 동태적인 선순환 구조를 판단하여 지원을 해줘야 하는데 그걸 중앙에서 엉뚱한 대규모 사업에만, 중앙 정부가 그럴 듯하게 생각하는 것에만 허락해 줘서 지방채 증액의 한도를 올려줍니다. 결국 이런 것들이 쌓여 5년, 6년 지나고 정권이 바뀔 때마다 폭탄이 되어 돌아오는 것입니다. 실제로 지역 주민이 정말 필요하다고 하는 사업에 대해서 안건을 올렸을 때 그것에 대해서 지방채 한도를 늘려준다거나 해야 하는데 그런 고려를 하지 못하고 있는 것입니다.

이현식 정리를 하자면 중앙 정부와 지방 정부 사이의 합리적이고 효율적인 시스템이 재정 문제와 관련해서는 마련되어 있지 못하는 것이 문제라는 것이지요. 또 두 번째로 약간 정치적인 측면에서 지방 자치 단체장이 자신의 임기 안에 여러 가지 성과를 내기 위해 온갖 사업을 전개하는데, 그 사업이 단년도에 끝나지 않고 여러 해에 걸쳐서 재정 투여가 되는 경우 문제가 된다고 하셨습니다. 지방 정부에서 장기적인 재정 예측과 관련된 고민 없이 자신의 치적을 위해 여러 가지 사업들을 벌이면서 결국 지방 재정의 위기가 오게 된다는 말씀인 것 같습니다.

지방 재정 문제와 관련해서는 이 정도로 마무리하고, 두 번째로 최근 문화와 관련해서 지역 문화와 관련된 재원을 어떻게 마련할 수 있을지 이야기를 나눠보겠습니다. 최근 「지역문화진흥법」을 제정하기 위한 노력이 전개되고 있습니다. 특히 이번 19대 국회에서는 다행스럽게도 임기가 시작되면서 곧바로 법안 제정의 노력이 이뤄지고 있기 때문에 제정 가능성이 높다고 보고 있습니다. 지난 두 정부는 임기 중순을 넘기면서 제정 노력을 시작했기 때문에 결국 임기가 종료되면서 법안이 자동 폐기된 경우입니다. 이번 정부에서 특히 저희가 주목하는 것은 도종환 의원의 안에 있습니다. 그의 제정안을 보면 「지역문화진흥법」 가운데, 지역 문화 진흥을 위한 재원 마련에 대한 안을 명시적으로 법안에 담고 있습니다.

지역 문화 쪽에서 일을 하고 있는 저희의 입장에서는 반갑기는 한데 과연 이게 단순히 기뻐할 일인가 생각해보았습니다. 내용 자체는 좋지만 이를 실행하려면 다른 쪽에 있는 기금을 끌어와야 하기 때문에 다른 부처와의 이해 관계 같은 부분들이 걸려있어서 과연 현실성이 있는지 우려됩니다. 또 두 번째는 지역문화진흥기금을 만들 때 이 기금이 원래는 기금의 이자를 주로 활용하는 걸로 알고 있습니다. 그런데 최근 은행에서 기금의 이자율이 자꾸 떨어지는 추세인데, 과연 이 기금을 조성해서 기금의 이자를 쓰는 것이 효율적일지 아니면 차라리 기금 자체를 사용하는 것은 어떤지에 관한 내용입니다.「지역문화진흥법」에서 도종환 의원의 안에 대해 어떻게 생각하시는지 말씀해주시면 고맙겠습니다.

홍인기 예. 도종환 의원님이 내신 안을 봤는데, 지역의 문화 진흥 재정을 확충하기 위해서 필요한 예산을 기존의 '지원할 수 있다' 같은 식의 선언적인 수준이 아니라 '지원해야 한다'로 강력하게 명시해놓았습니다. 이는 꼭 필요한 변화라고 생각합니다.

그런데 여기서 제가 의아하게 생각하는 점이 한 가지 있습니다. 재정의 기본 원칙은 아주 특수한 경우를 제외하고는 기금이라는 것을 통해서 계속 사업을 하는 접근법을 바람직하게 보지 않습니다. 국가 재정에서 돈을 쓸 때 일반회계, 특별회계, 기금이 있는데, 이 기금이라는 것은 지금 당장 크게 돈이 지출되지 않더라도 향후에 큰돈의 지출이 필요할 때를 대비해서 미리 돈을 쌓아놨다가 추후에 그 기금을 활용해서 여러 가지 필요한 사업을 하는 시스템으로 사용됩니다. 그런데 문화예술 쪽과 관련된 재정은 10년, 20년 뒤의 큰일을 대비한다기보다 매년 다양하고 다채로운 사업에 예산을 써야 하는 경우가 많습니다. 유사한 예가 문화와 관련된 대표적인 기금인 문예진흥기금입니다. 사업 규모가 매우 크고 종류가 다양하기 때문에 기금이 소진되면서 재정 안정성을 확보하기 어려워진다는 우려가 꾸준히 제기되고 있습니다.

그러므로 이러한 문제점들을 두 가지 다 보일 가능성이 높은 지역문화진흥기금이라는 것을 신설하려 하는 경우, 일단 기금을 만드는 차원에서부터 재정 주무 부처인 기획재정부의 강력한 반대에 부딪칠 가능성이 있습니다.

결국 지역문화진흥기금이 성공하려면 지금까지 만들어진 대부분의 기금들처럼 재원을 확보할 수 있는 원천이 확실해야 합니다. 대개의 기금들은, 예를 들어 방송진흥기금이나 정보통신진흥기금, 국민체육진흥기금, 복권기금의 경우 여러 가지 체육 활동을 통해서 이뤄지는 수익금의 일부를 떼거나, 복권의 수익금을 나누거나 하는 식으로 기금의 원천이 확실합니다. 그러나 지역문화진흥기금은 어디서 재원을 확보할 것인지 애매합니다. 황금알을 낳는 거위처럼 기금의 원천이 있어줘야 되는데, 그래서 그 거위의 황금알에서 일부분을 떼어다가 기금을 설립해야 하는데 그 황금알이 없는 상황입니다. 그래서 기금의 신설자체가 국가 정책적으로 이미 수십 년 전부터 부정적으로 여겨져 온것입니다. 기금들은 되도록 정리를 하고, 중요한 수십 가지 기금을 3년에 한 번씩 들여다보면서 그 중에서도 또 없앨 것을 심사하고, 그 와중에 새로운 기금을 만들기도 하는 식으로 기금이 운영되고 있는데, 새로운 기금에 돈을 줄 주체도 명확하지 않은 상황에서 지역문화진흥기금은 현실적으로 어려운 아이디어가 아닌가 하는 생각이 듭니다.

이현식 그 법안을 보면 기금을 정부 및 지자체의 출연금, 「복권및복권기금법」에 의한 복권기금, 「국민체육진흥법」에 따라 체육복권을 통해 조성하는 것으로 논의되고 있는 것 같습니다. 그리고 「방송통신발전기본법」상의 방송통신발전기금과 나머지 기부금 같은 것들로부터 지역문화진흥기금의 재원을 마련하겠다고 되어 있습니다. 그런데 저는 이 부분이 걱정스럽습니다. 지역 문화 자체에서 돈이 나오는 게 아니라 다른 쪽에서 돈을 기부를 받는 식으로 볼 수 있거든요. 게다가 정부나 지자체에서 출연하는 쪽이 재원을 마련하는 방안으로는 좋겠지만 다른 부처의 동의를 충분히 얻을 수 있을까 하는 점도 우려됩니다.

물론 문화 쪽에서 일을 하시는 많은 분들이 사실 기금 이야기를 상당히 많이 합니다. 지역문화진흥기금이라든지 문예진흥기금이라든지 무슨 일을 할 때에 자꾸 기금이야기가 많이 나오는데, 한편으로는 기금이 많이 이야기되고 강력한 조항이 들어서고 하는 게 마냥 좋은 것은 아니라는 생각이 듭니다. 왜냐하면 만약 통일 비용을 미리 마련한다거나 위기 상황을 대비해서 석유를 비축해야 한다거나 하는 경우에는 기금이 필요하다는 점을 충분히 이해할 수 있는데, 문화는 사실 기금으로 해결될 게 아니라는 생각이 들기 때문입니다. 문화 쪽에서 일하는 분들이 왜 자꾸 기금에 집착하는지를 생각해보면 일종의 피해 의식이 잠재되어 있는 것이 아닌가 합니다. 시절이 좋을 때는 문화에 대한 재정 지원이 비교적 풍족히 이루어지다가, 경제가 조금 안 좋아지면 바로 지원 규모를 줄이는, 재원의 등락폭이 심한 측면이 있기 때문에 기금을 만들어놓는 일이 중요하다고 생각하는 것입니다. 그러면 적은 돈이라도 기금으로 확보해 놓으면 일단 지속적으로 문화 쪽에 쓰일 수 있으니까요. 이런 관점에서 봤을 때 어떻게 해야 더 안정적인 재원을 확보할 수 있을지, 어떤 것이 필요할지 이야기를 나눠봤으면 좋겠습니다.

제 경험에 비추어 한 가지 덧붙이자면, 제 주변의 많은 분들이 말씀하시기를, 재정 차원에서 정책을 결정할 수 있는 권한을 갖고 있는 사람들, 예를 들면 지자체의 장, 정부의 장관급 이상의 사람들의 인식이 변해야 한다고들 합니다. 문화 예술인들이 특히 이런 이야기를 많이 합니다. 문화에 대한 인식이 변해야 재정 지원도 늘어날 것으로 보는 셈이죠. 이런 주장이 일견 타당해보이기도 합니다. 문화와 관련된 재원을 안정적으로 확보하는 문제에 관해서 재정 전공자 입장에서 무슨 말씀을 해 주실 수 있을까요?

홍인기 먼저, 문화 예술과 관련해서 특히 지역 문화의 발전을 위한 여러 가지 재원의 본격적인 수익원 확보 바로 직전에 필요한 사항을 이야기해 보겠습니다. 지금 도종환 의원님의 안에도 복권기금, 방송통신기금 같은 다양한 기금과 기부금, 출연금 등을 통해 재원을 확보하고자 하는데, 제가 찾아보니 특히 복권기금에 대해서 일정 부분을 의무할당화 하고자 하는 희망 사항이 대단히 강력한 것 같습니다. 그래서 이 점에 대해 문헌을 찾아보니 이미 15년 전부터 언급되어온 주장이더군요. 숙원이라고까지 표현할 수 있겠네요. 그 다음에는 「복권및복권기금법」에서 의무 할당을 하는 영역이 변한 적이 있는지 찾아봤습니다. 결론부터 말하자면 정확히 세 번 있었습니다. 첫째는 청소년 불우 이웃 돕기에 새롭게 의무 할당을 하는 것이 추가되었고, 두 번째로는 다문화 가정에 대한 지원이 매우 좋은 뜻에서 추가된 적이 있습니다. 마지막으로는 치열한 논쟁 끝에 성공한 항목인데, 지역 문화재 보존을 위한 의무 할당 추가가 성공한 적이 있습니다. 그런데 이 지역 문화재 보존은 이미 기존에 그와 비슷한 의무 할당의 몫이 있었기 때문에 그 항목을 조금 더 확대한다는 차원에서 추가가 가능했던 것으로 보입니다.

그러니까 실질적으로 지역의 문화 발전이나 문화예술의 진흥이라는 모토와 우리의 문화 정책 목표들이 다문화가정 지원이나 불우 청소년 지원보다 더 우선 순위가 높다는 점을 보여주지 않는 이상, 기본적으로 복권기금이나 다른 기금에서의 의무 할당을 가져다 쓸 수 있는 가능성은 없어 보입니다. 만약 우선 순위가 높다고 주장하신다면 그것은 아마도 문화예술 분야에서 종사하는 분들이 복지의 중요성을 너무 소박하게 생각하는 것일 것입니다. 아무리 문화인들이라도 문화와 복지 중 문화가 더 우선순위를 갖는다고 자신 있게 주장하기는 어렵기 때문입니다. 문화에 대한 이해가 상대적으로 약한 분들은 더욱 부정적으로 생각을 할 것이기 때문에 그런 분들을 설득하기는 더 어려울 것입니다.

그래서 결국은 돈을 어디서 가져오느냐의 문제로 다시 돌아가면, 이 문제는 중앙 정부와의 관계 설정에 해결책이 달려 있다고 할 수 있습니다. 현재 소득세나 부가가치세 등의 일정 부분을 지방세 몫으로 비율을 크게 높이는 안에 대한 이야기가 진행되고 있지만 진전이 잘 안되고 있습니다. 그런 문제로 일반 예산 차원에서 중앙 정부와 지방 정부의 재원을 서로 나누는 문제가 해결되지 않고서는 지금으로선 돈을 가져올 수 없습니다. 기존 기금에서 일부를 떼어온다거나 아니면 현재 국가가 허용하고 있는 법정 기부금과 같은 형태, 형식을 바꿔서 하겠다는 것은 문제의 본질을 직시하지 않은 채 문제를 에둘러 해결하려는 사고 방식입니다.

문화예술은 급한 분야가 아닌데 많은 사람들이 급하지 않은 것을 에둘러 가려 하니까 자꾸 무시되는 것입니다. 실질적으로 지역문화진흥 법안을 도종환 의원님과 이병석 의원님이 각각 8월 29일, 6월 19일날 제안하셨는데, 아직도 사실 소관 상임위에 접수만 되었지 언제 어떻게 할지에 대해서 이야기가 안 된 상황입니다. 소관 상임위에 접수만 되어 있고 아직 그 법안의 의사 일정을 잡는 것 등의 진행이 전혀 안 되고 있는 상황을 볼 때 대선 전까지 통과되기 힘들 것이라 봅니다. 그런 면에서 보면 문화예술 분야가 정책 의사 결정 과정에서 여러모로 푸대접을 받고 있는 것은 사실입니다.

그래서 대신 고려해 볼 수 있는 방안이, 어떤 식으로든 재정을 확보하기 위해서라도 지방 정부 또는 지자체가 일단 얼마라도 더 걷을 수 있도록 중앙 정부가 허용해주는 것입니다. 그러나 안타깝게도 바로 이것이 지난 20년간 지방 자치 차원에서 가장 필요한 조치라고 많은 사람들이 생각하고 끊임없이 추진해왔던 일인데, 기획재정부의 반대에 부딪쳐 번번이 효과를 거두지 못하고 있는 상황입니다.

이현식 결론적으로는 중앙 정부와 지방 정부가 세원을 합리적으로 재조정하는 과정에서 지역 문화와 관련된 재원도 기대할 수 있는 것이지 기존의 기금을 가지고 뭔가를 한다는 건 현실성이 떨어지는 방안이라고 이해하겠습니다.

이번에는 부수적인 부분을 여쭤보려고 하는데요. 도종환 의원의 안을 보면 한국문화예술위원회가 문화 쪽에서는 기부금을 받을 수 있는 유일한 곳인데, 도종환 의원의 안은 정부 자체의 재원만이 아니라 민간의 기부금을 받을 수 있도록 지역의 문화 재단에도 문을 열어놓았습니다. 그런데 현재 각 지역에서도 기업이나 개인이 기부를 하려 하는데 이걸 받을 수 있는 곳이 없다 보니 문화예술위원회에 위임하든지, 아니면 편법으로 기부금을 받는 경우가 일반적이었습니다. 그렇지 않으면 전문예술법인이라는 단체로 등록해서 기부금을 받는 경우가 있었습니다. 인천문화재단도 올해 처음 전문예술법인으로 등록을 했는데, 그 이유가 기부금을 받기 위해서였습니다.

그러니까 저희는 한국문화예술위원회가 기부금을 받는 법적 권한을 갖고 있는 거라면, 지역 단위로 내려와 지방에서는 지역 문화 재단이 한국문화예술위원회와 동일한 권한을 갖는 정도는 열어줘야 되는 것 아니냐, 이런 부분을 요구하는 것입니다. 제가 듣기로 행정안전부 쪽에서는 그렇게 하다 보면 준조세적 성격이 자꾸 늘어날 것이기 때문에 반대한다더군요. 그것이 공식적인지 아닌지 모르겠습니다만, 회의에서 그런 얘길 들었는데, 기부금과 관련해서 현재 있는 전문예술법인으로 등록된 것과 「지역문화진흥법」에 나와 있는 기부금품 모집에 관한 법률에도 불구하고 기부금을 받을 수 있도록 하는, 이런 현재의 모습들이 갖고 있는 의미나 현실성에 대해 이야기해주시면 고맙겠습니다.

홍인기 기본적으로 준조세에 해당하는 새로운 세 부담을 짊어지우지 않으려는 중앙 정부의 기본 방침은 맞습니다. 그런데 지방자치단체가 직접 기부금을 통해서 문화 예산을 확보할 수 있도록 허용해달라는 것이 아니라 기본적으로 거기에 전문화된 단체나 기관을 따로 설립해서 — 물론 이미 전문성을 상당 부분을 보여주고 능력과 역할을 인정받은 곳이어야 하겠지만요 — 관이 되도록 개입하지 않는 상태로 그에 상응하는 기부금을 받을 수 있다면 그것은 허용이 되어야 된다고 봅니다. 그것을 개인·기업·단체가 울며 겨자 먹기로 어쩔 수 없이 내는 준조세로 치부하는 것은 과장이라고 봅니다. 그런 권한을 제한적이나마 더 많이 풀어줘야 된다는 것에 대해서 저는 전적으로 동감합니다.

진흥법의 시행령이 마련된다면 추후에 문화예술계 인사들이 많이 참여하여 준조세적인 성격이 부각되지 않도록, 그러면서 전문화되고 능력 있는 전문 단체가 조금이라도 안정적인 수익을 얻을 수 있도록 구체적인 청사진을 보여주는 게 중요하다고 봅니다. 그렇게 된다면 이미 기존에 기부할 의향이 있는 개인·기업·단체를 대상으로 실제 기부금을 모으는 것은 전적으로 전문 단체의 역량에 달려있는 문제가 되겠죠.

그런데 한 가지 중요한 것은 기부라는 것이 한 마디로 이야기하면 공공재 재원을 사적인 방식으로 마련한다는 것이기 때문에 그 과정에서 여러 가지 문제가 생기게 됩니다. 기부금 문화가 많이 발전된 서구의 예를 보면, 중구난방으로 지역 단체들이 기부금을 이용하여 수익을 창출하고자 하고, 심한 경우 걷은 전체 기부금 총액의 90% 이상이 모집 과정에서 다 소진되는, 매우 좋지 않은 결과로 끝난 적도 많이 있습니다. 하지만 그런 우려는 추후에 우리가 시행령이나 시행규칙을 통해서 통제하거나 조정할 문제일 것입니다. 아직 시작하지도 않은 지금의 상태에서 너무 창구를 한 군데로 다 몰아놓고 그것을 통제하려고 하다 보면 결국 지자체가 직접 문화 사업을 할 때 벌였던 여러 가지 문제점들을 다시 드러내지 않을까 하는 생각이 듭니다.

이현식 문화예술위원회 한 쪽으로만 되어 있는 창구를 지역에 내야 한다는 말씀이시죠?

홍인기 예. 지역까지 포함시켜 다원화하는 것이 굉장히 중요하다고 볼 수 있습니다.

이현식 법적으로 보장받는 기관에서 받을 수 있도록 하는 것에 대해서는 의미가 있다는 말씀으로 들립니다. 두 번째로 현재 「문화예술진흥법」에 보면 건축물에 미술 장식품을 설치하도록 되어 있습니다. 큰 건물을 지을 때, 그 건축비의 1000분의 10, 즉 1% 범위 안에서 건축 장식물을 설치하도록 하는 것입니다. 예를 들어, 큰 백화점 앞에 조각 작품이 있는 경우가 이 법이 적용된 경우인데, 최근에 법이 바뀌어서 이 사항에 대해 장식물 대신 현금을 내면 1000분의 10이 아니라 1000분의 5로 감면해주고 있습니다. 그래서 일부에서는, 예를 들어 1000억 원 정도가 드는 공사라면 5억 원 정도를 내고 장식물을 짓지 않습니다. 예전 같으면 10억 원 정도의 미술품을 설치하여야 했겠지만, 이 금액을 지역 문화 진흥을 위한 재원으로 쓸 수 있도록 바꾼 것이지요.

그런데 문제는, 시행령에서는 이 돈을 받을 수 있는 주체를 한국문화예술위원회로만 일원화시켜 놓았기 때문에, 만약 인천에서 건축을 많이 한다면 여기서 나오는 재원을 해당 지자체가 출연한 문화 재단에서 받을 수 없게 되어 있습니다. 그 결과 건물이 완공될 때마다 지역의 돈이 오히려 밖으로 빠져나가는 셈이 됩니다. 조경을 위해서 장식물이 필요하다는 쪽에서는 그 지역에서 발생한 것을 그 지역에 다시 환원한다는 차원에서 필요하다고 주장하고, 또 반대 입장에서는 현금을 내게 함으로써 문화예술 재원을 일부 확보한다고 주장합니다. 이 부분에 대해 어떻게 생각하시나요?

홍인기 애당초 건축물을 새로 만들 때 거기에 예산의 일부분을 조형을 구성하는 데에 쓰도록 했던 것에 대해서는 일정 부분 손금산입[*]을 해주는 식으로 세제상 혜택을 준 것은 사실입니다. 실제로 그런 제도가 시행되는 과정에서 계속 문제점으로 지적되어 온 점이 있다면, 입법 차원에서 건물주가 특정한 예술가나 설치 업자와 결탁하고 이중계약서를 만들거나 다운계약서 같은 걸 만드는 경우입니다. 10억 원을 조형물에 쓰는 대신 현금으로 주면서 그 부분에 들이는 돈을 더 적게 만들어놓고 영수증으로만 10억 원을 사용한 것처럼 처리해서 손금산입을 받아 세제 혜택을 받는 일들이 너무나 많이 일어났던 것입니다. 그래서 차라리 이런 제도를 만들어서 현실적으로 예술 작품에 돈이 갈 수 있도록 하기 위해서, 손금산입이 가능한 액수는 2분의 1로 줄이되, 현금으로 냄으로써 진짜 예술 진흥에 도움이 될 수 있도록 길을 열어준 것입니다. 그리고 그렇게 열어줄 바에야 조금 더 열어서 자격 있는 지역 단체나 전문 단체에게 그 돈이 흘러갈 수 있도록 물꼬를 터주는

[*] 당해년도에 기업회계에서는 재무상 비용으로 처리되지 않았으나 세법상으로는 비용으로 인정되는 회계방법.

것은 정말 좋은 일이라고 생각합니다.

하지만 과연 건물주들이 그 돈을 지역 단체에다 줄지 안 줄지의 몫은 중앙 정부가 책임질 수 있는 성질의 것은 아닙니다. 결국은 전문 단체와 지자체가 얼마나 설득을 잘 하느냐에 달려있는 것입니다. 문을 열어주는 것은 정말 좋은 일이지만, 10억 원짜리가 아니라 2억 원짜리 엉성한 구조물 하나 만들어놓고 10억 원이라는 손금산입의 세제 혜택을 받아가는 실정을 앞으로 어떻게 그리고 얼마나 개선해 나갈 수 있는지는 계속 노력해야 할 사항이라고 봅니다.

이현식 그래서 「지역문화진흥법」과 함께 「문화예술진흥법」 같은 법안을 정비하는 과정에서 건축 장식물과 관련된 규정을 법에 구체적으로 집어넣거나 시행령에 넣어서 실제로 제도화될 수 있도록 해야 한다는 것이 지역 문화 재단을 비롯한 관계자들 바람입니다. 자의적으로가 아니라 법에 근거해서 건축 장식물일 경우 1000분의 5 범위 이내의 돈을 문화예술위원회뿐만 아니라 지역 문화 재단에서도 받을 수 있도록 하는 것입니다. 조금 전에 논의한 기부 물품 관련 내용과 똑같은 차원의 문제라고 할 수 있죠. 같이 받자는 말입니다. 그래서 만약에 아주 극단적으로 절반은 문화예술위원회에, 절반은 지역에 내거나 또는 전액을 다 지역에 낼 수도 있도록 다각적으로 방안을 찾는 것이 우리 문화예술 관계자들이 바라는 바입니다. 그것이 법적으로 어떤 문제가 있을까요?

홍인기 군이 법적으로 문제가 될 것을 찾는다면 문화예술위원회와 같이 이러한 돈을 수령할 수 있는 자격을 가진 전문 단체들을 추가해야 하는 일일 것입니다. 전문 단체들을 볼 때, 물론 인천문화재단과 같이 과거 활동 내역과 실적 등을 기준으로 판단할 때 재원의 집행 투명성, 사업의 효율성을 성공적으로 보여주는 재단도 있지만 그런 전문 단체들이 과연 얼마나 되느냐 하는 문제가 제기될 수 있을 것입니다. 예를 들어, 지역별로 지자체, 특히 광역지자체 차원에서 최소한 한 군데 이상씩 그런 단체가 있어야 하므로 열다섯 군데가 필요하고, 그런 곳들이 연합회를 구성해서 로비를 하고 실적을 보여주는 데 성공한다면 해당 법안이 통과하는 데 큰 도움이 될 것입니다. 그런데 이것이 말처럼 쉬운 일이 아니죠. 그러니까 문화예술위원회와 같이 창구가 일원화되어 있다가 인천문화재단을 포함하여 여러 군데로 돈을 받는 창구가 늘어날 때, 그 돈을 받아서 충분히 잘 쓸 수 있다는 것을 보여줄 수 있는 곳이 많지 않을 수도 있을 것입니다. 만약에 가능성을 충분히 보여주지 못하고 설득력을 높이지 못한다면, 부작용을 걱정하는 목소리가 입법 과정에서 더 큰 설득력을 얻게 될 것이고, 그렇게 되면 문화예술위원회와 동등한 자격으로 전문 단체들을 추가하는 일이 어려워질 것입니다.

이현식 「지역문화진흥법」과 「문화예술진흥법」을 보면 광역자치단체는 재단 또는 위원회를 둘 수 있다고 되어 있습니다. 현재 특별시를 포함해서 16개의 광역자치단체 가운데 세 군데를 제외하고는 다 문화재단이 설립되어 있습니다. 이것은 조례에 의해서 설립된 것이고 「지역문화진흥법」을 봐도 문화 재단 설립에 대한 법적 근거가 마련되어 있습니다. 지난번 광역 단위 문화 재단 대표이사들의 모임에서는 「지역문화진흥법」 제정에 문화 재단들이 뭔가 역할을 해야 한다는 점과 지역 문화를 발전시키기 위해서는 근본적인 대책이 있어야 된다는 점이 논의된 것으로 알고 있습니다. 이러한 의견이 제출되고 합리적인 토론 과정을 거쳐서, 중앙 정부와 협의하고 국회의 논의 절차를 통해 우리가 기대하는 점은, 지역 문화를 발전시키기 위해 문화예술위원회로 일원화된 시스템이 아니라 지역 문화가 갖고 있는 지방 분권적 관점에서 자율성과 다양성을 인정해 달라는 것이죠. 지금은 중앙 정부에서만 돈을 받아서 그걸 중앙 정부의 입맛에 맞도록 나눠주는 방식인데, 이런 시스템이 갖고 있는 문제를 제시하고 있기 때문에 그런 차원에서 말씀드린 것입니다.

다음으로, 지역 문화를 잘 발전시키기 위한 재원 문제에 대해서 마지막으로 왜 지역 문화 진흥을 위해서는 재원 확보가 잘 안 되는 것인가에 대한 이야기를 나눠보고자 합니다. 기본적으로 재원이 없으니까 어렵다는 것은 당연한 상식인데, 있는 돈을 놓고서도 지역 문화와 관련해서는 굉장히 자의적으로 예산의 폭이 줄었다 늘어났다 하는 현상이 보입니다. 예를 들면, 몇 년 전에 인천에서 세계도시축전을 한 적이 있습니다. 그런데 2천억 원이 지원된 적도 있지만 또 어느 때는 아주 턱없이 적게 지원된 적도 있습니다. 올해 인천시의 경우에도 어려워진 재정을 감축하면서 문화 부문에서의 감축 폭이 가장 컸습니다. 다른 부문이 10% 정도 감축되었다면 문화 쪽은 15% 정도 감축되었거든요. 이 정도면 어느 정도 이해할 수 있습니다만, 심한 경우에는 문화 쪽에서만 30~40% 감축할 때도 있습니다. 그러다 보니 과연 지역 문화의 재원을 어떻게 안정적으로 확보할 수 있을지 고민하게 됩니다. 재원 규모가 작다고 하더라도 일단 안정적으로만 확보되면 예측 가능한 사업들을 할 수 있는데, 그렇지 못하다 보니까 문제가 생기게 됩니다. 지역 문화의 발전을 가로막고 있는 이러한 재원 문제는 어떻게 해결해야 할까요?

홍인기 경제학적으로 이야기하면, 기본적으로 문화가 아무리 공공재라고 하더라도 지자체든 중앙 정부든 나서서 관리한다는 것은 문화라는 공공재의 시장을 새롭게 창출하는 것입니다. 시장을 창출한다는 것은 수요자가 있다는 것입니다. 국방과 보안처럼 전 국민이 골고루 혜택을 받는 순수한 공공재도 있지만 그보다는 수익이나 혜택이 지역적으로 또는 특정 계층이나 집단에게 편중된 공공재들이 더 많이 있습니다. 그런 측면에서 보면 시장을 지켜나가는 것은 결국 수요자들입니다. 시장이 서기 전에는 몰랐으되 일단 한번 맛을 보고 나면 문화라는 것이 자신의 삶에서 굉장히 중요하다는 것을 깨닫고 그것을 지키기 위해서 노력하는 수요자들 말입니다. 결국 지역 문화라는 공공재에 대한 소비자 집단 또는 수익자 집단이 얼마나 명확하게 나타나느냐의 문제가 되겠죠. 만약 이 집단이 잘 나타나지 않는다면 많은 재원을 들이고 많은 전문 인력들이 달라붙어서 공급해도 그냥 재원만 탕진한 채 시장은 계속 유지되지 못하게 됩니다. 그렇게 되면 거버넌스 차원에서 늘 부족한 재원으로 다양한 사업들을 벌여야 되는 지자체장은 수혜층이 뚜렷하지 않은 부문의 예산을 가장 먼저 삭감하거나 사업 규모를 축소할 수밖에 없게 될 것입니다.

이는 결국 성과 평가와 밀접하게 관련되어 있는 문제라고 할 수 있습니다. 성과 평가를 할 때 수요자가 뚜렷하게 나타나지 않으면 굉장히 애를 먹습니다. 문화예술 분야, 특히 행정과 사업 분야에서 종사하는 문화예술 전문가들이 더 유념해주셔야 될 점이 있다면, 사업 성과를 평가할 때 어떤 계층과 어떤 수요자들에게 얼마만큼 혜택이 돌아갔는지 그 대상과 성과를 더욱 정량화하고 뚜렷하게 보여줄 수 있는 여러 가지 지표들을 개발하는 것입니다. 그것들을 뚜렷하게 보여줄 수 있다면, 다른 예산 사업들과 회계의 장 속에서 싸움이 일어났을 때에도 자신의 몫을 지켜나갈 수 있는 역량이 강화될 것입니다. 물론 지금까지의 문화예술 분야를 보면 사실 굉장히 어려운 일이라는 것을 알고 있습니다. 그런데 어려운 만큼 그에 대한 엄밀한 연구가 진행되어야 하는데도 기초적인 연구조차 잘 안 되어 있는 형편입니다. 파일럿 프로그램 같은 것들을 마련해서 시도해보는 것도 좋을 것입니다. 연구하고 노력해서 뚜렷한 수요자를 찾고 그들이 수요자들과 자신들이 누리던 혜택이 줄어들거나 없어지면 핫라인으로 바로 시청이나 구청, 시장실로 전화를 걸고, 편지를 보내고, 항의할 수 있도록 그런 피드백 구조를 찾아내고 잘 이루어지게 해야 합니다.

그런데 그런 면에서 보면 중앙 정부나 몇몇 전시성 행정에 물든 사람들이 예를 들어 세계도시축전을 두고 2천억 원을 받아 전부 써버리고 인천 시민들의 삶의 문화적인 질과 무관하게 소비할 수 있다는 점이 안 좋은 점입니다. 전시성 행사라도 우선 하고 보자는 사고 방식이 팽배한 것이 현실이죠. 하지만 이런 위험도 결국 지자체장이 시민들과 유권자들에게 책임을 져야 하는 부분이고, 어느 유권자들에게 얼마나 혜택이 갔는지 지자체장이나 책임 있는 사람들이 뚜렷하게 인식할 수 있도록 채널을 만들어주는 것으로 해소할 수 있을 것입니다.

이현식 네, 지금 말씀하신 건 매우 중요하고 의미 있는 이야기라는 생각이 듭니다. 문화 쪽에 있는 분들도 잘 유념해야 사항입니다. 얼마 전 제가 참석한 문화관광부 회의에서도 비슷한 이야기가 나온 바 있습니다. 지역 문화와 관련된 다양한 지표를 만드는 일을 한국문화관광연구원에서 하고 있는데, 그것 때문에 일부 자치 단체의 전문가들이 모여서 그 지표를 놓고 토론하는 자리였습니다. 그 자리에서 문화관광부 측은 이러한 지표를 개발하는 근본적인 이유는 기획재정부에 예산을 요구할 때 타당한 근거 자료로 쓸 만한 지표가 많지 않기 때문이라고 하더군요. 그래서 그런 때 자료로 쓰기 위해서, 또 앞으로 문화 행정의 합리성을 확보하기 위해서 분명하고 설득력 있는 지표가 필요하다는 이야기를 들었습니다.

충분히 공감이 가는 주제였지만, 그 자리에 모인 많은 전문가들이 토론을 했음에도 불구하고 지표를 만들기가 참 어려웠습니다. 그 자리에는 인천 같은 광역시, 광역도인 강원도에서 오신 분도 계셨고, 성남 같이 광역시는 아니지만 큰 도시에서 오신 분도 있었는데 그렇게 다함께 토론을 하다 보니 예컨대 도서관처럼 같은 문화 시설을 놓고도 해당 지역의 특성마다 일률적인 평가 잣대를 사용하는 것이 문제가 있다는 의견이 나왔습니다. 강원도의 경우 땅은 넓고 인구는 적기 때문에 큰 도서관을 하나 짓는 게 의미가 없다더군요. 그렇다고 작은 도서관들을 여러 개 지으면 장서 수나 관리 측면에서 또 다른 문제들이 발생하고요. 전국적으로 일률적인 평가 기준을 사용하는 것이 문제가 있겠다 싶었습니다.

한편 인천의 경우에는 비교적 빨리 다양한 문화 지표를 만들어서 4년 주기로 계속 보완해 나가고 있는 상황입니다. 올해에도 세 번째 주기로 문화 지표를 다시 만들고 또 손질 중입니다. 12년 동안 지표 문제를 고민하고 있고, 주기적으로 시민들의 문화 수요가 어떻게 변화하는지 주목하고 있습니다. 얼마 전에 중간 보고를 마쳤는데, 우리가 올해부터 고민하고 있는 것입니다만, 특히 문화 공공성을 지표화하는 작업을 진행 중입니다. 예컨대 종합 문화 예술 회관의 경우 개발 가능한 지표들이 여럿 있겠지만, 그 중에서도 시설의 활용도와 관련해서 공연이 있는 날짜, 소요 인력 등을 기준으로 재정도 살펴보고, 문화 공공성 측면에서 얼마나 공공 서비스를 하고 있는지에 대한 지표를 개발하려는 것입니다. 물론 단순한 작업이 아니고 굉장히 어렵습니다. 혹시 이런 문화 공공성과 관련하여 연구나 도움이 될 만한 이야기가 있으시면 말씀해주시지요.

홍인기 문화라는 것은 경제학적으로 보면 정상재입니다. 소득이 늘어나면 수요가 늘어나는 성격의 상품이라는 뜻입니다. 대부분의 재화나 서비스는 소득이 늘어나면 수요가 늘어나지만 문화는 그중에서 특히 더 그렇습니다. 그래서 문화를 폄하하려는 사람들은 문화가 사치재라는 이야기도 합니다. 먹고 살 만하니까 문화를 즐기는 것이라는 주장입니다. 그런 차원에서 보면 소득 재분배 차원에서 문화에 접근하는 것이 도움이 될 것 같습니다. 문화가 단순히 개인적인 소비 차원에 머무르지 않고, 소득 재분배라는 사회·경제·정치적 차원에서 규정되면서 공공의 영역으로 들어오게 되거든요.

소득 재분배의 주요한 목적은 결국은 소득이 적은 사람이 인간다운 삶을 살 수 있도록 잘사는 사람에게 조금 더 걷어서 사용하자는 것입니다. 소득 재분배를 도외시하면 문화는 결국 돈 있는 사람들이 훨씬 더 나은 소비 생활을 하게 되므로 경제적인 차원에서 측정하는 것보다 훨씬 더 소득 분배의 상황이 나쁘게 나타날 가능성이 높습니다. 문화체육관광부 같은 데서도 큰 예산을 들여 문화바우처 같은 시스템을 도입하는 까닭이 문화 차원에서의 소득 재분배가 조금이라도 일어날 수 있도록 하는 고육지책인 것입니다. 그러면서도 투명성이나 집행에서의 효율성을 조금이라도 담보로 하겠다는 노력이라고 할 수 있겠습니다.

그런데 현실적으로 중앙 정부가 하는 것은 아무래도 지역적인 특색을 감안하지 못하기 때문에 전시성 행정이나 지역 시민들의 수요와 어긋나는 방식으로 이루어질 가능성이 높습니다. 이는 중앙 정부가 관료주의적이어서 일부러 그런 것이 아니고, 지역별 특이성들을 감안해주는 것이 어렵기 때문입니다. 결국 일괄적인 잣대를 들이대어 어느 지역에나 판박이처럼 똑같은 도서관을 짓는 식의 부작용이 나오는 것입니다.

그러므로 지역의 문화 인사들이 신경 써야 하는 점은 지역적인 특성을 감안한 문화 지표를 개발하거나 공공성을 확장해 나가는 데 어려움이 있다고 토로하는 것에서 더 나아가, 소득 재분배 기능의, 또는 문화의, 삶의 질을 재분배하는 차원에서, 자신들의 지역적인 특색을 살리면서 지역에서 문화에 소외되고 있는 취약 계층, 소수자 집단들을 얼마나 더 끌어안을 수 있는지, 구체적인 프로그램들을 개발하는 데 얼마나 성공할 수 있는지에 달려있다고 해도 과언이 아닐 것입니다.

그것이 공공성지표입니다. 공공성지표란 예를 들어, 기존에 이미 나와 있는 국가 통계를 이용해서 소득 1분위, 2분위와 같이 소득 하위층에 속해있는 청소년, 여성, 다문화가정 등을 문화적인 프로그램에 얼마나 더 많이 참여시킬 수 있는가에 대해서 색다른 아이디어를 만들고 집행하여 결과를 수치상으로 보여줄 수 있는 지표입니다. 공공성지표가 확보되면 향후 문화예술 분야에서 예산 확보나 프로그램 집행에 큰 도움이 될 것이라고 생각합니다.

이현식 지역 문화와 관련된 재원 문제는 마무리하고, 마지막으로 일반적인 이야기를 하고 정리하도록 하겠습니다. 인터뷰에 참여하시는 분들한테 공통적으로 드리는 질문인데, 특히 경제학을 전공하신 입장에서 아까도 관련된 이야기를 하셨기는 했습니다만, 지금 대구에서 살고계시고 인천에서도 산 경험이 있으시고 지역에서 경험이 많으신데, 우리 한국 사회라는 거시적인 틀에서 문화 혹은 지역 문화가 어느 정도 위치를 가지고 있고 어떤 가치를 지니고 있는지 질문 드리겠습니다. 사실 문화라는 것 자체가 규정을 내리는 폭이 너무나 크기 때문에 아주 좁게는 예술로 생각하는 분들도 여전히 계시고, 가장 넓게는 사람이 하는 모든 게 다 문화라고 넓게 이야기를 할 수도 있기 때문에 진폭이 큽니다. 그래서 결국 지역 문화라는 게 한국 사회에서 어느 정도의 위치를 가지고 있고 가치를 부여한다면 어느 정도의 가치를 부여할 것인지, 경제학 전공자 입장에서 말씀하셔도 좋고요.

홍인기 제가 대학에서 가르치다 보니 20대의 젊은이들을 만나면서 특히 가슴 깊이 느끼는 점이 한 가지 있습니다. 결국 중요한 것은 자신에 대한 정체성identity이구나! 그런데 자기정체성에 빠질 수 없는 부분이 자신이 나서 자라고, 생활하고, 느끼고, 성장한 지역 또는 고향입니다. 자신의 지역에 대한 사랑이나 지역 문화에 대한 자긍심이 개인은 물론 공동체의 자기정체성에서 빠질 수 없는 부분이라는 것이지요. 지역이란 결국 자기 자신이 누구인가 하는, 자기 자신을 규정하는 굉장히 중요한 준거틀로 작용한다는 것입니다. 그것이 기존에는 한국인이냐 아니냐, 여성이나 남성이냐, 부자냐 가난하냐 등을 통해서 웬만큼 규정이 됐지만, 향후에는 공동체적인 삶의 중요성이 더욱 중요하게 자신의 뿌리나 성장 과정 같은 것에서 한 사람의 정체성을 결정하면서 중요한 역할을 할 거라고 생각합니다.

그런 정체성 문제가 어느 정도 해결되거나 스스로 만족할 수준에 도달하지 못하는 경우, 아무리 경제적으로 좋아지고 교육을 많이 받는다고 하더라도 공허한 인생을 살게 되는 것입니다. 그런데 그런 차원에서 보면 현재 많은 대학생들이 사회에 나가기 직전에 극도의 불안감과 우울증, 무기력 증세에 빠져 있습니다. 지방 대학에 있는 학생들은 더 그렇습니다. 인천에 있는 청소년들도 마찬가지일 거라고 생각하는데, 그런 차원에서 보면 일종의 심리적인 요인, 자존감이라고 이야기하는 것들은 자기애와 자신감이 결합돼서 나온다는 전문가들 이야기가 맞는 것 같습니다. 문화라는 것은, 특히 지역에서 문화라는 것은 이중의 질곡을 겪고 있는 것입니다. 중앙에서 소외되어 있다는, 어떻게 보면 근거가 박약한 듯 보이면서도 그 누구도 완전히 부인할 수는 없는 요인이 있어, 그런 것들이 자신감과 자기애에 영향을 미치게 되는 것입니다. 공중파 방송에서 나오는 모든 것들이 문화의 전부인 양 생각하게 되면서 자기애가 약화되고, 인천은 그래도 상대적으로 서울이나 수도권과 가까운 지역에 있으니까 덜 그렇지만, 다른 지역의 청소년을 비롯한 많은 주민들은 거기서 떨어져 있기 때문에 많은 것들을 겪고 실험해보고 실행해보지 못하면서 자신감에 또 상처를 입게 됩니다.

결국 지역에서의 문화가 그 사람의 정체성을 결정하고 자존감을 높이는 데 중요한 역할을 제대로 못 해주면서 경제적 삶의 기반마저 바뀌게 되면 지방 출신의 젊은이들이 고향을 등지게 되는 것이죠. 고향을 그리워하거나, 고향을 떠났어도 기회가 허락한다면 고향을 위해서 뭔가 개인적으로 할 수 있는 일들을 한다는 의식도 약화됩니다. 그 과정에서 지방은 점차 작아지고 약해지게 되는 것이죠. 방금 말씀하셨듯이 문화가 꼭 예술인 것처럼 생각하는 그런 고정 관념에서 탈피하여 우리 나라 또는 지역 사회를 이끌어갈 청년들의 심리를 안정시키고 자존감을 높이는 방안과 함께, 그런 자식들을 키우고 가르치는 교사나 부모들, 지역 주민들에게도 그런 것들을 같이 나눌 수 있는 세대 간의 또는 세대 내의 지역적인 자존감이 개인적인 자존감과 연결될 수 있는 통로를 마련해주는 것, 그런 쪽으로 문화 예술, 지역 문화의 범위를 조금 더 넓히고 경로를 다양하게 모색해보는 게 중요하다고 생각합니다.

그래서 제가 볼 때에는 단순히 소득 재분배의 차원을 넘어서고, 소득이 늘어날수록 더 나은 더 고급스러운 문화를 즐긴다는 사치재적인 사고 방식도 뛰어넘어서, 인간이 정말 인간답게 사는 것은 먹고 사는 문제뿐만이 아니며 좋은 대학을 나오는 것도 아니고, 자기 자신을 사랑하고 자기가 살아가는 지역을 사랑하는 데에서 근본적으로 시작되는 거라고 생각해야 할 것 같습니다. 신토불이라는 것이 우리의 먹을거리에만 적용되는 것이 아니라 지역 문화라든가 지역 예술 같은 것에도 적용되는 것 같습니다. 여기서 신토불이는 건강과 관련된 문제에 국한되는 것이 아니라 인간 존재와 생존의 정언 명령 같은 것으로서 이해해야 할 것 같습니다. 그래서 프로그램을 개발할 때 문제 의식을 가지고 시야를 더 넓히면 조금 더 다양하고 기존에 생각하지 못했던, 기존의 한계를 뛰어넘는 프로그램이 개발되지 않을까 하고 조심스럽게 말씀드려 봅니다.

이현식 네. 지난번에 감자꽃스튜디오의 이선철 대표님도 비슷한 이야기를 해주신 것이 기억납니다. 마을에서 밴드를 만들어 굉장히 유쾌하게 놀았는데, 그 마을에서는 예산이 지원되면 밴드를 하신 분들을 매개로 해서 의사 소통이 훨씬 더 유연해졌다고 하시더군요. 마을 단위로 일정한 액수가 지급되어도 밴드가 있는 마을이, 밴드를 통해서 지역 내 의사 소통이 조금이라도 원활한 마을에서 훨씬 역동적으로 여러 가지 좋은 성과를 내더라는 내용이었습니다. 그 분도 문화라는 게 단순한 예술 같은 것에 그치는 게 아니라 공동체 커뮤니티를 활성화시키는 데에도 작동한다는 이야기를 하셨고, 지금 선생님께서 말씀하신 것도 이와 비슷하게 자기정체성과 관련된 자신에 대한 물음, 자신이 속한 공동체에 대한 물음 등을 통해서 정말 가치 있는 것이 무엇인지 본원적으로 생각할 수 있도록 만드는 힘이라고 이해할 수 있을 것입니다.

저도 심미적 이성을 회복하는 것이야말로 진정 문화가 해내야 하는 일이라고 말하고는 합니다. 그런 연장 선상에서, 12월 19일이 대선이기 때문에 대통령 선거를 앞두고 후보자 면면을 이야기하는 것보다 한국 사회가 당면한 여러 가지 의제들이 대선을 앞두고 제기되고 있습니다. 지난 번 지방 선거 때에는 무상 급식이라는 복지 의제agenda가 제기되었는데, 최근의 대선 국면에서는 경제 민주화라는 의제로, 단순히 돈을 많이 버는 또는 단순히 고성장을 하는 이런 추세로부터 물러나서 성장의 질, 누구를 위한 발전인가, 이런 고민들로 전환해 나가는 모습을 보입니다. 문화 쪽에 있는 사람들 입장에서는 그것이 주류를 형성하더라도 문화에 관련된 의제와 현안들이 여전히 꾸준히 제기될 필요가 있다고 보는데, 여기서 우리가 원하는 의제란 단순히 문화에 대한 지원을 많이 늘려달라거나 하는 식의 주장이 아니라 문화의 의미를 알리고 그것이 사회적 의제로 제기되고 논의되는 것을 포함합니다. 과연 교수님이 보시기에는 이러한 관점에서 현재 우리 사회에서 문화라는 것 혹은 지역 문화라는 관점으로 봐야 될 것이 무엇이라고 생각하십니까? 대선 후보로 나온 후보자들의 정책을 보면 문화와 관련된 것이 아직 세 명 다 없는데, 이런 점은 생각해봐야 되는 것은 아닌가 합니다. 그와 관련해서 혹시 말씀하실 게 있다면 마무리 삼아 말씀해주시지요.

홍인기 꽤 오랜 기간 경제학을 공부해 온, 아직도 학생인 입장에서 말씀드리면, 문화 정책은 일반 균형적 사고 방식과 접근법이 굉장히 중요합니다. 우리 나라의 정치 지형이 복지 문제와 떼어서 생각할 수 없고, 복지를 교육의 문제와 떼어서 생각할 수 없듯이, 결국 문화도 소득의 문제, 교육의 문제, 복지의 문제 또는 아까 말씀드린 좀 더 인간 존재론적인, 자신과 지역의 정체성 문제에까지 연결되어 있습니다. 하지만 문화 부문을 포함한 많은 관련 분야에서 우리는 부분 균형적이고 분리주의적인 주장과 사고 방식에 계속 부딪칩니다. 예술인 단체들이 순전히 자기 자신과 자기가 속한 집단의 발전 등을 위해 문화는 중요하다는 주장을 당연하게 펼치는 모습을 많이 보아왔습니다. 문화와 따로 떼어서 생각할 수 없는 것들을 의식적으로 무의식적으로 떼어내서 생각하고 접근하는 모습을 많이 보아왔습니다.

하지만 본질은 그렇지 않죠. 예를 들어, 문화는 교육 문제와 뗄 수 없습니다. 왜냐하면 우리가 이미 잘 알고 있듯이, 엄마가 맛있는 걸 해줘서 맛있는 걸 먹어본 사람들이 커서 맛있는 음식을 먹는 것처럼, 교육을 통해 문화를 접해야 커서도 문화를 계속 접할 수 있기 때문입니다. 그런 차원에서 보면 문화라는 것이, 또 문화예술 교육이나 문화예술의 향유라는 것들이 과연 목표를 향해 잘 가고 있는지에 대해서 의문점이 많이 듭니다.

그런 면에서 보면 사실 인천문화재단과 같은 문화예술 전문 단체들이 단순히 지자체 소속 공무원들이 하던 일들을 아웃소싱 받아 대신해 주는 전문가 그룹만은 아닌데 그런 것들이 이제 시작된 지 겨우 십 년도 안 되었습니다. 현재 '관官'과 예술 분야를 연결시키는 중간자적인 전문가 계층이 새롭게 등장했고 그런 사람들이 자신의 역량을 쌓아가고 있는 것입니다. '관'과 인천문화재단이 관료들과의 관계에 대해서는 어느 정도 노하우를 쌓아가고 더 많은 일들을 해나갈 수 있는 역량을 갖춰가고 있다면, 이런 사람들이 문화 분야 내부에 있는 분들로부터 시작해서, 문화 행정, 문화 시민 운동을 하는 분들, 교육 전문가들과도 만나야 하고, 기본적으로 사회 운동을 하는 사람과도 만나야 합니다. 그런 과정에서 먹거리가 생기는 것이지, 문화예술 분야에 종사하는 분들이 혼자 가만히 스튜디오 안에서 이런 문제들을 해결할 수는 없다고 봅니다. 경제주의가 팽배해가는 사회에서 무엇을 어떻게 할 것인지 생각조차 나지 않을 것입니다.

저와 같은 경제학자를 불러주셔서 굉장히 기쁜데, 제가 문화예술 분야에 있어서는 많이 모르지만 만나면 함께 이야기를 하는 가운데서 새로운 게 나오는 것처럼, 꼭 지역 문화건 일반적·보편적 문화건 간에 다양한 다른 분야의 연결된 고리들을 찾아가는 그런 움직임들이 중요하다고 봅니다. 그게 안 되니까 대선 때마다 각종 문화 단체, 문화 예술인 단체들이 결국 얼마나 많은 표를 그 대선 후보에게 끌어다줄 수 있느냐의 정치공학적인 문제가 돼버리고 마는 것입니다. 그러고 나면 그 중에서 대표를 했던 사람들이 일종의 보상 차원에서 정계에 진출하는 그런 일들이 되풀이되고 말겠죠. 그렇게 의례적으로 여의도에 진출한 분들이 한두 가지 법안을 상정하고 마는 고질적인 문제가 생기는 겁니다. 나중에 문제가 되는 것은, 설령 거기까지 간다고 하더라도 결국 아무도 신경 쓰지 않아서 위원회에서 제대로 논의조차 되지 못하고 임기 만료로 폐지되고 마는 그런 역사가 계속 되풀이된다는 것입니다.

그러니까 결국 연결 고리를 찾는 것은 단순히 새로운 프로그램과 그에 대한 아이디어를 획득한다는 차원을 벗어나서, 그 아이디어가 영역을 확대하고 입법 과정을 거쳐서 실제로 제도화됨으로써 시민 개개인의 삶에 결정적으로 작용할 수 있는 데까지 나아가는 일종의 전초가 되지 않을까 생각합니다. 그래서 그런 것들이 단순히 표를 몇 표 더 얻는 차원에서 움직이는 것만으로 생각하지 말고, 합종연횡을 더욱 더 많이 함으로써 문화예술의 근본성을, 그리고 보이지 않는 가운데 확보할 수 있는 인프라 같은 것들을 생각했으면 좋겠습니다. 그리고 그것이 정치·경제적인 차원에서도, 제도적인 차원에서도 자신의 보루를 새롭게 만들고 영역을 넓혀가는 데에도 굉장히 중요하다고 생각합니다.

이현식 원래 문화라는 것의 중요한 기제가 자기 정체성에 대한 물음입니다. 이런 근본적 기제를 바탕으로 다양성과 창조성과 공공성, 이 세 가지 항목이 중요한 기제로 작동되는데, 말씀하신 걸 보면 사실 문화 쪽에 종사했던 사람들이 자기 밥그릇, 그리고 정치적인 측면에서의 정치공학적인 접근, 이런 것 때문에 오히려 문화가 갖고 있는 본연의 기능들을 소외시키면서 결국 문화도 소외시키게 되는 그런 결과를 낳았다는 반성을 하게 됩니다. 앞으로 현재 대선 국면에서 문화가 갖고 있는 기본 정체성에 대한 고민, 나와 세계에 대한 정체성의 고민을 하고, 그 고민이 작동되는 방식이 다양성을 인정하고 문화가 갖고 있는 창조성을 더욱더 발현시키고, 문화적 공공성을 확대하는 부분들과 연결됐을 때 대선에서도 긍정적 역할을 할 수 있지 않을까 생각합니다. 마무리로, 지금까지 말씀하신 것 이외에 기타 하시고 싶은 말 있으시면 하시지요.

홍인기 제가 아무래도 재정학을 전공했고 또 입법 기관에서 연구자로 일했기 때문에 입법 과정에서 특히 조세와 재정과 관련된 사안들을 들여다 볼 기회가 많이 있었습니다. 사실 세상을 움직이는 현실적인 세 가지 힘은 예산, 법률, 인사라고 합니다. 법을 정해서 법적 근거를 마련한 다음, 법에서 마련한 근거를 실행에 옮기기 위해 예산을 확보하고, 그에 적합한 사람들을 뽑아서 실행에 옮기는 것입니다. 그런 과정에서 가장 기초가 되는 법적 근거를 마련하는 데서 조세와 재정이 예외 없이 접목되는 모습을 많이 보아왔습니다. 그런데 그런 걸 보다 보면 결국은 문화라는 것이 현실에서는 문화예술에 종사하는 분들이 도외시하거나 인지하지 못하고 있는 것들에 의해 영향을 많이 받는다는 것을 알게 됩니다. 그런 차원에서 인천문화재단과 같은 전문 단체가 할 수 있는 점이 있습니다. 예를 하나 들어 말씀드리면, 예산을 확보할 때 방과후 수업에 여러 가지 문화예술 교육 프로그램을 만들어서 집어넣는다는 굉장히 좋은 아이디어가 있으면, 실행에 들어가서 돈을 사용하고, 돈을 사용하다 보면 그것이 어떻게 실행되는지는 그 프로그램의 정확성이나 프로그램의 튼실함이 기준인데, 그것이 '관'에서 예산을 만들어주고 법적인 근거를 만들고 또 사람들까지 끌어모았어도 프로그램이 좋지 않아서 낭비되는 경우가 굉장히 많습니다. 그러니까 조금 전에 말씀드린 것처럼 법, 예산, 인사가 있는데 그걸 통합하는 패러다임이나 구체적인 프로그램은 쉽게 마련되는 게 아니라는 것입니다. 거기서 일종의 문화의 힘이 작동한다고 보는 것인데, 생각해 보니 아무리 법을 만드는 것도 어렵고 예산을 끌어다 대는 것도 어렵고 적합한 사람을 끌어다 사용하는 것도 어렵다지만 그 모든 것들을 하나로 묶어서 진정한 효과를 발행하도록 하는 것은 결국 넓은 의미에서의 문화인 것 같습니다.

인천문화재단에서는 그런 면에서 문화를 조금 더 다각도로, 상부 구조와 하부 구조를 아우르는 그런 시각으로 보고, 지금까지 개척하지 않은 분야에 문화 전문 인력들이 들어가서 새로운 프로그램을 만들고, 그 프로그램이 교육이나 다른 분야와 합종연횡을 모색할 때에 새로운 시각을 제공할 수 있을 게 많이 나타날 것 같습니다. 그런 면에서 좀 더 힘써주시면 인천 지역 문화뿐만이 아니라 다른 데서도 큰 도움이 될 것 같습니다.

이현식 긴 시간 동안 대단히 고맙습니다. 이것으로 마무리하도록 하겠습니다.

홍인기 감사합니다.

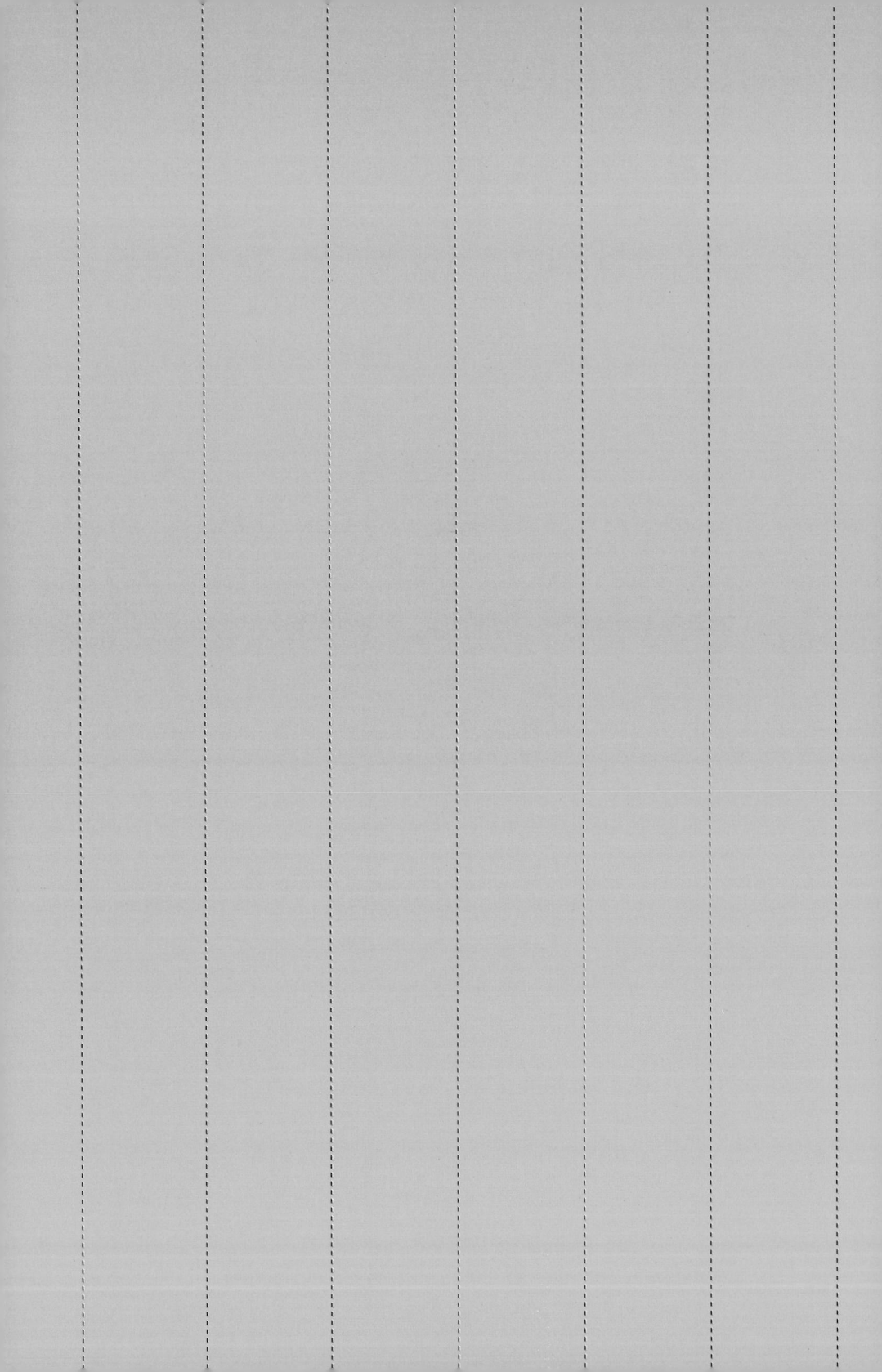

한국의 문화 산업이 가야 할 길

한국예술종합학교 교수 **심광현**

심
광
현

서울대학교 대학원 미학과에서
박사과정을 수료하고 1996년부
터 한국예술종합학교 영상원 교
수로 재직 중이며 1992년에 창간
된 한국최초의 문화이론전문계
간지 「문화/과학」의 편집인을 맡
고 있다. 미학과 문화연구, 영화
이론을 공부하여 미술과 영화,
공공미술, 문화운동 등 다양한
영역과 분과를 가로지르면서 문
화사회, 문화정치, 영화정책, 문
화교육과 관련된 활동에 힘쓰고
있다. 저서로는 『유비쿼터스 시
대의 지식생산과 문화정치』, 『흥
한민국』, 『프랙탈』, 『문화사회와
문화정치』, 『스크린쿼터와 문화
주권』, 『문화사회를 위하여』 등이
있다.

이현식 먼저 본인 소개를 부탁드리겠습니다.

심광현 제가 처음 문화 현장에 발을 들여 놓은 것은 1985년 당시 국내 최초의 사립 현대 미술관이었던 서울미술관에서 큐레이터로 일하게 되면서부터입니다. 마르셀 뒤샹이나 만 레이 등 20세기 모더니즘의 거장들을 국내에 처음으로 소개하는 중요한 전시 기획에 참여하면서 책에서만 보았던 유럽 현대 미술계의 현장 흐름을 직접 경험하는 기회를 접했습니다. 또 국내에서는 당시 민중 미술 운동이 확산 중일 때여서 많은 선후배 작가들을 만났고 〈문제작가전〉 같은 전시를 기획하면서 1980년대 민중 문화 운동의 역동적인 흐름에 함께 참여하는 귀중한 경험을 했습니다. 아마도 분단 이후 가장 격동기였다고 할 이 시기에 체험했던 문화 운동의 산 경험들이 이후 저의 연구와 실천적 활동에 가장 중요한 이정표로 남아 있다고 생각합니다.

이후 강내희 교수를 만나 1992년에 『문화/과학』이라는 계간지를 창간했습니다. 이 잡지는 1980년대 변혁 운동과 문화 운동의 경험을 계승하면서 서구의 비판적 문화 연구의 이론들을 수용하여 한국의 변화하는 현실에 비판적으로 개입하려는 취지로 만들어진 것인데요, 동인지 형태의 국내 최초 문화 이론 전문 학술지입니다. 저는 이후 20년 동안 이 잡지의 편집인으로 활동했고, 지난 해 70호 발간을 계기로 편집인 역할을 후배 이동연 교수에게 넘기고 지금은 자문위원으로 물러나 있습니다. 1993년에는 서울미술관을 그만두고, 1995년까지 상산환경조형연구소 소장으로 활동했습니다. 이 연구소는 선배 미술평론가인

성완경 교수가 1985년에 창립한 국내 최초의 '퍼블릭 아트'* 연구소로서 매우 독특한 공공 미술 프로젝트를 진행하던 곳이었습니다.

그러다가 1996년에는 한국예술종합학교(한예종) 영상원의 영상디자인과 교수로 취임했고, 1998년에는 6개 원(단과대학)이 모두 완성되면서 각 원에 이론과를 설치하는 전반적인 학제 개편이 이루어졌는데 그 과정에서 영상원에도 영상이론과가 개설되었고, 저도 이때부터 지금까지 영상이론과 교수로 재직 중입니다. 2001년에서 2004년까지 영상원장을 역임했고, 2007년에서 2009년까지는 〈U-AT 통섭교육사업〉 운영단장으로 활동한 바 있습니다.

한편 다양한 문화 운동 단체들에 참여하여 활동하면서 실천적인 문화 정책 연구에 대한 관심이 늘어났고 본의 아니게 여러 분야에서 활동 경력을 얻게 되었습니다. 1985년부터 1992년까지는 민족미술인협회에서 평론분과장, 정책실장, 편집실장 등을 역임했고, 1992년에서 1993년까지는 민족문화예술인총연합(민예총)에서 편집실장을 역임했고, 1993년부터 1999년 사이에는 민예총 부설 문화예술아카데미 기획위원을 역임한 바 있습니다. 이런 경험들을 바탕으로 1998년에는 문화부의 의뢰로 국내 최초로 전국의 모든 국공립 문화 시설들에 대한 '공공문화 기반 시설 운영 평가 시스템'을 구축할 수 있었습니다. 1999년에는 예술인을 포함하여 일반 시민들이 주축이 된 문화개혁시민연대(현재의 '문화연대')를 창립하여 사무처장과 정책위원장을 겸임했고,

* public art. 공원의 조각이나 빌딩의 벽화 등 공공의 공간을 장식하는 예술 작품 또는 그런 행위를 가리키는 용어.

같은 시기에 스크린쿼터* 사수 운동에 참여한 영화인들과 함께 '영화인회의'를 창립하여 정책위원장으로 일했습니다. 그 후 참여 정부 초기에 문화행정개혁위원회에 참여하여 정부 수립 이후 최초의 본격적인 '문화 정책 마스터플랜'이라고 할 수 있는 『창의한국』 집필을 주도한 바 있습니다. 2011년부터는 한국문화연구학회의 제2대 회장직을 맡아서 일하고 있습니다. 이 학회는 문화경제연구, 대중문화연구, 미디어문화연구, 영상문화연구, 서사와대중문화연구, 교육문화연구, 아시아문화연구, 과학기술문화연구, 젠더와페미니즘연구, 라틴아메리카문화연구 등 10개의 연구 분과를 두고 있고, 200여 명의 학자와 연구자들이 참여하고 있는 국내 유일의 문화 연구 학회로서 『문화연구』라는 학술지를 연 2회 발간하고 있습니다.

이현식 들어보니 선생님께서는 문화 전 분야에 대한 꽤 다양한 경험, 활동, 연구를 하신 것 같습니다. 1980년대면 제가 대학 다닐 때인데 선생님이 말씀하시는 민중 문화 운동이 어떻게 변해서 오늘에 이르렀는가를 선생님께 배운 느낌입니다. 그런데 같은 영역이긴 하지만 연구자로서 또 활동가, 운동가로서 혹은 정책 연구자로서 조금씩 다른 면이 있을 것 같습니다. 경계를 명확히 나눌 수는 없겠지만 그 경험이 모두 다르니까, 그런 부분에서 개별 개별에 대한 선생님 생각은 어떠신지 듣고 싶습니다.

---

* 극장이 특정 영화를 정한 비율만큼 상영하도록 하는 제도. 보통은 자국 영화를 일정 기준 이상 상영하도록 하는 법적 조치로 '자국 영화 의무 상영 제도'를 말한다.

심광현 크게 보면 '문화 운동(1) → 이론 연구 → 정책 연구 → 문화 운동(2) → …'라고 할 수 있는 형태로 순환하는 일정한 주기가 있었던 것 같습니다. 1980년대 중반 대학에서 미학을 공부한 후 참여했던 민중 문화 운동의 경험을 바탕으로 1990년대에는 '문화 연구'라는 새로운 형태의 종합적인 연구를 시작했습니다. 그 후 1990년대 후반부터는 '문화정책 연구'를 하게 되었고, 그 경험을 바탕으로 새로운 형태의 문화 운동을 다시 실천하는 방향으로 나아갔습니다. 최근에는 다시 학회를 중심으로 보다 심화된 문화 이론 연구를 위해 노력하고 있습니다. 이러다 보니 참여하는 운동의 형태도 점점 확대되었습니다. 처음에는 미술 운동에서 문화 운동 일반으로, 그리고 2006년에는 사회운동 전체 차원으로 확대되는 형태가 그것입니다. 2006년에는 한미FTA반대범국민대책위원회에서 정책위원장을 맡아서 문화 운동과 학술 운동, 사회 운동 전반이 서로 소통하도록 하는 데 일정한 역할을 했었습니다.

또 2002년 문화연대에서 문화교육위원회를 발족시킨 이후 지금까지 지식 교육에서 문화 교육으로의 전환을 모색하기 위한 '문화 교육 운동'에 참여해 오고 있습니다. 이런 경험들을 바탕으로 2011년에는 서울시 교육청의 의뢰를 받아 '창의적 문화 교육의 새 프레임 구성 방안'이라는 초·중등 교육 과정 전반의 혁신 방안 마련을 위한 정책 연구를 진행한 바 있고, 이를 토대로 2012년에는 『미래 교육의 열쇠, 창의적 문화 교육』이라는 공저를 발간했습니다.

일반적으로는 학문적인 이론 연구, 문화·사회·교육 운동, 정책 연구 모두가 각기 매우 복잡하고 전문화된 과제들을 안고 있는 영역들이기 때문에 그중 한 가지만 잘 하기도 매우 어렵습니다. 그런데 이상하게도 저는 지난 30여 년 동안 이 서너 가지 영역 모두에 지속적으로 관여할 수밖에 없는 예외적인 경험을 하면서 살아왔습니다. 그로 인해 항상 허덕거리면서 부족한 지식을 채우느라 바쁜 삶을 살 수밖에 없었지요. 또 실수나 결함도 많았던 것 같습니다. 하지만 이런 예외적 과정을 겪게 된 것은 처음부터 의도했던 것은 아닌데, 사회 변동 과정에서 새로운 활동의 분기점이 생길 때마다 어쩔 수 없이 책임감에 떠밀려 관여하게 된 결과라고 생각합니다. 개인적으로는 너무 힘들었지만, 또 배운 것도 많았었지요.

이현식 문화라는 게 연구를 할 수도 있고 운동을 할 수도 있고 또 정책에 관해서 여러 고민들도 있는데 당시에는 초기라 전문가가 많지 않다 보니 멀티플레이어가 될 수밖에 없었던 상황이었던 것 같습니다. 그런데 또 질문을 드리자면, 최근에는 젊은 친구들 중에 문화 쪽에서 일하고 싶어 하는 경향이 많이 늘고 있습니다. 재단에서 직원을 채용할 때도 보면 지원자가 아주 많습니다. 저 역시도 재단에서 일하다 보니 현장에서 이런 쪽 일을 하는 젊은 친구들을 많이 만나게 되는데, 그수가 과거보다 늘어나는 추세입니다. 그런데 이런 젊은 친구들이 문화쪽에서 일하고 싶다고 해서 이야기를 들어보면 아직 기능적으로만 생각하는 친구들도 있고 또 문화를 추상적인 차원에서 생각하는 친구들도 있는데, 선생님께서 보시기에 경험상 문화 쪽 일을 할 때 필요한 덕목이나 갖춰야 할 소양이 있다면 어떤 게 있을까요?

심광현 과거 1980년대에서 90년대 초반까지 아래로부터 민중 문화 운동에 자발적으로 참여했던 사람들은 변혁 운동의 기운이 소진된 후에도 그 경험들을 가지고 문화 현장을 재구성하기 위해 노력할 수 있었습니다. 1990년대 중반 이후에는 국민 소득이 증가하면서 문화적 향유에 대한 시민적 요구도 커져 가고 있었습니다. 그래서 1980년대 문화 운동에 참여했던 다양한 경험을 가지고 문화 영역을 확장, 심화, 발전시킬 수 있는 여지가 많았습니다. 그런데 시간이 지나면서 모든 현장이 운동 인력의 재생산 문제에 부딪히게 되었습니다. 1990년대 중·후반 문민정부 시기에 대학을 다니다가 IMF 위기 이후 졸업하여 신자유주의적 구조 조정과 양극화라는 생존의 위험에 직면하게 된 후속 세대는 문화 운동 1세대가 가졌던 운동적 마인드가 실종된 상태로 문화적 활동을 직업적 전문성이라는 관점에서 접할 수밖에 없었기 때문입니다. 이 때문에 두 세대 간에는 큰 격차가 있을 수밖에 없지만 그렇다 하더라도 문화 활동을 하는 사람은 꼭 염두에 두어야 할 게 네 가지 정도 있다고 생각합니다.

첫째, 문화 운동 1세대에게 부족했던 점이 있습니다. 이들은 문화 '운동'에 주력했기 때문에 정작 자신이 문화를 향유할 여력이 없었습니다. 개인적으로도 이 점이 제일 아쉽습니다. 사실 이런 문제점은 1990년대 중반 이후에 문화 활동 영역을 확장, 심화하는 과정에서 문화의 참된 의미를 규명하고 전달하는 데서나 일반 대중에게 문화적 감동을 전달하는 데서나 장애물이 되었다고 생각됩니다. 반면에 현재 새로운 세대는 어려서부터 국민 소득도 오르고 문화적 시설, 프로그램도 확장되면서 문화적 경험의 폭이 상대적으로 넓어졌다고 할 수 있습니다. 따라서 1세대에 비하면 상대적으로 자기 자신의 문화적 향유를 위한 기회도 커졌다고 할 수 있습니다. 스포츠든 대중문화든 예술이든 한 가지 이상의 활동에서 자신의 취미를 형성하기 위한 노력이 가능하게 된 것이지요. 이런 상황에서 스스로 문화적 향유를 만끽할 수 있는 경험을 가지지 못한 채 문화 활동가라는 '직업'을 가지는 일에만 급급하게 된다면 1세대가 가졌던 문제점을 고스란히 반복하게 될 것입니다.

둘째, 하지만 반대로 문화를 개인적인 취미나 향유의 문제로 오해하는 위험에 빠져서도 안 됩니다. 개인적으로 문화를 향유할 수 있는 관심과 취미 형성을 위한 노력이 중요하다는 것은 제대로 된 문화 활동가가 되기 위한 하나의 필요 조건일 따름입니다. 마치 '사적 언어'라는 것은 존재하지 않고 오직 '사회적 언어'만이 존재할 수 있는 것처럼 문화라는 것도 '사적 문화'라는 것은 존재할 수 없고, 오직 '사회적 문화' 혹은 '공적인 문화'만이 존재할 수 있습니다. 문화는 집단적으로 구성된 상징적 기호 체계와 사회적 인프라를 통해서 우리들의 삶의 다양한 경험들이 집단적으로 전승되고 교육되는 복합적이고 사회적이고 공적이며 집단 지성적이고 감성적인 경험의 과정입니다. 문화의 이런 측면을 망각해서는 안 됩니다. 그렇기 때문에 문화 활동가들은 모든 시민들이 인류의 중요한 자산인 문화적 과정과 인프라에 민주적이고 자유롭게 접근하여 자신의 취미를 형성하고 집단 지성의 산물들을 이해하고 활용할 수 있게 하기 위한 다양하고도 공적인 노력을 하는 것을 자신의 과제로 삼아야 합니다. 이런 사명 의식이야말로 문화 운동 1세대가 가진 미덕이었다고 생각됩니다. 따라서 개인적인 문화적 향유라는 필요 조건과 문화적 성과의 공적인 향유라는 충분 조건을 연결하는 것이 문화 활동 2세대의 새로운 과제라고 할 수 있습니다.

셋째, 문화가 집단 지성의 산물이라는 말의 정확한 의미를 이해할 필요가 있습니다. 집단 지성은 문화적 관점에서 보면 단순히 추상적인 지능의 문제가 아니라 모든 개개인들에게 진화론적으로 잠재해 있는 언어 지능, 논리 수리 지능, 음악 지능, 공간 지능, 신체 운동 지능, 자연 지능, 대인 관계 지능, 자기 성찰 지능, 실존 지능 등과 같은 다중 지능 *을 의미합니다. 모든 인간에게는 이런 아홉 가지 이상의 다중 지능의 잠재력이 불균등하게 분포되어 있고, 다양한 사회적 환경과의 접속을 통해서 다채로운 경험을 만들어내고 그 결과들이 집단적으로 집약되고 선택되어 공적인 문화를 만들 수 있는 것입니다. 그러므로 문화활동가는 개인들에게 내재한 다중 지능의 잠재력을 어떻게 현실화할 수 있을 것인가를 고민해야 합니다. 일반 시민이든 예술가 지망생이든 한 개인에게서 이런 능력을 이끌어내려는 적극적인 의지와 애정을 가지고 문화 활동에 임해야 합니다.

넷째, 이 세 가지 기본적인 자세 이외에 구체적인 기능의 측면에서 갖추어야 할 것들이 있습니다. 소통 능력, 상상력, 창의적 기획 능력, 그리고 특히 미래를 내다보고 중·장기적인 프로젝트를 기획할 수 있는 능력들이 그것입니다.

---

* Multiple Intelligences. 1983년 하워드 가드너(Howard Gardner)에 의하여 등장한 다중 지능이론은 인간의 지능이 언어·음악·논리 수학·공간·신체 운동·인간 친화·자기 성찰·자연 친화라는 독립된 8개의 지능과 1/2개의 종교적 실존 지능으로 이루어져 있다는 이론이다.

이현식 굉장히 중요한 것들을 골고루 지적해 주셔서 감사합니다. 그 다음으로 선생님과 인터뷰 할 때 문화 산업에 대한 얘기를 꼭 듣고 싶었습니다. 문화 산업이라는 게 요즘 지나치게 한국 사회에서 과장되는 경향이 있는데 현재 우리 나라 문화 산업에 문제점이 있다면 어떤 게 있을까요?

심광현 정책적 차원에서 보면 지난 10여 년 동안 문화 산업의 '독점적 산업화'의 문제가 항상 문젯거리였는데, 특히 MB정부에 들어서 이런 경향은 더욱 심해졌습니다. 어차피 문화 산업도 하나의 산업이라면 산업화가 왜 문제인가, 그리고 산업화를 하다보면 독점화를 피할 수 없는 게 아닌가라고 생각하는 사람들이 많습니다. 하지만 '문화 산업'이라는 개념 자체가 그 태생에서부터 서로 상반될 수 있고, 또 그래서 생산적 긴장 관계를 만들어 낼 수 있는 문화와 산업이라는 양날이 결합된 양가적 개념이라는 사실을 환기해야 합니다. 문화 산업은 문화 '산업'일 뿐만이 아니라 동시에 '문화' 산업이기도 하다는 것입니다. 그런데 지난 10년 간 정부의 신자유주의 정책이 문화 정책 내에서도 그대로 관철되는 과정에서 문화는 사라지고 산업만 남았습니다. 문화 산업이 이렇게 일반 산업하고 똑같은 방식이 되고 문화 산업 자체가 몇몇 대기업과 대형 기획사들에 의해 독점화되면 애초에 공적인 문화 속에 내재되어 있던 창의력, 상상력, 소통력, 다양성 등 문화적인 특이성들이 모두 사라지게 됩니다. 그나마 참여정부 시절에는 역대 정부 중에서 '문화적'인 측면을 강조하려는 움직임이 현저하게 두드러지기도 했는데 지금은 그 흐름이 완전히 '산업적'인 측면 속으로 환원되고 말았습니다. 물론 참여정부의 문화 정책에서 '산업화'의 경향이 처음으로 가속화되었던 것도 사실이지만, 그 시절에는 '문화적' 측면과 '산업적' 측면이 팽팽한 긴장 관계를 이루고 있었다고 생각됩니다.

공공 문화 기반 시설의 확장이라는 측면에서 보더라도 단지 대규모 공공 시설을 짓는 토목 정책의 측면만이 강조되고 있고, 그 시설을 내용적으로 채워줄 수 있는 인적 구성과 프로그래밍 기획 개발과 같은 문화적이고 창의적인 측면은 점점 줄어들고 있습니다. 특히 지역 단위, 마을 단위의 중소규모 공공 시설은 아예 신경도 쓰지 않고 공백 상태로 방치해두고 있어서 그 부분의 수요는 계속 늘어나는데 공급은 턱없이 부족한 상황입니다.

인적 자원의 경우에도 공공 문화 시설 자체를 대체로 민영화하여 일자리 자체가 부족해지고 있는 실정입니다. 문화 활동가가 안정적으로 활동할 수 있는 유일한 자리가 공공 문화 기반 시설의 지속 가능한 일자리인데, 그런 자리를 없애고 비정규직으로 전환하여 문화 활동가들의 생존 기반 자체가 점점 더 취약해지고 있습니다. 또 문화적 관점에서의 교육도 국민 소득의 증가와 함께 더 늘어나야 정상인데, 교육적 차원에서도 이를 역행하고 있는 실정입니다. 초·중등학교의 음악, 미술, 체육 교과의 시수가 줄고, 새로운 교사 충원이 중지되는 반면, 방과 후 학교 차원에서 젊은 예술가들을 비정규직 '예술 강사'로 고용하는 고용 정책으로 문화 정책이 전환되면서 많은 문제점들이 양산되고 있습니다. 학생들에게는 문화 교육의 기회가 줄어들고, 교사와 예술 강사 간의 소통 부재로 교육의 질도 떨어지고 있으며, 문화적 일자리는 비정규직, 계약직으로 만성적인 불안정 상태에 머물고 있습니다. MB

정부는 4대강 사업을 통해 생태 환경을 파괴했던 것과 유사하게 기형적인 신자유주의 교육 정책과 문화 산업 정책을 통해서 문화 환경 자체를 파괴하고 불안정화했다는 점에서 큰 문제가 있습니다.

재정 부분에 있어서도 문화 예산이 정부 예산에서 차지하는 비율이 전혀 개선되지 않고 있고 사회적 여건은 점점 모든 걸 상업화·사유화하면서 문화의 사회적 가치에 대한 몰인식을 더욱 확장시키고 있습니다. 문화 교육, 문화 경제 전반이 그 물질적 기반에서나 정신적 기반에서나 모두 악화되고 있다고 볼 수 있습니다.

이현식 말씀하시는 내용이 결국 문화 전반도 그렇지만 특히 문화 산업이 시장의 논리, 효율과 경쟁이라는 외피를 쓰고 시장에 무턱대고 방치되면서 공공성을 가진 것이 담보되지 못하고 훼손되고 있다는 것 같습니다. 그럼 앞으로 이런 왜곡된 것들을 제자리로 돌려놓으려면 어떻게 방향을 잡아나가야 할까요?

심광현 전반적인 문화 정책은 공공성을 새롭게 강화하는 방향으로 초점이 바뀌어야 하겠지만 문화 산업은 아무래도 산업적 측면이 또 있기 때문에 문화적 측면과 산업적 측면의 균형과 긴장을 복원하는 데에 초점을 맞춰줄 수 있는 새로운 정책이 필요합니다. 문화 산업에는 너무나 많은 장르가 있기 때문에 그 전체를 관통하는 공통점을 기획적 측면과 배급적 측면으로 나누어서 얘기해보겠습니다.

첫째, 먼저 기획적인 측면에서는 대기업의 참여를 매개로 대형 기획사, 대형 제작자의 독과점화가 지난 5년간 크게 심화됐습니다. 독과점 구조가 계속 지속되면 역으로 경쟁력이 약화되고 동시에 실제 창작자와 일반 시민들에게 그 피해가 돌아갑니다. 미국 할리우드에서도 1930~40년대에 독과점이 심화되자 1949년 '반트러스트법'*을 확립하여 이후 이 법이 할리우드의 경쟁력을 다변화시키고 중소 기획자들과 분야별 장인들의 지속적 활동을 가능하게 해줌으로써 할리우드 스스로가 환경 변화에 따라 자생적인 혁신을 이룰 수 있는 제도적 여건을 갖추게 되었습니다. 우리도 이런 방식으로 독과점 구조를 철저하게 제도적으로 해소시켜야 합니다. 그러면서 독립 기획사, 중소 규모 기획자들의 다양한 창의력을 촉진하기 위한 새로운 정책적 지원이 필요합니다.

둘째, 배급적인 측면에서는 '인디' 공연을 위한 중소 규모의 공연장, 독립 영화 전용관 같은 시설들을 적극적으로 확충해야 합니다. 이런 시설은 일종의 공공 도서관과 같은 것입니다. 21세기에는 네트워크를 통해 온갖 콘텐츠들이 공중을 날아다니고 있는데 이것들이 정착할 물리적 기반 시설이 부족한 형편입니다. 그동안 공공 도서관은 비교적 많이 늘어났습니다. 도서관은 19~20세기에 인쇄 형태의 문화적 정보에 대한 비상업적인 대중적 접근을 위한 플랫폼이었다고 할 수 있습니다. 그러나 21세기는 비언어적인 문화 활동이 만개된 세기이기 때문에 이에 대한 비상업적이고 대중적인 접근을 위한 새로운 공공 문화 기반 시설이 다양하게 마련되어야 합니다. 공공 정책의 차원에서 도서

---

* antitrust laws. 시장을 독점하고자 하는 기업 활동을 금지하거나 제한하는 법률. 거대한 독점 기업이 다른 약소 기업의 경제 활동을 제한하거나 그 기업을 지배하는 것은 자유 경쟁에 어긋나며, 국민 경제 전체, 특히 소비자에게도 해가 되므로 이러한 폐해를 방지할 목적으로 제정되었다.

관을 세우듯이 인디 공연장이나 인디 영화 전용관을 세우는 일이 필요합니다.

이현식 말씀해주신 핵심 내용은 대자본이 문화 시장을 장악하게 되면 문화의 다양성이 사라지고, 결국 문화 산업을 위해서도 문화의 육성을 보장할 수 있는 제작 및 배급 구조가 만들어져야 한다는 말씀인 것 같습니다. 또 정책도 앞으로는 그런 쪽으로 모아져야 한다고 말씀하시는 것 같습니다. 이 연장 선상에서 최근 싸이가 〈강남스타일〉로 세계를 강타하고 있고 소녀시대와 같은 아이돌, K-pop 열풍이 불고, 김기덕 감독이 베니스영화제에서 대상을 수상하는 것과 같은 여러 가지 현상들을 봤을 때, 단일하게 평가할 수는 없겠지만, 언론에서 최근 많이 보도하고 있는 한류를 어떻게 이해하는 게 좋을지 말씀해 주시면 감사하겠습니다. 이 한류에 대해서도 잘 살펴봐야 될 필요성이 있을 것 같은데요.

심광현 지금 말씀하신 예들 중에서도 두 가지 차원을 구분할 필요가 있습니다. 싸이, 김기덕의 예와 '아이돌'의 예는 좀 다른 문제입니다. MB정부의 문화 산업 정책은 완전히 '아이돌'에 올-인하는 정책을 펼쳤습니다. 문화부는 해외 공연 기관과 대형 기획사와 협력하여 유럽이나 미국에 '아이돌' 공연을 적극 지원했는데, 과연 지난 5년간 '아이돌' 중심으로 해외에서 K-pop 공연을 밀어붙인 이 문화 정책이 한류의 지속 가능한 확산에 기여했는지는 의문입니다. 그 정도의 효과는 내버려뒀어도 자연스럽게 발생할 수 있었던 현상이라고 봅니다.

싸이나 김기덕의 예는 훨씬 거시적인 구조에서 다르게 봐야 한다고 생각합니다. 세계적인 차원에서 대중 음악과 대중 영화는 1930년대 이후 현재까지 지난 70년간 미국이 완벽하게 주도해 왔습니다. 그런데 놀랍게도 21세기에 들어와서 이 세계적 헤게모니에 도전장을 내밀면서 국내 시장에서 미국 대중 영화와 대중 음악을 능가하는 내수 시장을 형성한 나라는 한국밖에 없습니다. 스크린쿼터제도와 한국 대중문화의 역동성이 결합되어 나타난 이런 독특한 힘은 한국 경제 규모의 확산과 맞물리면서 아시아에서 '한류'가 퍼져나가게 한 저력이었다고 생각합니다. 그런데 2008년 미국 금융 위기 발발과 이후 유럽에서의 금융 위기가 심화되면서 미국 헤게모니가 급속히 무너지게 되었고, 미국 대중 문화의 세계적 헤게모니 역시 그와 맞물려서 균열에 처하게 되었습니다. 이 거시적인 구조 변동으로 인해 미국과 유럽의 대중 문화 영역에서도 균열과 공백이 나타나기 시작한 것이지요. 즉 경제적인 공백이 일차적으로 생기고 그와 맞물려서 문화적 공백이 생겨난 것입니다.

그에 따라서 경제적 공백은 중국과 인도가 메우고 있는데, 2011년 후쿠시마 원전 폭발 이후 일본의 침체가 가속화되면서 이런 사정은 더욱 심화되고 있습니다. 그런데 문화적 차원에서는 얘기가 다릅니다. 중국은 경제적으로는 개방되어 있지만 문화적으로는 폐쇄적인 상태여서 대중 문화의 역동성을 담아낼 그릇이 없고, 일본은 이미 2000년대 들어와서 경제 침체와 더불어 대중 문화의 역동성을 상실했습니다. 따라서 지난 10년간 아시아에서는 일본의 주도권 상실로 나타난 문화적 공백을 한류가 서서히 메워간 것이라고 할 수 있습니다. 그런데

2010년을 전후로 세계적인 차원에서 미국 대중 문화의 헤게모니가 약화되면서 나타난 더 확대된 문화적 공백을 부분적이라도 메울 수 있는 대중 문화의 에너지를 제공할 수 있는 곳은 한국밖에 없는 상황이 된 것이지요. 저는 이런 거시적인 상황 변화가 지난 몇 년간 한류가 유럽과 미국으로도 진출하기 시작한 기반이 되었다고 봅니다. 그런데 왜 정부가 정책적으로 밀었던 '아이돌'이 아니라 정부의 지원 정책과는 전혀 무관했던 싸이와 김기덕이 미국과 유럽에서 동시에 주목을 받게 되었을까요?

싸이는 알다시피 중견 가수고 대형 기획사가 밀어주는 가수도 아닙니다. 그런데 〈강남스타일〉은 단 몇 가지 요인으로 현재의 세계적인 대중 문화의 공백을 메꿉니다. 먼저 '말춤'이라는 역동적이며 누구나 쉽게 따라할 수 있는 춤이 있습니다. 또 싸이의 코믹한 외모가 있고 그런 그가 코믹한 춤을 춤으로써 코믹함이 배가되고, 친근함을 느끼고, 가사도 따라 하기 쉽고 멜로디와 랩에도 힘이 있습니다. 이런 것들이 결합된 싸이의 〈강남스타일〉이 지금 세계 공황으로 접어드는 심각한 패닉 상태에 놓인 미국과 유럽 대중들의 심리적 불안을 파도타기 하듯이 경쾌하게 넘어설 수 있는 에너지와 리듬을 공급한 것이라고 볼 수 있습니다. 이런 절묘한 결합은 기획사의 상업적 구도로만 굴러가는 '아이돌' 음악에서 나올 수 있는 게 아니라 중견 가수 싸이의 개성적인 실험의 산물이라고 보아야 합니다.

한편 김기덕은 이미 지난 10년간 세계의 주요 영화제에서 대상을 받은 바 있었는데, 베니스 영화제에서만 대상을 못 받은 상태였습니다. 2012년의 유럽 공황은 미국보다 심각한 상태인데 이런 공황 상태의 대중의 심리적 절망과 자책감 같은 것을 적나라하게 보여주면서 공감할 수 있는 콘텐츠를 그가 만든 것입니다. 저는 유럽의 이런 상황과 김기덕의 콘텐츠가 시기적으로 잘 결합하면서 그가 베니스에서 대상을 수상할 수 있게 됐다고 봅니다. 세계적 수준에서 나타난 이런 경제적, 문화적 공백과 이를 예기치 않은 콘텐츠들이 채워나가는 이런 상황은 앞으로 10년간 더 확대될 겁니다. 그리고 저간의 세계적 흐름들을 돌아보면 세계적 수준에서 대중 문화의 공백을 부분적이라도 새롭게 채워나갈 수 있는 잠재적 후보는 현재로는 한국뿐인 것 같습니다. 이런 상황은 당분간 크게 바뀌지 않을 거라고 봅니다. 정부가 이 흐름을 잘못 읽고 '아이돌'을 억지로 지원하여 밀어주거나 하는 식으로 잘못된 수를 두지만 않는다면 말입니다. 만일 향후에 정부가 이런 흐름의 핵심을 잘 읽어내고 자생적으로 생겨난 중견 프리랜서 작가들과 인디 작가들이 그동안 개성적으로 축적한 힘을 발전시킬 수 있도록 앞서 말한 바와 같은 탈독점화 정책을 통해 길을 열어준다면 그들이 오늘날의 세계적인 대중 문화의 공백을 자연스럽게 채워 나갈 수 있다고 봅니다.

이렇듯 '한류'의 문제는 세계적인 관점, 세계 경제와 문화에 나타난 거대한 지각 변동이라는 관점에서 봐야 합니다. 그래서 한국이 가지고 있는 문화적 잠재력과 이를 공적으로 촉진할 수 있는 조건을 정확하게 인식해야 합니다. 그런 인식 하에서 문화 산업 정책의 전체적인 프레임을 완전히 바꿔나가야 할 겁니다.

이현식 말씀하시는 가운데 다 나오기는 했습니다만, 정리하는 측면에서, 문화 산업을 어떤 관점에서 바라보고 평가해야 할지도 말해주실

수 있을까요?

심광현 아까도 말했지만 문화 산업이란 문화와 산업의 긴장된 결합
체를 의미합니다. 여기서 산업이란 문화적 콘텐츠의 부산물이지 그 중
심이 되어서는 곤란합니다. 이를 반대로 인식하면 문화 산업의 강점을
다 죽이게 됩니다. 특히 이제 2010년대에는 SNS의 확산으로 그 전에는
말로만 그 가능성을 얘기했던, 유비쿼터스* 시대가 명실상부하게 도래
했습니다. 그에 따라 대중 문화도 이제는 일국적-지역적 대중문화가
아니라 세계적 차원의 대중 문화라는 관점에서 보아야 할 시대가 되었
습니다. 전 지구인이 매일 스마트폰으로 이곳저곳의 대중 문화를 자유
롭게 접속하여 즐길 수 있게 된 것이지요. 그렇기 때문에 이제는 인류
가 공감하고 소통할 수 있는 장과 에너지를 아래로부터 폭넓게 찾아내
어 실험하는 것이 문화 산업의 새로운 과제라고 할 수 있습니다. 이를
위해서는 대중 문화 기획과 배급의 층을 두텁게 해야 하고, 다양성과
창의성이 꽃필 수 있게 하기 위한 다층적인 지원 제도가 필요합니다.
지금까지처럼 좁은 시야에서 독과점 구조를 가지고 창의력과 다양성
을 죽여버리는 제도와 정책을 가지고는 전 지구적 차원에서 우연하게
주어진 놀라운 기회를 지속 가능한 발전으로 전환시킬 수가 없습니다.
다시 한 번 말하지만, 기획 창작 측면과 배급 측면에서 독과점 구조의
해체와 다양성 촉진, 중소 규모의 제작자와 인디 창작자들의 잠재력이
실현될 수 있는 새로운 지원 체제, 아래로부터 대중의 자발성과 다중

* 사용자가 네트워크나 컴퓨터를 의식하지 않고 장소에 상관없이 자유롭게 네트워크에 접속할 수 있는
정보통신 환경.

지능이 개화될 수 있는 다양한 공공 문화 기반 시설의 확충 등이 문화 산업의 지속 가능한 발전을 위한 토대라는 인식이 필수적입니다.

이현식 문화 산업에 대한 이야기는 여기서 정리하기로 하고, 이제 문화 일반에 대한 질문을 드리겠습니다. 최근 한국 사회에서는 복지, 환경, 교육 이런 부분들에 대한 여러 이슈들이 많이 제기되어 왔습니다. 원전 문제 같은 환경 문제가 있고, 교육 문제도 최근에 많이 이슈가 되고 있고, 복지도 마찬가지입니다. 이런 영역들과 비교해서 생각해볼 때 문화라는 것은 우리 나라, 우리 사회에서 현재 어느 정도 위치에 와 있고 그것이 가진 시사점, 문제점이 어떤 거라고 볼 수 있을까요?

심광현 환경, 교육, 보건의료와 복지는 산업 사회가 발전할수록 국가적 차원에서 지원하고 관리하지 않으면 안 될 중요한 공공적인 인프라스트럭처입니다. 하지만 그동안에는 국가가 산업 발전에만 매달려 이 부분에서의 시민적 수요를 제대로 충족시키지 못해서 이를 갖추어야 한다는 요구가 정권이 바뀔 때마다 끊임없이 제기되고 있는 상황이지요. 그런데 문화는 이와는 달리 단순한 하부 구조가 아니라 하부 구조(공공 문화 기반 시설과 교육 시스템과 생태계)와 **상부 구조**(상징 체계와 집단적이고 개성적인 문화적 역능과 활동)가 결합된 '삶의 양식 전체'라고 할 수 있습니다. 하부 구조는 과거로부터 축적되어 온 것이고 물질적 토대이기에 반드시 갖추어야 하는 것이지만 상부 구조는 미래를 준비하는 것이자 정신적 토대라고 할 수 있기 때문에 하부 구조만 갖춰지고 상부 구조가 작동하지 않는다면 미래가 보장될 수 없습니다.

이런 의미에서 보자면 한국은 지난 수십 년간 '압축 성장'을 위해 하부 구조의 일부인 경제만을 중시하면서 복지-교육-환경과 같은 또 다른 하부 구조는 무시해 온 과거의 관행에 매달려 도래할 미래 자체는 아예 돌보지 않는 사회라고 할 수 있습니다. 그나마 정부의 문화 예산이나 정책도 잘게 잘라서 시장에 다 맡겨버리는 사회입니다. 대중은 앞서 거론된 싸이나 김기덕의 음악, 영화와 같이 아래로부터, 자발적이고 창조적인 활력을 가진 그런 대중 문화를 생산하고 향유하려고 하는데, 사회의 경제 구조, 지배 구조, 정책 구조는 이를 괄시하는 모습을 만들어냅니다. 특히 이제는 전 지구적인 문화적 공백을 채울 수 있는 유비쿼터스 시대가 열리고 있는데 새 술을 새 부대에 담지 못하고 낡은 부대에 담는 일이 반복되고 있습니다. 이제는 문화야말로 시대를 이끄는 기반이라는 인식에서 새로운 실천으로 전환해야 하고 그럴 경우 교육, 복지, 환경과 같은 하부 구조에 새로운 생명력을 문화가 부여해줄 수 있게 됩니다.

이렇게 인식과 기반이 변화하면 당장 교육부터도 지금과 같이 청소년들을 자살로 몰고 가고 창의성을 말살하는 문제 투성이의 IQ 위주 지식 교육이 아니라 다중 지능을 중심으로 하여 창의력과 감성과 인성을 키우는 '문화 교육'으로 바뀌게 될 것입니다. 이런 '문화 교육적' 관점에서 환경과 보건 정책도 리모델링할 필요가 있습니다. 그래야 비로소 교육, 문화, 환경, 복지 이 네 가지가 서로 상생하고 상호 침투하는, 그래서 하부 구조와 상부 구조가 선순환을 가지는 생산적 관계가 형성될 수 있습니다. 이런 미래는 문화적 관점 없이는 절대로 불가능합니다. 하부 구조만을 가지고는 미래 사회를 준비할 수도 사회 전체가 활력을 가지고 돌아갈 수도 없습니다.

이현식 방금 말씀해주신 내용의 연장 선상에서, 지금 한창 준비 중인 대통령 선거가 우리 나라의 공동체가 당면한 여러 가지 문제들을 해결하는 쪽으로 진행돼야 하는데 그런 점에서 현재 대선이 어떻게 진행되고 있다고 보시는지, 또 가능하다면 세 후보의 문화 관련 정책들도 조금씩 나오고 있는데 거기에 대해서도 언급해 주시기 바랍니다.

심광현 지난 10년간, 김대중, 노무현 정부 초기에 문화적으로 성숙해질 기회가 있었지만 이를 놓치고, 지금은 더 악화된 상태로 나아가고 있는 현재의 한국 사회의 문화적 흐름을 단지 문화 예산과 문화 시설의 확충만으로 개선하기는 어렵다고 봅니다. 정말 거시적인 관점에서, 좀 전에 말씀드린 대로 인프라스트럭처에 생명력을 불어넣고 전체 인구의 창의력과 민주적인 인성을 활성화시킬 수 있는 관점에서 10년, 20년의 변화를 준비할 수 있도록 문화적 관점이 정부 정책 전체를 관통하도록 하는 변화가 필요합니다. 문화를 한 부서의 부문 정책이 아니라 문화와 경제, 문화와 복지, 문화와 환경, 문화와 교육, 문화와 정치, 문화와 사회가 선순환을 이루는 방식으로 정부 구조와 정책 구조를 개편해야 합니다. 사실 우리 나라는 중국과 미국, 일본 같은 강대국 사이에 끼어있어 지정학적으로나 경제적으로 항상 불안하게 움직여 갈 수밖에 없지만, 누구나 인정하듯이 우리 나라 사람들의 창의력과 문화적인 잠재력과 활력은 그 어느 곳의 사람들보다 뛰어납니다. 이런 점은 이미 수천 년 전부터 중국이 인정했던 것이고, 지금도 세계가 여기에 주목하고 있습니다. 따라서 우리가 가진 이런 가장 중요한 잠재력을 키워내는 일이 무엇보다 중요한데, 그동안 정부는 신자유주의적인 교육 정책과 문화 정책으로 이런 잠재력을 훼손해 왔습니다.

현재까지 문화 정책은 과거 참여정부 초기 시절을 제외하면, 항상 관료와 전문가 단체와 관련 기업들이 주도하는 위로부터의 정책 운영으로 일관해 왔습니다. 그래가지고는 대중 전반에 잠재해 있는 창의력의 활성화가 일어나지 않습니다. 그래서 전문가 문화와 일상적인 생활 문화와의 균형, 예술 정책과 문화 산업 정책 간의 균형, 중앙 정부의 문화 정책과 지자체의 문화 정책 간의 균형을 새롭게 이루는 일이 매우 중요합니다.

가령, 스포츠 정책도 올림픽 유치에만 치중할 것이 아니라 생활 속에서 국민들의 건강과 취미 생활의 향상이라는 생활 체육의 방향으로 확대해야 합니다. 생활 체육 정책을 제대로 시행하면 전반적인 보건 의료 비용이 줄어들 수 있습니다. 또 대규모 공공 시설 중심의 문화 정책을 중소 규모의 지역 단위, 마을 단위 문화 시설로 전환시켜야 합니다. 현재 대규모 공공 시설은 공실률이 매우 높습니다. 물론 아직까지도 대규모 공공 시설이 필요한 지역이 있지만, 이제부터는 초점을 중소 규모의 문화 시설의 다양화로 전화해야 하며, 전 국민이 적어도 1인 1기 이상의 취미 생활을 할 수 있도록, 그래서 삶을 적극적으로 향유할 수 있도록 문화 정책의 방향을 전환시켜야 한다는 것입니다. 그리고 예술과 문화 산업 간의 균형을 회복하는 일도 중요합니다. 문화 산업 분야의 독과점 구조를 해체하고 수많은 중소, 인디 예술가들의 창의성, 자발성, 지속 가능한 활동을 보장할 수 있도록 새로운 지원 정책을 전면화시켜서 더 많은 싸이, 더 많은 김기덕이 나올 수 있게 해야 합니다.

이현식 자연스럽게 다음 질문에 대한 답도 다 해주신 것 같습니다. 혹시 더 추가해서 말씀해주실 게 있나요?

심광현 추가하자면, 문화 산업의 독과점 구조를 해체하기 위해서는 수직적 트러스트 금지법을 제정해야 합니다. 영화의 경우 저예산 투자 조합을 새롭게 활성화시키고, 인구 50만 명당 독립 영화, 예술 영화 전용관을 하나씩 설치합니다. 대중 음악과 공연의 경우에도 중소 공연 투자 조합을 만들고, 시 · 군 · 구 단위로 공공 중소 공연장 설치를 의무화해야 합니다. 출판도 현재 독과점이 심해서 출판 문화의 다양성이 크게 훼손되고 있는데, 대학과 공공 도서관에서 학술 서적 구입을 의무화하게 되면 인문사회과학, 자연과학의 기초 학문의 재생산이 안정화됩니다. 또 출판 정책에서도 독과점을 금지하고 중소 출판사를 적극 지원해야 합니다. 한편 언론, 방송, 미디어 정책에서도 독과점 방지를 위한 정책이 필요하지만, 무엇보다 더 큰 문제는 독재 정권 시대와 같은 언론 통제의 부활을 방지하려는 노력입니다. 문화콘텐츠진흥원 같은 기관도 문화 산업의 독과점 구조와 맞물려있으므로 이를 해체하여 아래로부터 창의력을 활성화할 수 있는 새로운 지원 구조로 개편할 필요가 있습니다.

이현식 결국 문화가 가진 다양성, 공공성, 이런 것들이 제대로 잘 지켜져야 하고 나아가 문화가 가진 자생력을 키울 수 있도록 장려하는 방향, 관점에 입각해서 세부 정책이 만들어져야 한다는 말씀인 것 같습니다. 장시간 말씀해주셔서 감사합니다. 마지막으로 해주실 말씀이 있을까요.

심광현 분단 이후 이제까지 정부와 국민 다수는 돈 버는 일을 제일의 사회적 가치로 삼아 '압축 성장'이라는 형태의 경제 활동에 올-인 해왔다고 해도 과언이 아닙니다. 하지만 2010년대에 들어와 한국 역시 세계 경제 일반과 마찬가지로 '성장의 한계'에 도달했고, 미국과 유럽의 금융 위기 심화로 앞으로 2010년대는 20세기 초와 같은 대공황을 겪으면서 새로운 체계로 전환하는 데 따를 심대한 진통을 겪어나갈 것으로 예상됩니다. 더 이상 과거와 같은 압축 성장, 고속 성장은 불가능하게 되었다는 것이지요. 따라서 이제는 정부와 다수의 국민들은 변화하고 있는 세계의 흐름을 잘 인식하고 경제에 올-인 하는 낡은 사고 방식을 버리고 '적게 벌고 더 충실한 삶을 살기'라는 새로운 패러다임과 생활 습관을 키우기 위해 노력해야 한다고 봅니다.

이제는 자연 자원을 아무렇게나 갖다 쓰고 노동 집약적 생산 시스템을 마구 가동하면서 계속해서 경제가 성장하는 그런 시대는 사라져 버렸습니다. 이런 상황에서는 자연 자원을 더 적게 사용하고 인간의 다중 지능적 잠재력을 최대한 이끌어내는 비낭비적인 생산 시스템으로 전화하여 돈이 아니라 생태적인 문화적 활력을 사회의 제일 가치로 내세우는 사회로의 전환이 필요합니다. 여기서 자세한 논거를 일일이 제시하기는 어렵지만, 이런 형태의 창의적이고 협력적이고 생태 문화적인 사회가 21세기의 새로운 발전을 주도하게 될 것이라고 많은 학자들이 지적하고 있습니다. 수많은 세계적 석학들이 지적하고 있듯이 그동안 자본주의 경제로 자연과 사회와 인간 주체성을 파국적 위기로 몰아넣은 현재의 생산 소비 시스템이 다시 새로운 자본주의 경제의 형태로 번성하게 될 가능성은 거의 없습니다.

아시아가 새로운 세계로의 전환의 중심축이 될 가능성이 높아지고 있는 현 시점에서 폭력적인 착취 경제가 아니라 평화적이고 창의적이고 아래로부터, 전 인류가 사람답게 살아갈 수 있는 그런 에너지를 바로 인간이 가진 다중 지능적 잠재력으로부터 끌어내는 새로운 사회로의 전환이 필요합니다. 그런 사회가 바로 백범 김구 선생께서 간절하게 원했던 '문화 사회'라고 생각합니다. 문화적인 에너지로 공생하며 즐겁게 살아가는, 그런 자세로 세계 평화에 기여하는 그런 사회 말입니다. 그런 사회가 되려면 문화에 대한 인식이 전면적으로 바뀌어야 합니다. '자연적 성장의 육성'이라고 하는 레이몬드 윌리엄스의 문화에 대한 정의를 좀 더 확장하자면, 유비쿼터스 네트워크를 통해 인류가 발전시켜 온 상징적 기호 체계와 의미 체계에 대한 자유로운 접근을 촉진하면서 인류가 가진 다중 지능적인 자연적 잠재력의 성장을 문화적으로 육성하는 사회가 이제 21세기 전반기에 실현 가능성을 목전에 두고 있는 '문화 사회'라고 생각합니다. 바로 이런 세계사적 문명 전환을 염두에 두면서 아직 대중 문화적인 역동성을 유지하고 있는 한국 사회가 이런 세계사적인 전환 과정에서 창조적이고 능동적인 기여를 했으면 좋겠다는 바람을 말씀드리면서 마무리하고 싶습니다.

삶의
터전에서
시작하는
문화

감자꽃스튜디오 대표 **이선철**

이
선
철

초등학교 시절부터 악기를 배우
고 연주가의 꿈을 꾸다가 고등학
교 2학년 때 연주가에서 공연을
만드는 사람으로 꿈을 전향하고
일반학과로 진학했다. 대학 생활
내내 각종 공연판만을 쫓아다니
다가 대학교 4학년, 김덕수 선생
님을 만나 김덕수 사물놀이패의
공연 기획 실장으로 10년간 사물
놀이패와 동거동락하였다. 30대
에는 폴리미디어라는 회사를 차
려 자우림과 긱스, 노영심, 이한
철 등 유명 가수들의 음반 제작
자이자 공연 기획자로 대중 문화
분야에서 일하였다. 이후 2002년
부터 현재까지 감자꽃스튜디오
대표를 맡고 있다. 사단법인, 대
중 문화, 지역 문화 등 다양한 분
야의 활동을 하였다.

이현식 '감자꽃스튜디오'에 대한 설명과 지역 문화와 관련하여 활동하게 된 경로를 말씀해 주십시오.

이선철 저는 서울에서 태어나서 쭉 자랐습니다. 외국에서 공부한 4년을 빼고는 서울을 떠나본 적이 없습니다. 제2의 고향처럼 산 곳이 인천입니다. 인천 곳곳에 부모님과 조부모님의 삶의 배경이 있습니다. 그런 정서적인 것 외에 실제 지방, 지역에 살아보거나 하지는 않았지만, 20대 때에는 김덕수 사물놀이의 기획을 맡아 여러 지역을 많이 돌아다닐 기회가 있었습니다. 30대 때에는 대중 문화 기획을 하다 보니 지역을 돌아다닐 필요는 없었습니다. 그러다가 개인적으로 건강이 많이 안 좋아져서 시골에 가서 살기로 했습니다. 그래서 평창으로 귀촌을 했습니다. 그러니까 처음부터 지역 문화 사업을 하려던 게 아니었습니다. 인생의 터닝 포인트를 마련하고자 한 것입니다. 그러다 보니 그 방식도 귀농이나 전원 생활이 아니라 폐교를 가지고 살았습니다. 폐교를 선택한 것은 예전에 김덕수 사물놀이에서 일할 때 경기도 양평에 폐교를 활용해서 사물놀이 학교를 열고 전통 악기를 만드는 곳으로 삼은 걸 지켜본 경험도 있었고, 특별한 작업 없이도 개인이 시골에 내려갈 수 있겠다 해서 선택한 것입니다.

올해는 귀촌한 지 딱 10년이 되는 해입니다. 2002년 5월에 주소를 옮겼습니다. 그러다 보니 저 같은 경우는 후천적인 지역 문화 활동가라고 하는 게 정확할 것 같습니다. 지역 문화 활동 전문가라고 얘기하는 정의는 복합적일 수 있습니다. 고향일 수도 있고, 외부에서 들어갈 수도 있고 또 실제로 거기 거주하지 않아도 어떤 특정 지역의 전문가가 있을 수 있는데, 저 같은 경우에는 연고는 없지만 죽을 때까지 있겠다는 생각으로 들어갔습니다. 최근에는 문화 귀촌이라는 표현이 쓰이기도 합니다. 귀농도 아니고 전원 생활도 아니니까 제 경우에도 문화 귀촌이라는 표현이 공식적이지 않더라도 굳이 분류하자면 거기에 해당되지 않을까 합니다. 초반 약 2년은 건강을 챙기면서 폐교의 교실을 개인적으로 쓰고 있었습니다. 어느날 당시 문화에 관심이 많았던 강원도 지사님이 문화 기획자라고 하니까 찾아와서 사는 곳을 보시더니 개인적으로 쓰기보다 공동의 공간으로 쓰는 게 어떻겠냐고 권했습니다. 그렇게 말이 나온 후 군에서 공간을 매입해 위탁 경영을 맡기고 리모델링할 수 있는 여건을 만들어주면서 하드웨어적 측면을 갖추었습니다. 그 다음부터 운영은 제가 알아서 했습니다. 프로그램 창작과 운영비 등은 알아서 기금 보조 등으로 꾸려나갔습니다. 그렇게 7년을 보냈는데, 어느새 의도하지 않았지만 지역 문화 활동가라는 이름도 따라붙었고 강사 활동도 했습니다.

이현식　보충 질문입니다. 일반적으로 사람들이 감자꽃스튜디오에 대해 잘 모르는 면이 있는데, 감자꽃스튜디오가 무엇을 하는 곳인지 알기 쉽게 설명해 주실 수 있나요?

이선철　감자꽃이라는 이름을 붙인건 초반에 그 공간을 같이 만들던 직원 중 한 명이 아마추어 동화 작가였는데, 몰래 신춘문예에 지원했다가 당선이 되었습니다. 그 때 낸 소설의 제목이 '감자꽃'이었습니다. 그래서 처음에는 동화 이름이고 소박하니 교실 한 칸에 붙여서 어린이 도서관을 만드려고 했습니다. 그러니까 처음에는 감자꽃 어린이 도서관이 될 뻔한 것입니다. 그런데 그 즈음에 도지사님의 제안이 있었고 그렇게 그 공간을 복합적 문화 공간으로 꾸리기 시작했습니다. 그리고 아무래도 이전의 경력이 활용되는 것이 편하다 보니 제가 서울에서 오랫동안 했던 음악 비즈니스 경험을 바탕삼아 장르는 사물놀이 같은 국악이나 자우림, 긱스 같은 밴드로도 해서 콘텐츠를 기획하게 되었습니다. 그리고 이를 활용할 공간이 있었으면 좋겠다고 생각해서 교실 두 개를 합쳐 레코딩 스튜디오를 만들고 마을 도서관도 만들어 꾸려나갔습니다.

말씀 드린 대로 정형화된 공간이 아니라서 감자꽃스튜디오가 뭐하는 데냐고 물으면 난감합니다. 어떤 분들은 사진을 붙여놔서 사진관으로 아시기도 합니다. 예술가들에게는 머물 수 있는 공간이 되고, 주민들에게는 문화 공간이 되고, 외부 방문자에게는 체험하고 교육하는 공간이어서 한 마디로 정의하기 어렵지만 굳이 정리하자면 '농촌의 유휴 시설을 활용한 지역 문화 공간'이라고 말하고 싶습니다.

이현식 특정한 기능을 하는 곳이라기보다는 주민들, 예술가들이 융합하여 다목적으로 활용할 수 있는 문화 중심 공간이라는 것, 거기에 폐교를 활용하고 있다는 점이 특색이라는 말씀이군요. 개인적으로 감자꽃 스튜디오를 가족들끼리 놀러갔다가 처음 보게 되었습니다. 매우 독특하다고 생각했습니다.

두 번째 질문은 지역 문화에 관련한 것입니다. 저도 지역 문화 전문가라고 불러야 할지 활동가라고 불러야 할지 애매한 부분이 있는데, 여기에 대해 보충 질문을 하고 싶습니다. 대학에서는 사회학을 전공하시고 김덕수 사물놀이패 쪽에서 일을 하시다가 공연, 음반 제작사 쪽에서도 일을 하셨고 영국에 유학 가셔서는 문화와 관련된 이론, 예술 경영 공부를 하셨습니다. 지역 문화 쪽에는 다양한 이력을 가진 분들이 계신 것 같은데 이선철 선생님의 경우는 더군다나 특별하신 것 같습니다. 이전의 현장의 경험, 공부들이 활동하는 데 도움이 되나요?

이선철 간단히 말씀드렸지만 제 이력에서 김덕수 사물놀이패는 사단법인이었고, 자우림 음반을 제작하는 일의 경우 전형적인 정식 주주가 있는 벤처 기업에서 한 것이었습니다. 비영리단체와 마켓에서 살아남아야 하는 상업적인 일을 다 겪어본 것입니다. 그런데 저는 치열하게 전략이나 사업 계획을 세운다거나 마스터플랜을 세우는 것보다 그때그때 주어지는 일들을 하는 스타일입니다. 제가 크리스천이기도 하고 해서 지금 주어지는 일들을 열심히 하면 그 다음 단계의 일들이 오고 그 오는 일들을 열심히 해야 한다는 사고 방식이 있습니다. 그리고 일들을 다 마치고 나면 정리하는 습관이 있습니다. 감자꽃스튜디오는 공공 기관도 아니고 로드맵이 중요하지 않다고 생각합니다. 그래서 자연스럽게 유학을 가든 새로운 사업을 하든 시골에 내려가든 저 개인은 제가 하는 일을 재미있어 하면서 합니다. 물론 감자꽃스튜디오가 국가 기관이나 공공 재단은 아니니까 온전히 우리가 벌어서 먹고 급여 주고 해야 하는 구조입니다. 하지만 그래서 우리에게 계획은 별로 의미가 없습니다. 공공 기관처럼 예산이 있는 것도 아니고 당장 다음 달 일이 어떻게 될지 모르기 때문입니다. 그리고 사실 그때그때 저의 개인적인 상황이나 이를 둘러싼 일들이 잘 맞아떨어졌던 것 같습니다. 예를 들어 감자꽃스튜디오도 마을에서 거의 유일하게 외부인을 끌어올 수 있기 때문에 주민들이 좋아해 주시는 것이지 제가 문화 예술 교육에 뚜렷한 비전이 있어 엄격하게 적용하고 꾸려나가는 게 아닙니다. 유학 때 공부했던 예술 경영을 자연스럽게 활용한 것뿐입니다.

이현식 얘기를 하면서 어느 정도 말씀하신 것 같은데, 그래도 한번 더 정리해서 말씀 드려보겠습니다. 감자꽃스튜디오가, 어쨌든 선생님께서 이런 저런 우연한 계기로 이 일을 시작하고 지금까지의 성과를 그를 통해 얻으셨습니다. 이렇게 감자꽃스튜디오를 통해서 문화 쪽에서 활동하시는 입장에서 보면 새롭게 이런 걸 발견했다거나 우리가 해나가야 할 새로운, 혹은 미처 몰랐던 부분에 대한 교훈이나 성과가 궁금합니다.

이 질문을 드리는 이유는 최근 커뮤니티 아트나 공공 미술 프로젝트에 관심을 갖고 활동하는 사람들이 현장의 어려움을 이야기하는데, 어떤 지역에서 지역 주민들이 그런 것에 대해 별로 이해도가 없을 때 예술가들은 주민들을 대상화해서 바라보게도 되고, 그래서 실패한 경우가 많습니다. 감자꽃스튜디오는 작은 마을에 이런 공간이 생기면서 마을 주민들도 그렇고 여러 가지가 긍정적으로 바뀐 측면이 있는데, 이선철 선생님은 이런 변화를 체험한 당사자로서 실제 이 감자꽃스튜디오를 경험하면서 이전의 경험과 다른 것을 발견하셨거나 앞으로의 과제로 생각해두신 것이 있으신지 궁금해서입니다.

이선철 저는 누가 감자꽃스튜디오가 문화 단체인지 환경 단체인지 사회적 기업인지 물을 때 생각하는 게 있습니다. 제 경력이 김덕수 사물놀이, 대중가요, 감자꽃스튜디오 이런 게 있는데 저한테는 이런 게 다 한 가지 일을 계속하고 있다는 느낌이 강합니다. 그래서 저를 문화 기획자다, 예술 경영 1세대다 하고 달리 표현해서 부르지만, 저는 학자도 아니고 사회 운동가도 아니고 여전히 기획, 경영, CEO에 대한 비전을 많이 가지고 있습니다. 그래서 감자꽃스튜디오에 대해 누가 물을 때 저는 세 가지 키워드를 가지고 얘기합니다. 첫째는 문화고, 둘째는 그 문화 중에서도 독특한 점을 찾고 싶었습니다. 김덕수 사물놀이는 전통 문화, 자우림은 대중 문화라는 게 있었듯이 감자꽃스튜디오만의 키워드는 자연, 녹색, 생태계라는 게 있습니다. 세 번째는 지역입니다. 첫 번째 질문에서 말한 것처럼 서울에서만 태어나서 자랐으니까 거기가 활동 영역이고 삶의 터전이지만 이 지역이라는 단어 안에는 문화 단체지만 다른 단체에 비해 하고 있는 일의 적성이 자연스런 요소가 많습니다. 또 위치와 자연적 특색 때문에 찾아오는 사람들 대부분의 동기는 어차피 똑같은 프로그램을 할 바에는 좀 더 산속, 자연 속에서 받는 게 감성이 조금이라도 충족될 수 있지 않느냐는 것입니다. 그래서 저는 자연과 문화의 결합을 제일 중요하게 생각하고 있습니다. 지역도 부차적으로 중요하다고 생각합니다.

가끔 제가 하는 일이 어딘가 공적인 것 같고 사회적 기업으로 보여지기도 하는데 제가 하고 있는 일의 결과, 부산물들이 지역이나 공동체에 도움이 되는 것은 당연히 바람직한 일이지만 처음부터 공동체 운동을 한다든지 지역의 문화를 살리려 한 건 별로 없습니다. 요즘은 제

후배들이나 제자들, 동료들 사이에서도 너무 공동체나 지역이라는 대의를 앞세운 나머지 실질적인 경영의 내실화나 프로그램이 부차적으로 밀려나는 것을 보게 됩니다. 저와 20년 차이 나는 후배들을 보면 액티비스트activist(운동가)인지 사회적 기업가인지 문화 기획자인지 모호할 때도 있습니다. 가끔 학생들을 가르치다 보면 책을 읽어야 하는데 최근에 읽은 책이 『소심불패』라는 책입니다. 이 책의 키워드는 세상을 변화시키려 하지 말고 제 식구부터 잘 챙기라는 것입니다. 예를 들면 모든 문화 단체들이 규모는 구멍가게 같은데 스티브 잡스의 애플사 경영 전략을 따르려 한다고 합시다. 우리와 같은 민간 문화 단체, 독립 단체들은 공공 기관이나 정부 같은 데에 얹어가기 전략을 써야 하는데 혼자서 엄청난 걸 변화시킬 것 같은 태도에 경각심을 일깨우는 책이었습니다. 그런 내용이 모두 옳지는 않겠지만 상당히 일리 있는 면이 있습니다. 하던 말로 다시 돌아오면 지역을 위해 뭔가 한다는 키워드를 내걸고 있으나, 제 자신은 처음부터 지역 지향적이거나 커뮤니티 지향적이지는 않았습니다.

감자꽃스튜디오의 경우 특히 농촌에서 살아보니까 하지 말라고 해도 농촌 마을이라는 게 공동체를 벗어날 수 없습니다. 특히 저는 또 마을에서 최연소자이고 농사짓는 분들이 다 할아버지, 할머니 들이시니 프로그램이 지역 주민들과 어쩔 수 없이 연계성을 가지게 됩니다. 특별히 영농 활성화 프로그램이나 마을 관광 프로그램, 농촌의 복지적인 성격의 프로그램 같은 것이 처음부터 있었던 게 아닙니다. 하다 보니 자연스럽게 그 결과물로서 지역 공동체에 뭔가 혜택을 줄 수 있게 된 것입니다. 그것도 10년쯤 되고 보니까 저의 의지와 상관없이 지역에서 가지는 기대가 있어서 충족시켜 줘야 하는 상황도 있습니다. 그러나 여전히 저는 공동체와 지역 사회가 가치적인 측면에서 앞장서고 프로그램이 뒤따라 가는 것은 조심해야 한다고 봅니다.

이현식 말씀 속에 그 다음 질문의 답변까지 다 해주신 셈이 되었습니다. 제가 이선철 선생님 보고 느낀 것 중에 두 가지 정도를 개인적으로 말씀드리고 싶습니다.

저는 선생님께서 그렇게 성공할 수 있었던 건 그 곳에 가서 살았기 때문에 가능했다는 생각을 했습니다. 자연스럽게 살아서 주민의 한 사람이 되었고, 주민들이 저 사람은 우리에게 뭘 해주기 위해 온 사람이라고 받아들이지 않고 같이 뭘 하기 위해 온 사람이라고 받아들였기 때문에 감자꽃스튜디오가 주민들 속에 자리잡을 수 있지 않았을까 하는 생각이 들었습니다. 지역에서 활동할 때 먼저 주민과 친해져야 할 텐데 사명감, 목적 의식 등을 너무 앞세우면 주민과 화합되지 못하는 경우가 있는데 선생님께서는 주민으로서 살았기 때문에 가능했다고 느꼈습니다. 두 번째는, 선생님께서 화합력이 좋으신 것 같았습니다. 사람들과 잘 어울리는 모습을 보면서 그런 것도 중요한 역할을 하지 않았나 하는 생각을 했습니다. 그래서 역으로 지역을 위해 뭘 하려고 하면 그런 식의 커뮤니케이션, 소통도 잘 하는 자질도 중요하지 않나 하는 생각을 해봤습니다. 여기에 대해서 말씀해 주실 게 있을까요?

이선철 말씀하신 게 맞습니다. 저는 어디 가서 교육을 하거나 할 때, 알다시피 제가 무슨 엄청난 학식이나 학위를 가진 것도 아니고 누구나 알아볼 만한 인지도가 있는 것도 아니어서 초반에 이곳을 다른 목적이 있어서가 아니라 살러 들어왔다는 인식이 주민들에게 빠르게 전파된 것 같습니다. 그런데 저는 기획자니까 어디 가서 기획하는 친구들에게 말할 때 좋은 의미에서 정치적인 센스가 중요하다고 말합니다. 이걸 부정적으로 보면 사람이 정치적이고 전략적이라고 볼 수도 있지만, 그런 것이 아니라 역학 관계나 성향을 파악하는 센스가 콘텐츠 못지 않게 중요한 부분입니다.

그런 면에서 저는 초반에 의도하지 않았으나 주민들 입장에서 그렇게 받아들였을 수 있습니다. 일단 제가 월등히 어리니까 우선 상대적으로 거부감이 덜했고, 두 번째, 그 이면에서 작동하는 원리 중에서, 마을 교회를 초기에 나가니까 30명 중에 목사님과 저 둘 빼고 나머지는 다 동네 할머니, 할아버지들이었습니다. 집사님과 권사님들이 새로 온 청년이 괜찮다는 쪽으로 빠르게 소문을 내주셨습니다. 적절히 서울에서의 활동 소식이 알려지기도 하고 그래서 '새로 온 총각이 서울에서 생각보다 되게 유명한 총각이라더라'는 소문도 도는데 직접 만나 보면 별로 만나기 어렵지도 않고 그런 모습들을 통해서 지역 사회 특유의 네트워크 안에 제가 비교적 뿌리내리고 있다는 인식을 드렸을 것입니다. 이런 상호 관계가 중요한 것 같습니다. 왜냐면 제가 아예 거기서 나오지 않고 귀농을 하는 게 아니라, 지금 일정만 봐도 절반은 서울에 나와 있지만 서울에 있는 절반 정도도 결국 지역과 연계되어 있어서 나간다는 생각을 주민들이 해주기 때문에, 그 관계가 지켜질 수 있는 것이기 때문입니다. 지역을 배제할 수도 있다는 생각은 지역 주민들이 아예 하지 않는 것입니다.

사실 평창은 저 말고도 유명한 사람들이 만든 공간이 많습니다. 교수, 미술가 등이 미술관 등 여러 공간을 만들었는데, 그런 사람들에 비하면 저는 지리적으로나 인지도 면에서나 심지어 군청에서 지원받는 금액 면에서 월등히 낮습니다. 지역도 낙후 지역이고 다른 지역이 10억여 원씩 지원받고 있을 때 이 지역은 1억 몇천만 원씩 밖에 지원하지 않습니다. 그러나 제가 아무리 바빠도 일요일에 마을 교회에서 예배를 본다든지 주말 끼고서라도 꼭 있으려고 하는 노력이, 유명한 사람이 많은 돈을 지원받아서 시설을 짓는 것보다 상대적으로 친밀했던 것 같습니다. 두 번째, 친화력 문제는 스타일 문제도 있는 것 같습니다. 저는 원래 재래 시장 프로젝트 때문에 재래 시장에 가도 상인과 늘 격이 없고 압구정에 가도 별로 어색하지 않은 성격이어서 주민들이 저를 볼 때 그렇게 괴리감이 드는 성향이 아니었을 것입니다.

또 나중에 들은 얘긴데, 어떤 면에서는 체형적으로도 친밀했다는 비공식적인 얘기도 들었습니다. 그런데 저는 제일 듣기 부담스러운 것이 성과, 성공 같은 말입니다. 왜냐면 이런 게 어느 시점이 성공인지 아닌지 판단하기도 어려울 뿐더러 내일 어떻게 될지도 모르기 때문에, 그저 사례라면 성실하게 말하겠지만, 성공 사례로서 저의 경우를 이야기하기는 부담스럽습니다. 그리고 제가 하는 일을 벤치마킹하고 싶다고 내려오는 사람들은 두 부류로 나눌 수 있습니다. 한 쪽은 '이렇게 하니까 이게 그냥 굴러가는구나' 하는 반응이고, 다른 한 쪽은 '우린 못 한다, 저건 여기서 저 사람이기 때문에 됐던 모델이지 그대로 우리 하는 일에 적용하기 어렵다' 하는 반응을 보입니다.

이현식 어쨌든 감자꽃스튜디오의 경우 여러 가지 활동을 하면서 중요한 사례들을 만들어 냈습니다. 우리 나라의 여러 가지 사례들 중에 좋은 모범이라고 생각되어 그런 이야기를 나눠보았습니다.

다음 대목은, 약간 일반적이고 재미없는 얘기일 수도 있는데, 현장에서 다양한 활동을 하는 입장에서, 실제 감자꽃스튜디오 경험이 많으시지만, 또는 이런저런 자문을 하는 입장에서 말씀해 주시기 바랍니다. '지역 문화의 해'라고 해서 지역 문화 전문가들이 여럿 모여서 토론한 기억이 있습니다. 그런데 그 이후에는 지역 문화 진흥법 얘기도 여러 번 있다가 이번에 조금 더 본격적으로 대두되고 있는 것 같습니다. 그런 측면에서 봤을 때 지역 문화를 딱 잘라서 나누는 게 적정하지 않을 텐데, 어쨌든 각 삶의 현장에서 일어나는 이런 문화적인 부분들이 잘 발전되기 위해서는 과연 어떤 게 더 필요할 것인지 편안하게 얘기해 주시면 감사하겠습니다.

이선철 지난번에 같이 회의를 하면서도 말씀드렸듯이 저는 아직도 대뜸 누가 지역 문화에 대해 물으면 모호합니다. 한 번은 지역 문화에 대한 정의를 달라고 해서 '지역의, 지역에 의한, 지역을 위한 문화'라고 한 적이 있었는데, 명료하다는 말을 들었습니다. 그러나 아직도 지역 문화가 지역의 전통 예술인과 토박이들에 의해서만 이어지는 지역의 권력 구조인가, 아니면 지역에 도움이 되는 부분을 제공하는 문화인가 하는 것은 저도 모호하기 때문에 물어보신 질문에 대한 답변을 하기 전에 저 자신에게도 자꾸 되물어봅니다. 그런데 지역을 위한 문화라고 하는 게 보통입니다. 외부에서 들어가야 하니까요. 하지만 거기서도 지역 자체 문화를 발굴하려는 시도가 필요합니다. 또 제가 보기에는 수년간 살아온 경험에 비추어도 그렇고 남의 동네에 가서 훈수 둘 때도 그렇고, 1순위는 사람입니다. 인적 자원이 제일 중요한 것입니다. 돈과 사람 중에 하나를 고르라고 하면 저는 사람을 더 우선으로 합니다. 사람이 있으면 없는 돈도 만들 수 있지만 돈만 달랑 던져주고 사람이 없으면 돈을 엉뚱한 데 쓰게 됩니다.

특히 농촌에 살다 보니까 농촌은 다이나믹 합니다. 문화판에서 25년 가까이 일했던 경험에 비해 최근 5년간의 경험이 더 역동적이라는 말입니다. 문화보다 사람들과 상대하고 사는 것 같은데, 여기 와서 보니 국토해양부에서 마을 단위에 떨어지는 돈이 40억, 70억 원 정도 됩니다. 그래도 요즘은 조금 자성의 목소리가 있으니까 문화적이고 사회적인 의무로 비율을 정해서라도 나누게 하지만, 아무리 몇십 억이 마을에 주어져도 운영할 사람이나 좋은 리더, 기획자가 없으면 마을에다 집 짓고 길 닦는 데 쓸 수밖에 없습니다. 그러니까 농민들도 많이 자문을 받고 다니는데, 1천 5백 개 마을에 4조 원 이상을 쏟아 부어도 어느 마을이 잘됐는지 추천해 달라고 하면 선뜻 추천할 데가 없습니다. 그러나 거꾸로 좋은 인적 자원이 있거나 외부에서 들어간 분도 진정성을 가지고 있으면 많은 성과를 낼 수 있습니다. 또 그들에 의해 없었던 돈이 배당되기도 합니다. 그래서 제가 단호하게 처음부터 '살아보니 인적 자원이 중요한 것 같다'라고 말한 것입니다. 물론 현실적으로 돈이 없으면 아무것도 할 수 없으니까 돈도 중요한 여건인 것 같습니다.

인적 자원과 돈, 그리고 세 번째는 지역의 보이지 않는 네트워크입니다. 움직이는 생리적인 지역의 생태계 같은 것이 중요한데, 이 세 가지를 종합합니다. 감자꽃스튜디오가 건물을 잘 짓는 것도 어디 가서 사례로 말씀드리지만, 제가 가장 말하고 싶은 사례는 한 아이입니다. 감자꽃스튜디오를 하면서 만난 한 주민 아이가 있었습니다. 그 아이가 고등학교 때 락밴드 동아리 회장이었는데, 너무 성실해서 문화 인적 자원 지원의 의미로 그 친구들을 도와주었습니다. 그러다 보니 그 아이들이 군대를 갔다오고 심지어 대학교를 졸업하고서는 우리 직원이 되는 사이클로 돌아왔습니다. 지금도 감자꽃스튜디오에 그 친구가 있습니다. 유명합니다. 이런 사이클이 저는 너무 보람 있게 느껴집니다. 동네 아이들을 어릴 때부터 창조 교실이라고 말하는 문화예술 교육을 통해 잘 성장시켜서 그 친구들이 인력의 주체가 되고 나아가 강사 노릇을 하고 마을의 주민이 되는 모습을 볼 때 가장 보람이 있습니다. 이게 결국 인적 자원이고 인력 양성입니다. 그런 측면에서 인력 양성이라고 해서 아이들을 꼭 동네 안에서만 기르는 게 아니라 외부로 나가서 훌륭한 교육을 받고 돌아오는 경우도 있고, 저처럼 외부에서 들어간 사람이지만 이런 사람들을 잘 활용하는 것, 이런 모든 게 인력 양성으로 볼 수 있다고 봅니다.

이현식 인적 자원이 중요하다, 돈을 쓰는 것도 사람이기 때문에 돈보다는 열정 있고 기획력 있는 사람들이 중요하다는 말씀을 하셨습니다. 인상적이었던 건 지역 안에서 형성된 네트워크에 대한 이야기였는데요, 시간 문제로 이 부분에 대해서는 여기까지 듣겠습니다. 개별 개별로 들어가면 재밌는 이야기가 많이 있을 텐데 일단 다음 질문으로 넘어가겠습니다.

지역 문화의 중요성이 삶의 현장 속의 문화이기 때문에 중요하다고 생각하는데, 그런 점에서 그렇다면 지역 문화가 잘 발전되거나 잘 활성화되는 부분을 가로막는 문제점이 있을까요?

이선철 사람 사는 곳에 갈등이 없을 수는 없을 것입니다. 늘 나오는 문제가, 인천만 해도 서울에 가까이 있고 독립된 커뮤니티로서 구분할 필요가 없는데 시골이나 지방은 아직도 여전히 사극처럼 지역 토벌 세력에 의해 움직이는 생태계를 많이 느낍니다. 가끔 무슨 교육 같은 데 가보면 원주민 그룹과 귀촌자 그룹이 있는데 그 둘을 섞어놓으면 머쓱해합니다. 그래서 한 번은 원주민과 귀촌자를 나눠봤더니 훨씬 회의가 활성화되었습니다. 귀촌자 그룹은 자기들이 그동안 가진 스트레스, 아쉬움, 하소연을 토로하고 원주민은 원주민대로 자기들끼리 하소연을 했습니다. 그래서 저는 인적 자원이 중요하다고 말씀드리면서도 역설적으로 인적 생태계에서 오는 배타성이라는 것이 지역 문화 활성화를 방해한다는 생각이 듭니다. 가로막는 문제점이라고까지는 할 수 없지만 활성화에 분명히 방해가 됩니다. 심지어 전문가들이 봉사하고 싶은 마음이 있어도 그쪽에서 먼저 부르지 않고 오히려 개입하는 데 부담을 느껴하고 그래서 선뜻 참여할 수 없습니다. 오만한 얘기일 수도 있지만 이럴 때 활동가들은 메이저리그 선수가 동네 야구 발전을 위해 도움을 주고자 하는데 외면을 당하는 것같은 느낌이 분명히 있습니다. 권력 관계든 생태계든 역학 관계든 무엇이라 표현하든 그 속으로 자연스럽게 들어가기가 쉽지 않은 것입니다. 이런 것에서 오는 어려움이 있습니다.

또 기본적으로 어떤 일을 정책에서 강조할 때 자생 능력을 가지라고 하는데 자생 능력을 가질 수 있는 기반이나 자원이 너무 빈약합니다. 인터뷰 전에도 저희 담당자와 고민한 것이 있는데, 동네에서 조그만 포럼을 열려고 했습니다. 인천이나 서울은 전문가가 많아 고민할 것도 아니지만, 청소년 육성, 평생 교육, 생태 농업, 농촌 관광 등 너무나 뻔한 열 몇 가지 사항만 나열할 수밖에 없었습니다. 현실적으로 제한된 자원을 극복할 수가 없는 것입니다. 또 세 번째는 적극적인 배려를 넘어서는 소통이나 교류, 협력 등에 소극적입니다. 예를 들어 보도 자료를 돌리거나 이를 적극적으로 프로모션하는 데 수동적입니다. 비단 이런 것뿐 아니라 지원을 받는다든지 적극적으로 사업을 제안해 본다든지 하는 것들이 부족합니다. 새로운 파이가 생겼을 때 파이를 키워보려는 노력보다는 그저 파이를 가져가려는 모습이 있습니다. 지금 당장 생태계 내에 조성되어 있는 것을 누가 가져가고 내게 어느 정도가 떨어질 것인지에만 지역 사람들이 관심을 가지는 것입니다. 서로 더 많이 가져가려는 태도를 보입니다. 더 키워보려는 노력이 매우 부족합니다. 그런데 이런 점은 다른 전문가들과도 얘기해봤을 때 지역 문화 사업에서 겪는 일반적인 어려움입니다. 지역에서는 더 큰 발전보다 지금 시점에서 누가 가져가느냐 하는 것들에 더 치중하는 모습들이 존재하고, 그로 인해 정체되는 부분이 많습니다.

　그래서 저는 이 질문과 관련 없는 것일 수도 있지만, 주민들이 제가 지역의 문화예술 생태계에서 뭘 뺏어간다고 느끼거나 거부감을 가지는 부분에 대해서는 하지 않고 있습니다. 지역 배분의 문제에서는 '쟤는 서울에도 뭔가 있을 텐데 이걸 가져가야 돼나'라고 보는 사람들도 있었고, 그럴 때 저는 제가 노력해서 만든 건데도 불구하고 소외감을 느끼기도 했습니다. 이런 시골만의 분위기가 있는데 이 특유의 지역적인 색깔이 발전을 가로막는 부분이 되기도 합니다.

이현식 정리해보면 지역의 고유한 네트워크가 작동되면서 약간 폐쇄적인 모습이 있다고 하셨습니다. 그런데 이 부분은 인천도 마찬가지입니다. 서울과 다르게 인천이라는 지역에 있다는 생각 때문인지, 물론 지방과 폐쇄적인 모습이나 크기는 다를 수 있고 네트워크의 종류도 다를 수 있지만 인천 지역 고유의 무언가가 인천에도 있습니다. 그리고 그런 부분이 지역 문화가 자연스럽게 발전하는 데 여러 가지 문제점으로 작동한다고 말씀해주셨습니다. 또 두 번째로 말씀하신 게, 지역으로 내려가면 의외로 자생력이나 자원이 인적 자원을 포함해서 부족한 부분들이 있다는 것입니다. 마지막으로는 자족하는 것, 현재에 머무르고 그 안에서 자기들끼리 안주하는 모습이 있어서 의사 소통도 그 안에서 머무르게 되는 문제들을 말씀해주셨습니다. 현장에 계신 분들이라면 충분히 느낄 수 있는 생각이라고 봅니다.

마지막 질문입니다. 이제 올해 12월에 대선이 있는데 인천문화재단에서 올해 초에 지역 문화와 관련하여 토론회를 열어 각 지역 활동가들의 의견을 모은 적이 있었습니다. 몇 년 전부터 우리 사회에 복지가 화두였습니다. 그런데 문화도 사실 복지와 관련하여 중요한 의미가 있는데, 문화는 항상 정책에서 후순위라는 불만을 문화 전문가들이 늘 가지고 있었습니다. 자연스럽게 그때 모였던 분들이 총선·대선 국면에서 문화와 관련된 것들이 사회에 왜 중요한지 알릴 필요가 있지 않겠냐는 말이 나왔습니다. 그런데 꼭 지역 문화가 아니어도 문화라는 측면에서 또 한국 사람이라는 측면에서 문화 혹은 지역 문화 이런 것들이 우리 사회라는 틀에서 추상적인 의미로 이해되기 쉬운는데, 문화가 어떤 가치가 있고 어떤 점에서 이로울지, 길게 봤을 때 후속 세대에게도 이것이 자기 삶의 방편이 될 수 있을지 하는 점에서 말해 줄 수 있으실까요?

이선철 저희 같이 문화 쪽에 있는 사람들은 문화의 가치에 대한 피해 의식이랄 수도 있는 부분들이 있습니다. 최근에 와서는 문화가 가질 수 있는 잠재적인 것도 그렇지만, 구체적으로 문화가 가진 가치의 유형들을 사회 각 분야에 얘기해주고 해석해주는 사람이 필요하다는 생각을 합니다. 저만 해도 사실 예전에는 그 가치를 잘 몰랐습니다. 2~30대에 실물 공연 기획이나 벤처 기업에서 일하다 보니 그때는 관객이나 내 음반을 사주는 사람만 마케팅적으로 잘 대하면 된다고 생각했습니다. 지역 문화가 어쩌고 해도 티켓이 많이 팔려서 매진되면 그걸로 좋다고 생각했습니다. 그러나 지역에 내려와서 보니까 굉장히 순수해 보이는 문화도 알고 보면 대단히 사회학적이고 중요하다는 생각을 하게 됩니다.

그래서 문화가 왜 중요하고 필요하고 지역에서 어떻게 활용될 수 있는지에 대한 구체적인 설명이 필요하다고 생각하는데, 그런 측면에서 외국, 선진국을 보면 표면적으로 그걸 내세우지는 않으나 뒤에서는 굉장히 예리할 정도로 지역의 경제적인 부가가치를 창출해내는 로드맵이 확실한 것 같습니다. 창조 도시나 이런 기획이 다 외국에서 들어온 것입니다. 그래서 저는 지역에서 문화가 어떻게 도움이 될 건지에 대한 명명한 청사진들이 많아졌으면 하는 바람이 있습니다. 그래서 말하셨던 문화의 복지 같은 것도 시작은 지금 그렇게 뒤로 밀려나고 있지만 오랜 기간 동안 사회적으로 축적이 되면 그 다음에 성과로서 발휘될 수 있는 양상은 다양하므로 중요한 출발이라고 생각합니다. 예를 들면 제가 10년 가까이 집에서 청소년들에게 밴드나 문화 예술 교육 프로그램을 할 때는 문화 예술 교육 정책의 하나로 지원받아서 한 거니까 주민들이 문화를 접하면 좋다는 생각으로 접근했습니다. 그런데 10년이 되니까 마을 축제가 있을 때 참여한다든지 또는 그분들이 뭔가 다른 정책적 요소를 결정할 때에도 좀 더 문화적인 마인드로 한다거나 하는 변화가 있습니다. 스스로 다른 마을을 벤치마킹 하는 모습을 보이기도 합니다. 보이지 않는 이런 의식의 전환에 문화가 굉장히 많은 도움을 주는 것 같습니다.

조심스러운 것은 문화가 일사불란하게 일반인들 구석구석까지 영향을 미칠 거라고 생각하지는 않고, 문화의 속성상 마을의 핵심적인 리더 같은 분들은 태생적으로 문화에 훨씬 다가가 있다고 생각합니다. 그래서 저는 어디 가서 얘기할 때 문화가 대중적으로 선동하듯이 영향을 발휘하지는 못하지만 전략적인 사회 구성원들에게는 필요하다고 말합니다. 또 지역으로 갈수록 이제는 문화적인 소재나 콘텐츠가 아니면 다른 지역과 차별할 수 있는 정체성의 문제가 해결되지 않습니다. 어딜 가나 산 좋고 물 좋고 인심 좋고 맛있는 거 많은 농촌 문화라는 테마가 흔합니다. 지역 내에서는 그 테마가 매우 차별화된 거 같고 다른 지역과 비슷하다는 것을 모르는데, 박람회 같은 데를 가보면 알게 됩니다. 모아놓고 보면 부스가 다 비슷비슷합니다. 저의 경우 문화 복지사 교육을 하며 정선아리랑, 부산영화제, 인천 차이나타운 등지에 방문하는 것은 차별성이 있기 때문입니다. 그렇지 않으면 뭐하러 그런 곳을 찾아다니겠습니까. 그런 측면에서 문화는 지역의 정체성을 차별하는 도구, 그리고 축적되면 경제적인 부분도 포함해서 부가 가치를 창출할 수 있다는 믿음이 있습니다.

또 하나 좋은 건 시골은 이런 티가 조금 더 빨리 납니다. 제가 조심스럽다고 표현하는 것은, 이런 조그마한 폐교 하나도 망하지 않고 외부 지원 없이 운영하는 것은 제 스스로 꾸려나가기 위해 갖가지 방법으로 애를 쓰니까 가능한 것이기 때문입니다. 그러니 함부로 공동체나 마을이나 도시가 문화를 통해 활성화될 수 있다고 말하기가 조심스러워지는 것입니다. 하지만 원리에 대한 믿음은 가지고 있습니다.

이현식 현장에서 활동하셨기 때문에 여러 가지 체험에서 우러난 얘기가 생각할 거리를 많이 주는 것 같습니다. 지역 문화가 결국 정체성의 문제가 아니겠느냐는 말씀인데요, 다른 지역과 구분되는 그 지역의 고유한 정체성의 문제가 연동되어야 지역 문화가 갖고 있는 힘이 발동되고 그것이 지역의 경제적 활성화와도 결국 연결될 수 있다는 것과, 이를 의식적으로 정비해야 하는 노력들이 전문가를 통해서든 필요하고, 이것을 지역의 오피니언 리더opinion leader들에게도 공유할 수 있는 시스템의 필요도 언급하셨습니다. 그리고 지역에서 문화를 활성화한다는 건 소통도 그런 식으로 문화적 소통이 이루어지면서 지역에 어떤 문제들이 닥쳤을 때 결정하는 방식에서도 긍정적으로 작동할 수 있다고 말씀해 주셨습니다.

제가 보기에도 말씀하신 대로 현장에서 지역 문화가 가진 여러 의미가 있다는 생각이 듭니다. 인천 같은 경우도 부평의 부평 풍물 축제가 오랫동안 있어왔는데 풍물 축제에 관여하는 사람들이 사실은 부평의 중요한 오피니언 리더들로 풍물 축제로 시작해서 그로 인해 생긴 여러 가지 일들을 하더군요. 이와 같이 지역 축제도 축제라는 것 하나만 볼 게 아니라 지역에서 여러 가지가 총체적으로 활성화되는 역할을 하고 있다는 생각이 들고, 그걸 보이지 않는 부가 가치, 경제적 가치로 활성화하면 말씀하신 대로 똑같은 지역에 국비가 얼마 지원됐을 때 돈을 집행하는 방식에서 훨씬 효율적일 수도 있는 것 같습니다.

이선철 지금 중간에 말씀하신 것에 대해서 얘기하자면, 애초부터 축제란 게 굉장히 정치적인 건데 문화라는 것으로 콘텐츠가 채워지고 포장되기 시작하면서 중요하게 봐야 될 게 있습니다. 제가 부평 풍물 축제 위원회에 가서도 강의를 했었는데, 풍물을 하는 분들이 다 유지들이잖아요. 제가 갔을 때는 재미있는 강의 시간을 가졌고, 또 따로 지역의 전문가들끼리 워크샵을 하던데, 저는 그런 면에서 문화 자체가 생활 속에 스며들지만 대단히 고도의 전략이 필요하다고 생각합니다. 또 지역의 재단이 가진 역할 중 하나가 그런 로드맵을 제시하고 오피니언 리더들에게 구심점을 제시하는 게 중요하다고 생각합니다. 그런데 그런 면에서 또 한 가지 애정으로써 말씀드리지만 인천이 가진 독특한 도시로서의 캐릭터가 분명히 있는 것 같습니다. 가끔은 리버풀과 많이 비교도 하고 항구 도시 특유의 역동성이나 락페스티벌 같은 것이 있지만 부산이나 군산과는 또 다른 측면의 도시의 캐릭터가 있습니다. 그런 면에서 인천에서 문화 활동 하시는 분들도 특히 다른 지역보다 강한 특징이 있는 것 같습니다. 수원은 별로 떠오르가 이미지는 없는데 인천은 늘 강하게 다가오는 면이 있습니다.

이현식 마지막으로, 반복하는 얘기지만 대통령 선거가 얼마 남지 않았습니다. 어떻게 보면 대통령 선거를 두고 사회적으로 일자리를 창출한다든지 하는 쟁점들이 형성되고 있는데, 그렇다면 문화 쪽에서 일하는 사람으로서 대선을 어떻게 보고 문화적인 측면에서 그 사람들한테 뭘 질문할 수 있을까요? 상식적인 것 말고 어떤 걸 끌어낼 수 있을까요? 문화적 관점에서 대선을 어떻게 이해할 수 있을까요?

이선철 그것에 대해 우리도 많이 얘기합니다. 그런데 저는 대선 후보들의 연령대가 우리에 비해 문화를 고민하거나 문화의 중요성을 인식할 기회가 없었던 세대라고 봅니다. 그래서 예술 정책을 말하는지 문화 정책을 말하는지 아니면 문화로 포장된 여러 사회 정책을 말하는지 알기 위해 귀기울여 보면, 신기할 정도로 문화 정책에 대해 얘기하는 후보는 없는 것 같습니다. 비꼬자는 게 아니라 골목 상권이나 경제 민주화에 대해 이야기하지만 글로벌한 이슈, 문화적인 이슈, 이런 것에 대해 당을 떠나서 저 정도니까 사회의 리더이겠구나 하고 존중할 만한 이슈 메이킹이 없는 것 같습니다. 아무리 신문 같은 것을 봐도 문화적인 의견을 찾기 어렵습니다. 그래서 요새는 문화 정책을 질문하기 전에 이슈를 던질 수 있는 사람이 문화판에서 나타나야 한다고 생각하고 있습니다. 지역에 공연장이나 오케스트라를 많이 만드는 것은 덕담에 불과합니다.

이현식 얼마 전에 박근혜 후보가 소설가 이외수 씨를 찾아가서 문화 정책에 대한 얘기를 했고 결국 이외수 씨가 얘기하기를 문화예술의 표현의 자유를 지켜달라고 하셨습니다. 문화 쪽의 이슈라는 게 사실 이런 정도 말고는 너무 빈약한 것 같습니다. 지난번 총선 때 각 당의 문화에 관련된 공약들을 비교한 적이 있는데, 말씀하신 대로 공약은 있지만 모두 개발 공약과 똑같았습니다. 어느 지역에 문화 회관을 짓겠다는 식으로 그냥 건물을 짓겠다는 것입니다. 문화 공약이라고 말하기도 낯부끄러울 정도였습니다. 그 점에서는 새누리당이 됐든 민주당이 됐든 변별성이 별로 없었습니다. 그런데 문화라는 게 정체성의 문제고 경제성의 문제, 소통의 문제이기도 하다는 말씀도 하셨는데, 우리 사회 전체를 바꾸는 데 문화라는 게 어떤 역할을 할 수 있을 것인가에 대해 대선이든 대선이 지났다 하더라도 이래서 문화라는 게 의미가 있는 거구나 하는 것이 사회적으로 공감대가 형성되어야 하지 않을까 하는 생각이 듭니다.

그리고 지금은 실제로 아까 말씀하셨듯이 먹고살기도 어려운데 무슨 문화냐 하는 생각이 대부분이기는 합니다. 하지만 먹고사는 문제와 문화가 아주 다르다고 생각하는 걸 고쳐야 할 것 같습니다. 예술은 다른 부분일 수 있지만 문화는 먹고사는 문제와 밀접하게 연결되어 있기 때문에 어쨌든 문화계에서도 적극적으로 의제화시키려는 노력이 부족했었고, 그러다 보니 정당에서도 문화라는 걸 일종의 양념처럼 생각해서 실제로 고민을 거친 공약이 잘 안 나오는 것 같습니다.

이제 마지막으로 정리하는 말씀을 해주십시오.

이선철 개인적인 생각일 수 있지만 문화가 공공적인 성격이나 사회적인 성격도 있고 돈벌이 수단이 될 수도 있지만, 문화의 가장 중요한 특징은 방향성, 지속 가능성 같은 거잖아요. 그러니까 문화를 보는 시각이나 문화를 다루는 영역일수록 복합적이고 유기적이었으면 하는 바람이 있습니다. 주민과 전문가와 행정이 각자 뭔가를 하거나 서로 대립각을 세우는 것이 아니라, 지역일수록 서로 어우러져서 서로 상대방의 영역의 전문성, 소질을 이해해서 관계를 회복 하는 게 중요한 것 같습니다. 주민들이 너무 자기 이해관계만 따진다거나, 전문가가 너무 비전문가를 구분한다거나 하면 안 되고, 행정도 중립적인 입장에서 주민과 전문가의 입장을 종합해야 합니다. 문화 전문가들은 상대적인 피해 의식이 있는데 그런 걸 접어야 합니다. 그런 측면의 지역일수록 협업 시스템이 잘 되어야 한다는 얘기를 하고 싶습니다. 그 중심에 있는 게 재단의 역할인 것 같습니다. 구심점이 되어야 합니다.

평창문화재단, 강릉문화재단이면 그 지역의 엘리트들이 모입니다. 우리문화원 원장님은 노인이시지만 문화원 하나도 제대로 못하면서 무슨 재단이냐 할 수도 있는데, 저는 재단에 호의적인 게 그럼에도 불구하고 그것의 순기능이 있고 협업의 중심이 될 수 있기 때문입니다. 그리고 지역 매체의 역할이 큽니다. 지역에서는 중앙 일간지보다는 지역 매체가 지역의 독자적인 여론을 형성하는 역할을 한다고 봅니다. 또한 지자체장, 지자체의 역할도 중요합니다. 그래서 저희도 대선 주자의 문화 공약을 봤지만, 어디 문화재 잘 보존하고 전통 민속 문화를 잘 지원하겠다 하는 수준이었고, 그나마 평창은 동계올림픽 때문에 당장 다급한 이슈가 있으니까 포럼도 하고 하는데 다른 곳에는 그것도 없으니까 많이 열악합니다.

이현식 좋은 말씀 많이 들었습니다. 이제 마무리를 할 시간입니다. 특히 마지막에 결국 문화라는 게 협업을 가능하게 하는 것이라는 말씀을 해주셨는데요, 문화가 가진 힘이라는 건 결국 그런 총체적인 힘인 것 같습니다. 그 지역, 그 공동체의 역량이 결국은 문화를 통해서 나타나는 것이 아닌가 합니다. 장시간 인터뷰에 응해 주셔서 감사드립니다. 앞으로 더욱 좋은 활동 기대하겠습니다.

여성
문화 연구자가
전하는
문화판 이야기

한국문화관광연구원 연구위원, 연구기획조정실장 **류정아**

류정아

서울대학교 인류학과와 인류학과 대학원을 졸업하고 프랑스 파리 국립사회과학 고등연구원(EHESS)에서 프로방스 지방의 전통축제분석으로 사회인류학과 프랑스 민족학 박사학위를 받았다. 현재 한국외대 글로벌문화콘텐츠학과 겸임교수 및 한국문화관광연구원의 연구위원이다. 저서로는 『전통성의 현대적 발견 : 남프랑스 축제문화』, 공저로는 『축제와 문화』, 『유럽의 축제문화』 등이 있다.

이현식 문화는 정형화된 틀이 없기 때문에 여러 영역의 독자들 입장에서는 문화계에서 활동하는 사람들이 어떤 경로를 통해서 그 분야의 연구자나 활동가가 됐는지 궁금해 할 것입니다. 그런 관점에서 자기 소개를 좀 해주시죠.

류정아 어떻게 해서 문화연구자가 됐느냐. 아시다시피 저는 문화인류학을 전공했습니다. 문화인류학을 공부하기는 했지만 저희가 공부하던 1980년대 초중반은 사실 문화의 범위가 지금처럼 다양하지 않았습니다. 그때는 대부분 마르크시즘이라든지, 특히 인류학하시는 분들도 일반 문화보다는 빈곤 문화*라든지, 상부 구조와 하부 구조의 문제 등 요즘은 별로 듣기 어려운 것들을 키워드로 논문들을 많이 썼죠.

저 같은 경우는 그런 식의 연구가 주로 이루어지는 것에 대해서 '뭔가 빠졌다'라는 갈증을 많이 느끼고 있었고, 공부는 계속해야 하는데 뭘 할지 고민을 많이 했습니다. 그렇지만 당시에 지배적인 학문 경향은 내가 계속할 분야는 아닌 것 같다는 생각이 들어서 고민하던 중 대학원생 때 우연히 마스크 전시 행사가 열리던 박물관에 갔습니다. 주말에 할 일도 없고, 데이트 할 일도 없어서 혼자 시간 때우러 갔어요. 논문을 써야 했는데 논문 주제를 잡지 못하고 있을 때였어요. 마르크시즘은 도저히 아닌 것 같고. 이걸로는 내가 평생 할 수 있는 것이 없을 것 같고……. 그러던 중 마스크 전시에서 아프리카 마스크를 보게 되었습니다. 지금은 가면 전시를 관람할 기회가 많지만 그 당시엔 그렇

---

* 빈곤문화 : 빈민집단이나 빈곤계층의 특유한 생활양식 · 태도 · 가치관 등의 문화적 특질.

게 많지 않았어요. 거기서 굉장히 다양한 얼굴들의 마스크를 보는 순간, 마스크가 말 뜻대로 '가리는 것'이라기보다는 뭔가 드러내고 싶은 인간 욕구의 표현일 것이라는 생각이 들었습니다. 이 드러내고 싶은 욕구가 뭘까라고 하는 게 갑자기 내 뒤통수를 탁 치면서 '이거다. 뭔지는 잘 모르겠지만 이걸 해야겠다'는 생각이 들었습니다.

그렇게 지도교수님께 갔는데, 그 당시의 지도교수님이 서울대학교 인류학과 김광억 교수님이었으나 안식년을 맞으면서 왕한석 교수님으로 바뀌었어요. '그럼 탈춤 연구하면 되겠네, 탈 연구 하면 되겠네' 하시더라고요. 그래서 '탈이요?' 그랬죠. 탈이 우리 나라에 많잖아요. 그래서 여러 탈을 봤습니다. 그랬더니 우선 탈이 너무 많고 탈마다 얘기도 지역도 모두 다르고 탈마다 탈춤도 다 있고…… 그래서 탈은 범위가 너무 넓으니 탈춤을 해볼까 하는 생각에 탈춤을 찾아보았습니다. 탈춤도 지역이 다 달라서 세 개 정도를 비교하려 했더니 이것도 석사 논문으로는 보통 일이 아니더군요.

그러던 와중에 지도교수님의 고향이 안동이라 하회탈놀이를 추천 하셨습니다. 그래서 안동 하회마을에 가서 하회탈놀이를 봤습니다. 그 당시 1980년대 초반에는 지금처럼 하회탈놀이가 각광을 받거나 문화 상품이니 관광 상품이니 하는 얘기가 나오기도 전이었기 때문에, 단지 이 지역의 전통적인 민속 놀이를 보존하고 싶은 생각을 가진 몇몇의 젊은 사람들이 모여 탈놀이를 복원하여 춤추고 놀면서 그들끼리 사비를 털어서 하는, 일종의 동호회 같은 게 있더라고요. 그 당시 하회마을에서는 마을 주민들의 실거주지로서 하회마을이 존재했기 때문에 정월 대보름이 되면 동제를 지냈습니다. 동제는 마을의 신당에 가서 돼

지머리를 놓고 고사를 지내는 거예요. 일 년간 편하게 해달라고. 그러면 그때 탈놀이 보존회의 젊은이들이 와서 봉사 차원으로 탈춤을 추고 지신밟기를 하고 새해 인사를 하고는 했습니다.

그러면서 저는 하회탈놀이가 가지는 의미의 변화를 주목했습니다. 그때까지만 해도 대부분의 민속학자들은 과거의 탈놀이가 원형을 찾는 것만 연구를 했었는데, 고려시대의 탈놀이와 20세기의 탈놀이는 워낙 다릅니다. 그렇기 때문에 의미 변화를 봐야겠다고 생각했는데, 이것은 기존의 민속학적인 연구의 범위도 벗어났고, 그 당시 인류학자들이 하던 연구도 아니었습니다. 다시 말해 이것도 저것도 아닌 애매한 상태에서 석사 논문을 썼습니다.

그래서 박사 논문을 그 연장선상에서 해야 하는데 더 이상 나에게 어떤 식으로 하라고 지도해 주실 만한 분이 없다고 느꼈고, 그러면서 프랑스로 유학을 가 본격적으로 축제라는 영역으로 연구 범위를 확장시켰습니다. 축제 연구를 하며 지역 축제에 대한 연구를 하게 됐고, 현지 조사를 하면서 자연스럽게 축제와 지역이라는 물리적인 공간을 연결, 관심을 갖게 되었습니다. 이렇게 축제, 지역 문화, 지역 활성화로 연구가 확정됐고 지금은 정책 연구 기관에 와있습니다. 문화 연구자가 된 과정을 설명하자면 이렇습니다.

이현식 원래는 문화인류학 쪽의 파트에서 축제 연구를 하셨고 지금은 그 연장선상에서 정책 연구 파트, 문화관광연구원에서 정책 연구자로서 활동하고 계신데, 그 둘 사이에 어떤 간극이 있을 것 같다는 생각이 듭니다. 그건 어떻게 메워 가거나 조정하는지 말씀해주십시오.

류정아 한국의 일반적인 학문적 영역에서 연구를 하던 사람이 정책 연구 기관에 오면 대부분 자신의 본래 전공과 정책 연구 간에 너무 차이가 크다고 느낍니다. 개인의 전공을 거의 손을 못 대는 경우가 많아서 그게 참 갈등이죠. 그래서 연구소를 떠나는 경우도 많은데, 저는 다행히 그 차이가 크다고 느끼지 않았어요. 단지 차이가 있다면 다루는 대상의 범위가 국가라는 것으로 넓혀진 것, 특히 인류학의 미시적이고 심층적인 연구보다는 광범위한 큰 비전을 봐야 하는 것, 그리고 과거의 '원형 찾기'보다는 미래의 비전을 찾는 걸로 연구의 비중이 바뀐 것 말고는 기본적으로 축제에 대한 연구도 계속하고 있습니다. 또 축제 영역에서 확장된 지역 문화와 관련된 연구도 계속하고 있기 때문에 제 개인 연구와 연구원에서 하는 일이 그다지 큰 차이를 느끼지 않아서 즐겁게 하는 편이에요. 오히려 기존의 인류학이 가진 방법론적인 한계, 객관성이나 양적인 데이터를 다루는 데 인류학이 조금 약한 것들, 지나치게 질적인 것만 강조하면서 다른 사람들로부터 객관적인 평가를 증명해내는 데 어려운 것, 이런 양적인 데이터들을 보완하고 있습니다. 나름 질적인 방법론과 양적인 방법론, 즉 정성적, 정량적 방법론을 조화시키면서 비교적 크게 갈등을 일으키지 않으면서 하고 있어서 다행이죠.

이현식 연구원에 들어와서 맡은 분야 중에 이런 것은 참 의미가 있었다든지, 일반 독자들이 보기에 한국문화관광연구원은 아는 사람들, 전문가들이야 다 알지만 일반 독자들은 잘 모르거든요. 문화관광연구원 소개도 간단히 해주시고 현재 하는 일 등을 얘기 해주시죠.

류정아 한국문화관광연구원은 문화체육관광부 산하 연구기관입니다. 그러다 보니 문화체육관광부 국실의 편재 시스템에 의해 저희 연구원 조직도 구성되었습니다. 예를 들어 문화예술정책국, 관광산업, 문화산업 이런 식으로 연구원도 문화예술실, 관광정책실, 문화산업실로 나눠져 있었고 그 편재에 따라서 연구 분야가 예술정책, 문화정책, 관광정책으로 나눠져 있었죠.

문화부 국실의 벽이 높아서 서로 소통이 잘 안 되는 문제가 있듯이 연구원도 그런 문제가 있었습니다. 그런데 저는 주전공 분야가 축제이다 보니 한편으로는 문화이고 한편으로는 예술이며 또 한편으로는 관광 효과와 관련을 가질 수 있습니다. 그러다 보니 기존에 연구원에 있었던 문화예술실, 관광정책실의 경계를 조금 수월하게 넘나들 수 있었고, 기존의 관광 쪽에서만 보던 축제 연구와 문화 쪽에서만 보는 축제 연구 각각의 단점을 보완할 수 있었습니다. 그렇게 나름의 고유한 영역이 만들어졌고, 그것이 지역 축제와 관광 축제를 보완해서 추진해야 하는 정책 방향을 제시한다거나 좀 더 확대해서 거대한, 메가 이벤트까지 진행되었죠.

메가 이벤트는 단순히 축제의 양적인 확장이 아닙니다. 거기엔 아주 고도의 테크놀로지도 들어가고 대단히 전문적인 경제 파급 효과도 있어야 하죠. 다양한 분야의 전문가들과 같이 일하는데, 그게 아주 쏠쏠하게 재미있어요, 배우는 것도 많고. 오늘은 인문학적으로 아주 원형적인 연구를 하는 역사학자분들과, 내일은 고도의 디지털 하이테크놀로지를 운영하는 감독님들과 얘기를 합니다. 이게 다 같은 과제 안에서 수행되어야 하는 거예요. 그러다 보니까 저의 전공에 플러스로 굉장히 많은 것들을 배우면서 진행하다 보니 의견의 융합, 서로 다른 생각을 가진 사람들의 의견을 모아서 이걸 하나의 새로운 것으로 만들어내야만 연구 보고서가 나오는 그런 연구들을 하게 되었습니다. 자연스럽게 두 달 전에 융합연구실이라고 하는 걸 만들면서 실장 보직을 맡게 됐고, 앞서 말한 것처럼 지역 축제가 가진 기존 연구의 한계를 극복하려 노력하고 있습니다.

지역 문화라고 하는 것은 어떻게 보면 연구의 범위가 너무 넓어 사람들이 연구를 꺼려하는 분야였고, 정부에서도 지역 단위의 연구를 별로 중요하게 고려하지 않았기 때문에 연구가 지속적으로 촉진되지 않았습니다. 하지만 제가 지금까지 연구해왔던 분야였고 계속 지역 문화와 관련된 연구를 해오다 보니 최근에 정부가 바뀌는 추세에 그 지역에 대한 관심을 가진 분들이 갑자기 생겨나 지역 연구에 대한 수요가 대단히 많아졌습니다. 그래서 나름대로 그동안 혼자 해왔던 것들에 대해서 보람도 느끼고 있고요.

그것 말고도 여성 문화, 성인지 문화 정책*이라고 해서 젠더 관점에서 문화를 보는 연구도 수행하고 있습니다. 여성의 보건이나 건강, 안전, 임신, 출산 등과 관련한 연구는 굉장히 많지만 문화를 젠더 관점**에서 보는 연구는 없었어요. 제가 연구원에 들어와 여성 문화 정책에 대한 연구를 처음 시작했습니다. 아무래도 문화의 테두리 내에서 제가 여성으로 살다 보니까 여성으로서 느끼는 것들이 많았습니다. 축제 연

* 성인지(性認知) 문화 정책 : 남성과 여성의 특성과 차이를 반영한 문화 정책으로서 정책의 효과가 양성 간에 형평성과 평등을 가져오도록 하는 정책.
** 젠더 관점 : 생물학적 성(sex)의 개념이 아닌 사회학적 성(gender)의 개념으로 보는 관점.

구와 지역 문화, 그리고 성인지 문화 정책 이렇게 크게 세 가지 정도가 나름대로 10여 년 연구원에 있으면서 제가 새로 만들어놓거나 발전시킨 연구 분야가 아닐까 생각합니다.

이현식 축제 연구부터 시작하여 축제가 가진 성격으로 문화, 관광 같은 분야의 연구를 병행해서 진행했고, 현재는 융합연구실의 실장을 맡고 있다는 말씀으로 정리하겠습니다.

이 카테고리로는 마지막 질문인데요. 재단에서 직원을 뽑을 때 보면 여기 문화관광연구원에서 연구 보조원으로 일했던 경력으로 지원하는 친구들이 꽤 많습니다. 최근의 젊은이들 중에 문화 영역에서 뭔가를 하고 싶어 하는 사람들이 자꾸 늘어나는 것 같습니다. 박사님은 연구자이기도 하면서 현장과 매우 밀접한 분이기도 하고 책상에만 앉아 일하진 않는데, 이쪽 일에서 연구자가 됐든 현장 기획자가 됐든 필요한 자질이나 덕목이 어떤 것이라고 생각하는지 말씀해주시기 바랍니다. 제 경험상에도 그런 걸 질문하는 젊은이들이 꽤 많았거든요.

류정아 저희도 위촉 연구원이나 연구 보조원이 필요하면 공고를 내요. 그러면 상당히 많은 학생들이 지원합니다. 한두 명 뽑으면 스무 명 정도로요. 사실 연구 보조원이나 위촉 연구원 급여가 높은 수준이 아님에도 불구하고 그걸 하고 싶은 학생이 많다는 것은 이쪽 분야에 대한 수요가 대단히 많다는 것을 말하는 것이라 봅니다. 그 중에서 몇몇을 뽑아 같이 일을 해보면 기존의 공교육 시스템, 대학도 나오고 대학원도 나온 친구들인데 연구원에서 원하는 인력과 관련된 트레이닝이

거의 안 되어 있다는 느낌을 많이 받아요.

　다시 말하자면, 정책연구원에서 하는 연구는 현재 이 사회가 강하게 요구하는 것, 앞으로 요구할 것에 대한 것들을 사전에 연구하는 경향이 많습니다. 그런데 대학은 이미 지나간 것, 지나간 것에 대한 정리 등에 한정되는 경향이 많습니다. 대학에 계신 분들이 사실 현장하고 거리가 먼, 책상에 앉아서 연구하는 분들이 너무 많은 것도 문제이고요. 여러 가지 현실적 여건도 있겠지만요. 그러니까 현실이 어떻게 돌아가는지 잘 모르는 상태에서 이미 정리가 다 되어 평가가 완료된 텍스트만으로 연구를 하다 보니까 대학에서 공부를 하고 학위를 받았지만 한국 사회가 돌아가는 걸 보면 그건 아닌 것 같고, 그래서 뭔가를 하고 싶어 연구원으로 들어오고 싶어 하지만 연구원 수요는 한계가 있고, 막상 들어와서 보면 자신이 배운 것은 거의 써먹지 못하는, 이런 상황이 되는 거예요.

　이 빠르게 돌아가는 한국의 다이내믹한 현상들, 아까 말씀하신 기획과 관련해서 공연 기획, 전시 기획, 축제 이벤트 기획 보통 이렇게 세 개로 나누는데 그런 분야에서 열심히 활동하고 싶은 학생들이 굉장히 많습니다. 그리고 현장에선 '현장에서만 있어서는 안 되겠다, 몇 년 해보니까 한계를 느낀다' 그래서 이론적으로 정리가 필요한데 이게 대학에서는 안 되니까 연구원에 와서 프로젝트를 하며 정리하고 싶다는 학생들도 꽤 많고요.

　기획에 관심 있는 학생들은 대단히 현장 친화적인 학생들입니다. 현장에 가는 걸 즐거워하는 학생들이지요. 그런데 이게 연구로 다져가면서 지속적으로 효과를 내기 위해서는 현장과 친한 것도 좋지만 그걸 이론적으로 잘 정리해내는 능력, 기존의 논리들과 잘 엮어내는 능력도 굉장히 중요해요. 그렇기 때문에 긴밀하게 활동을 하면서 현장과 친하면서 진중하게 앉아서 정리도 잘 해야 하는, 이런 두 가지 대단히 어려운 일을 병행하지 않으면 사실 이 판에서 살아남기가 힘듭니다. 처음에는 재미있어 보여 들어왔지만 와서 보니까 만만치가 않아 포기하고 나가는 친구들도 무척 많습니다. 그래서 저는 그렇게 오는 젊은 친구들한테 늘 두 가지를 다 해야 한다고 말합니다.

멀티 프로페셔널이라는 거대한 말까지는 붙이지 않더라도 요즘 세계의 흐름이 그렇습니다. 이 정책판이라고 하는 게 기존 현장에 있는 사람만으로도 안 되고 이론만 하는 사람도 안 됩니다. 이 두 가지를 엮어주는 역할을 정책 연구자들이 하는 것이기 때문에 이 두 가지를 갖추려면 몸도 빨라야 하고 머리도 빨라야 하고 마음도 빨라야 합니다. 끝까지 살아남으라는 게 제 주장입니다만, 그래서 잘 적응하는 학생들은 살아남는데 아직 제가 보기에는 계속 버티면서 끝까지 살아남는 친구가 열 명 중에 한둘? 여덟은 중간에 포기하고 방향을 바꿉니다. 아직은 그런 것 같아요. 좀 안타깝긴 하죠.

이현식 현장 쪽에서 놀기 좋아하는 친구들이 가진 장점이 있고, 또 그 친구들이 연구원에서 여러 가지 일을 할 때 그것만으로는 다 안 되는 부분도 분명히 있습니다. 그렇다고 그냥 앉아서 책만, 이론만으로는 또 안 되고 이 두 가지를 적절하게 잘 결합시키고 스스로를 그 안에서 자기 내면화해야 한다는, 두 가지를 다 자기 것으로 만들어야 하는 게 앞으로 필요하다는 말씀이시군요.

류정아 머리만 재미있고 좋다고 해서는 안 되고 자기 몸과 마음이 그걸 진짜로 좋다고 느껴야만 하거든요. 그러다 보니까 다양한 사람들을 다양한 기회에서 만나게 되고, 나와 의견이 다른 사람들도 만날 때가 너무 많지만 그런 것을 잘 들어주고 조화시키고 이해하는 능력이 굉장히 중요합니다.

그래서 그런지 아직까진 문화 관련 기획을 남성들이 많이 차지하고 있지만 여성들의 포용적인 능력과 종합적 사고, 한 번에 여러 가지를 할 수 있는 그런 능력이 이 판에서 대단히 유용하게 활용될 수 있는 여지가 많은 것 같아요. 그런데 여성의 단점이 기동력, 그 다음이 출산입니다. 복잡한 문제이지만 잘 극복하면 여성 문화 정책에 큰 도움이 될 거라고 생각해요. 연구 보조원도 아무래도 남학생보다는 여학생의 수가 절대적으로 많습니다.

이현식 재단도 압도적으로 여직원들이 많아요. 신규로 들어오는 공무원들도 여자가 절대적으로 많고요. 가끔 신규 공무원 교육을 부탁받는데 가서 보면 80% 가량이 여자입니다. 그리고 광역 단위, 특별시나 중앙 정부 이런 곳은 없지만 구로 내려가면 8급, 9급의 젊은 여자 공무원들이 있는데 깜짝깜짝 놀랍니다. 그 친구들하고는 논쟁이 돼요. 이 친구들은 자기 고민도 많고 토론이 되더군요. 그래서 그런 걸 보면 '아 앞으로 10년쯤 있으면 바뀌겠구나, 저런 친구들이 크면' 하는 생각을 하게 됩니다.

류정아 문화예술판이 매우 다양하고 여성들이 활동하기가 이론적으로는 좋은데 실제적으로는 이게 정답이 없는 곳이거든요. 남자들 간의 네트워킹, 파워 게임에서 여성들이 아직은 조금 약하지만 문화라고 하는 것이 가지는 그 특성은 대단히 여성적이라 여성의 고유성을 장점으로 발휘할 수 있는 여지가 많아서, 앞으로 문화 분야에서 남성들이 많이 긴장해야 할 것 같은 생각이 듭니다.

이현식 얼마 전에 인천에서 여성정책기본계획이란 걸 짜는데 저에게 문화 쪽 얘기를 부탁했습니다. 여성과 관련된 문화 정책으로 뭘 할 수 있는지 말이지요. 거기 내용을 보면 문화 분야에 여성 인력이 더 많이 진출할 수 있도록 뭔가를 하는 정책 방향이 있더군요.

류정아 그거 좋네요.

이현식 네. 그런데 실제로는 이미 달성되고 있고, 너무 많아서 문제입니다. 우리가 아무리 남직원을 뽑으려 해도 이제 뽑을 수 없는 정도로 여성 인력이 문화 분야에 많이 진출했습니다. 이번에 저희가 새로 직원들을 세 명 가량 뽑았는데 모두 여자였죠.

류정아 그게 바로 딜레마인거예요. 겉으로 보기엔 여성들이 굉장히 활동을 열심히 하고 있다고 하는데, 그렇게 활동하고 있는 여성 말고 전체 문화판에서 일하고 있는 여성들을 합하면 여전히 일반적인 한국 직장의 남성과 여성의 차보다 이 문화판의 남성과 여성의 차가 훨씬 큽니다. 그게 드러나지 않을 뿐인 거죠. 그러한 차가 분명히 있는데도 겉으로 보기에 여성 공무원, 여성이 많아서 여성이 훨씬 혜택을 받고 있다고 여기는 분야가 바로 문화판입니다. 이 젠더 관점이 제일 안 들어가는 데가 문화에요.

이현식 이번엔 지역 문화와 관련된 얘기들인데, 얼마 전 지역 문화와 관련된 기본 계획인 지역문화진흥정책을 맡으셨죠. 이 정책 과제를 진행하면서 지역 문화와 관련하여 지금 과연 무엇을 중요하게 해결해야 할 것인지 묻고 싶습니다. 지역 문화가 잘 발전된다고 할 때 그걸 가로막는 요소들이 여러 가지 있을 텐데요. 예컨대 그와 관련된 법규나 제도가 잘 안 만들어졌다든지, 재정적인 문제 혹은 전문 인력의 부족, 아니면 지역 문화와 관련된 관행들……. 물론 어떤 한 문제는 아니겠지만 지역 문화와 관련하여 현재 연구를 수행하시면서 실제 지역에서 보면 '이런 것들이 정말 문제다'라고 말씀하실 수 있는 게 있으면 얘기를 해주시죠.

류정아 이건 사실 너무 많은 부분을 포괄하고 있어서 문제라고 하기보다는, 연초에 문화부와 같이 작업하면서 지역 문화 정책을 펼칠 때 우리가 현재 시점에서 관심을 가져야 될 분야로 한 10개 정도를 뽑아놨었거든요. 그런데 그중에서도 가장 시급한 것으로 지역문화진흥법이 있었습니다. 17대, 18대 연속으로 폐기되고 지금도 다시 지역문화진흥법을 통과시켜야 되는 문제였지요. 진흥법의 여러 가지 항목 중 몇 개 항목이 논쟁거리가 되는데, 그 논쟁거리들이 해결이 잘 안 되니까 통과가 어렵습니다. 예를 들어서 문화 도시 같은 것도 좋은 키워드

이긴 해요. 그렇지만 이게 국회의원들한테는 문화 도시 콘셉트가 좋은 거지만, 연구자 입장에서 보면 또 다시 하드웨어 쪽으로 지원을 치중할 것 아닌가라는 우려가 들고요. 창조, 창조 문화라는 건 장식으로 끝나버리지 않을까 하는 우려도 들고…….

그리고 지역 문화 진흥원 얘기도 말씀들을 많이 하시는데, 문화부랑 저희가 지역 문화 진흥원까지는 아직 안 되더라도 지역 문화 진흥센터라든지 진흥 기구가 아닌 연구의 거점, DB의 거점, 약간은 지역 문화 플랫폼 성격을 가진 걸 하나 만들자고 하고 있습니다. 그래야만 문화부의 지역 문화 정책 담당자가 바뀌더라도 그것이 계속 지속되면서 지역 문화 정책이 계속 레벨업되지 않겠느냐 하는 이유에서죠. 가뜩이나 지역 문화 정책은 문화부에서 별로 가고 싶어하지 않는 부서에요. 돈은 없고 워낙 일이 많으니까요. 그래서 그런 걸 만들자고 얘기는 했는데, 지역문화진흥법 발의한 도종환 의원은 진흥원을 엄청난 권한을 갖도록 설정을 해놔서 과연 그것이 재단 같은 데서 동의할지는 좀 의문이 듭니다. 그런 문제가 있어요.

그 다음에, 요즘은 창조 경제 시대잖아요? 소위 소프트 콘텐츠에 대한 더 적극적인 고려가 필요하다는 것도 아직은 조금 미약한 점 같고요. 이제 그런 문제가 지역문화진흥법에서 해결돼야 할 것 같습니다. 욕심 같아서는 이번 정기 국회 때 통과되면 좋겠지만 어떻게 될지는 모르겠습니다. 어쨌거나 올해를 넘기지 않고 통과되어야 할 텐데요. 법이 문제가 있으면 나중에 고치면 되니까요. 일단 지역문화진흥법과 관련된 문제가 제일 시급합니다. 그게 없다 보니까 지역에서 지역 문화 활동을 하시는 분들이 믿고 의지할 곳이 없는 거죠. 항상 불안하게 여기저기 눈치를 봐야 하는 상황이 계속 벌어지고 있습니다.

그 다음은, 앞서 말한 소프트 콘텐츠에 대한 것입니다. 어떻게 보면 건물을 짓는 것보다 이 소프트 콘텐츠를 개발하고 활용해서 부가가치를 창출하여 브랜딩화하는 것이 훨씬 어렵습니다. 사실 잘 하려면 이런 것이 돈이 더 들기도 하거든요. 그런데 이것이 객관화된 객단가* 같은 것들이 정해져 있지 않습니다. 그렇기 때문에 매번 건물 짓기에 돈을 쓴다고 불평을 해도 그 단가로는 그게 제일 편하고 쉽고 다른 걸 할 수가 없어 그렇게 될 수밖에 없는 거죠. 그래서 소프트 콘텐츠를 개발하려면 기존의 재정 시스템, 회계 시스템을 고치지 않고는 사실상 매우 어렵습니다.

문화 관광 축제에 1년에 70억 원 정도를 문화부에서 지원합니다. 그런데 축제 때 대부분의 지원은, 대표 축제 같은 경우는 한 축제당 1년에 8억 원을 지원합니다. 그리고 지방에서 8억 원 해서 총 16억 원이 플러스가 되는 거예요. 그러니까 기존의 예산에서 16억 원이 늘어나니 얼마나 많은 예산이 늘어나는 거예요. 그걸 축제 기간 때 다 쓰려니까 너무 정신이 없는 거죠. 그러다 보니까 지원이 끝나버리면 축제는 도로아미타불 되어버리고 더 이상해지고 실망의 정도가 커집니다. 그건 지원 자체가 잘못됐다기보다는 지원하는 방법이 틀린 겁니다. 지원액이 8억 원이라면 8억 원을 모두 축제 개최하는 데 지원할 것이 아니라 지역에서 그 축제 문화를 질적으로 업그레이드시키는 데 써야죠. 그래서 지역 주민의 교육 프로그램으로도 활용하게 하고요. 축제 기간만

* 객단가 : 고객 1인당 평균 구매 금액.

이 아니라 간접적인 행정 지원, 컨설팅, 재사회화처럼 축제와 관련된 것에 쓰게 하면 됩니다. 그런데 그렇게 못하는 이유는 그렇게 할 경우 나중에 정산할 때 문제가 생길 수 있다는 거예요. '이게 무슨 축제 관련된 거야?' 이렇게 물으면 할 말이 없을 수 있고, 일은 고생해서 했는데 나중에 괜히 '이상하게 돈 쓴 거 아니야?' 이런 말 들어야 되고…….. 그러니까 소프트 콘텐츠니 인력이니 새사회화 같은 것이 안 되고 제일 만만한 건물들만 마구 지어대는 거죠. 그렇게 건물 지어서 관리하는 데 매번 수억, 수십억 원을 날리고 욕은 욕대로 먹고 돈은 돈대로 듭니다.

소프트 콘텐츠에 우리가 본격적으로 관심을 가져야만 합니다. 지역 문화가 하드웨어만으로 승부하는 시기는 이미 지나버렸잖아요. 그래서 소프트웨어로 승부를 해야만 하는데 이게 법적·제도적인 기반이 갖춰져 있지 않기 때문에 항상 이렇게 공자님 가운데 토막 같은 얘기만 하다가 끝나버립니다. 이건 문제가 있죠.

그리고 세 번째 중요한 게 인력입니다. 지역 문화 인력은 문화 인력과 마찬가지로 어디서부터 어디까지가 지역 문화 인력이며, 관리를 어떻게 할 것이며, 관련 통계는 어디에 있느냐, 말들이 많죠. 이 문제는 굉장히 심각한 문제이기도 하지만 어떤 식으로든 지역 문화 인력에 대해서 관심을 가져야 합니다.

그 일환으로 올해 처음으로 3억 5천만 원 정도가 문화복지사를 양성해서 현장에 투입하는 것을 지역의 매칭 펀드로 운영하고 있거든요. 처음으로 한번 시뮬레이션 해보는 거예요. 그래서 이게 반응이 좋으면 내년엔 예산을 대폭 늘려서 할 계획이라고 문화부에서 들었습니다. 법적인 장치도 추후 마련한다는 겁니다. 그래서 문화복지사라든지 어떤 식으로든 지역의, 지역민의 문화적 삶의 질을 향상시키는 다양한 층위의 지역 문화 인력들을 양성하는 겁니다. 여기에는 아주 고도의 전문가도 있을 것이고 아니면 이장과 같이 지역민을 결집시키고 적은 예산만으로도 문화적인 컨셉을 넣어 뭔가를 해볼 수 있는 분들이 있겠죠. 이러한 논의들이 본격화되어야 하고 지자체에서 그런 인력들을 관리하는 데이터베이스까지는 아니어도 최소한 관리가 좀 돼야 하지 않을까 생각됩니다. 그게 되려면 지역문화진흥법 안에 문항을 넣어서 '지자체장은 그런 의무가 있다'는 식의 문구를 넣어두면 되지 않을까 싶기도 합니다.

그 다음에 또 하나, 이번 연구에서 강조했던 것이 교류입니다. 문화부가 본격적으로 지역 문화에 관심을 가져야 하는데 어떤 채널을 통해서 관심을 가져야 될까 고민하다가 문화원이라는 기존의 시스템이 있음에도 불구하고 재단을 선택했어요. 재단이 훨씬 다양한 현대적인 감각을 가지고 있어 일하기가 용이했기 때문입니다. 기초나 광역 재단과 230개의 문화원, 이 기존 기관들 간의 다양한 교류가 중요합니다. 지금까지는 각자 떨어져서 각자의 일을 하다 보니까 비슷한 일을 도대체 뭘 하는지도 모르고 서로 정보를 교환해가면서 하면 훨씬 양질의 프로그램들을 운영할 수 있고 기존의 문제점도 잘 알 수 있을 텐데 예산을 살펴보면 교류 예산이 굉장히 열악하더군요.

제가 지역 문화 통계에 나와 있는 예산들 중에 교류와 관련된 걸 찾아본 적이 있거든요, 그런데 아예 그런 개념이 없어 예산 항목이 없는 데도 있습니다. 지역 간 문화 교류는 매우 필요한 작업입니다. 지금 예

술위원회에서 지역협력관이라고 해서 사람을 지역에 보내는 시스템이 있는데 너무 규모가 작다고 해야 할까요, 사람 한 명 내려가서 책상 하나 주는 정도이다 보니 협력의 기능이 활발히 발휘되기 어렵습니다. 그 사람이 일을 안 하기 때문이라기보다는 우리가 그런 걸 별로 해보지 않았고 할 수 있는 행정 시스템이 구축되지 않았기 때문이죠.

지금은 교류, 소통, 네트워킹 하지 않으면 안 되는 시대가 됐습니다. 이렇게 한 네 가지 정도를 역점으로 다뤘습니다. 그중에 상당 부분은 이미 지역 문화 지표*라든지 지역 문화 정책을 추진하기 위한 정책으로서 개발하는 작업들을 하고 있습니다.

이현식 첫 번째로 중요한 게 관련된 법규로서 지역문화진흥법, 두 번째는 소프트 콘텐츠를 가로막고 있는 각종 행정 관행들이나 회계 제도, 세 번째로 전문 인력 문제, 마지막으로 지역 간 교류와 협력이란 말씀이군요.

류정아 지표 얘기도 해주셔야 돼요, 전체 툴로서.

이현식 네. 방금 말한 것들을 드러내 객관화할 수 있는, 정책 판단의 근거가 될 수 있는 지표까지, 이런 것들이 지역 문화와 관련해서 중요한 다섯 가지가 되겠네요. 법, 소프트 콘텐츠와 관련된 관행들, 인력, 지역 간 협력과 교류, 이런 것들을 드러낼 수 있는 정책 툴인 지표, 이

---

* 문화 지표 : 한 사회의 문화적 측면을 수량적으로 평가하기 위해 만든 표준화된 측정도구.

렇게 정리하겠습니다.

　말하지 못한 것들 중에, 이건 지역 문화에 관심 있는 분들이 워낙 많이 얘기 하고 있는 건데요, 지역문화진흥법 논의와 관련해서 이런 것들이 쟁점이라거나 해결해야 하는 것 등이 있으면 추가로 말씀해주시죠. 먼저 재원 문제는 어떻게 생각하세요?

　류정아 기금이나 외부에서 갖고 오는 걸 말하는 건가요? 그게 현실적으로 가능할까 싶어요.

　이현식 저도 그렇습니다. 법은 좋은데 상대방이 있는 것이기 때문에 그쪽과 협의가 이뤄지고 동의를 받아야 하는 건데……. 그래서 제정되는 게 만만치 않을 것 같습니다.

　류정아 지역 문화 기금을 어떤 식으로든 설치하자는 얘기는 많이 하는데 그걸 기존의 기금에서 갖고 오느냐 아니면 어디서 빼느냐 이게 문제죠. 기존의 기금 말고 지자체에서 추경하게 할 수 있는 방법은 없나요?

　이현식 지금 지자체마다 재단을 운영하는 곳은 이미 재단이 추경을 했기 때문에 곤란할 것 같습니다.

　류정아 그러니까 추경하려면 추경할 근거가 있어야 하고, 재단을 만든 곳에서 추경을 하거나 기금을 만들어내려면 재단이라고 하는 근거가 있어야 됩니다. 그러면 재단을 만들라고 밑에서부터 요구를 할 것이고, 자연히 재단을 만들기 위한 기금이 만들어지고, 그런 게 가장 자연스러울 것 같아요. 재단은 점점 더 많이 만들어질 것 같지 않으세요?

이현식 광역 단위 재단은 이제 세 군데 빼고 다 만들어졌거든요. 기초 단위 재단들 같은 경우 시·군 쪽에 있는 곳은 만들어지겠죠.

류정아 또 아까 말씀드렸다시피 지역 문화 진흥원, 그게 김재윤 의원이 처음 발의했을 때는 들어갔다가 이병석 의원일 때는 빠져버렸어요. 그러다 이번 도종환 의원 때 다시 들어갔습니다. 처음에는 지표 개발, 실태 조사, 연구 개발 정도가 진흥원 업무에 포함되었다가 이후에 여러 가지 지원 사업, 정보화 사업, 정보화 네트워크를 일종의 사업까지 확장시켰습니다. 사업 지원, 인력 발굴 양성, 개발 지원 등 문화부에서 해야 할 일을 지역 문화 진흥원의 업무에 포함시켜 놓았다는 이야기지요. 이것은 자칫 잘못하면 문화부 지역문화과를 매우 무력화시킬 수 있어요. 재단이나 광역 재단 같은 곳은 옥상옥 하나가 더 만들어져 몹시 귀찮은 결재 라인이 추가로 생겨버린 거고요. 그리고 이걸 하나를 만들지 아니면 콘텐츠 진흥원처럼 지역마다 만들어야 하는 것 아닌가 하는 생각도 있을 것 같아서 논쟁의 여지가 있습니다.

이런 걸 만드는 기본 취지가 어쨌거나 지역 문화 활성화에 있다면 기존의 지역 문화와 관련해서 엮여있는 모든 정부 기구나 민간 단체의 의견을 수렴해야 합니다. 일종의 플랫폼으로 매개 역할을 해주는 지원은 이렇게 크게 가는 것보다 기존의 것을 유지해서 규모를 줄이고, 지역 문화와 관련된 데이터를 축적·누적해서 언제든지 필요한 사람은 정보를 제공받고 컨설팅 받을 수 있는 구심점 역할만으로도 충분하지 않을까 싶습니다. 그것이 연구원에 있든 문화부에 있든 그러면 될 것 같고요. 아니면 지역 문화와 관련된 전담자를 공무원들이 순환 보직하는 게 아니라 전문직으로 고용하는 것부터 시작하는 게 좋지 않을까 싶습니다.

이현식 정리하면, 먼저 지역문화진흥법의 재원 문제와 관련하여 필요성은 인정하지만 과연 현실성은 있는지, 문화 영역만으로는 해결되지 않는다는 것과, 현재 법안을 보면 다른 기금들이 있기 때문에 그건 더 지켜봐야 할 것 같고 논란이 예상된다 라고 정리할 수 있을 것 같습니다.

두 번째로 지역 문화 진흥원 같은 경우, 이게 재단의 옥상옥 기구보다는 가급적이면 지원 기능 정도로 자기 기능을 하는 지역 문화의 플랫폼이었으면 한다는 것, 꼭 지역 문화 진흥원이란 이름이 아니더라도 기능이 필요하니 어떤 형태로든 플랫폼 형태의 뭔가가 있으면 좋겠다는 말씀이시죠.

류정아 그리고 문화부가 내려가잖아요? 중앙 정부가 내려가기 때문에 더 이상 중앙과 지방의 관계가 아닌 문화 정책이 펼쳐질 건데 그때 중앙 정부 시스템이 어떻게 갈지 모르잖아요? 문화부는 행복도시에 있고, 한국콘텐츠진흥원은 나주에 있고, 관광공사는 강원도에 있고…… 사방에 흩어져 있다 보니까 이건 더 이상 중앙과 지방이 아닙니다. 중앙 정부에서 직접 운영하는 대부분이 점차 지방으로 이양될 것이고 직접 지원하는 액수는 줄어들 수밖에 없어요.

분권화의 경향은 어떤 식으로든 강화될 수밖에 없기 때문에 문화는 각 지역이 가지고 있는 지역적 특성을 살펴서 정책을 펼쳐야 합니다. 그렇게 되면 중앙에서 가타부타 결정할 수 있는 여지는 약화될 겁니다. 또 그렇다고 해서 전부 지방에서 마음대로 할 순 없는 일이죠.

그 중간 역할을 해주는 게, 프랑스에 드락*이라고 하는 중앙과 지방에서 적절한 인력들이 파견되어 매개 역할을 하는 기관이 있습니다. 이런 역할을 하는 기구를 광역 단위로 두는 방법도 있을 것 같습니다. 당장은 아니겠지만 앞으로 5년, 10년, 그렇게 놓고 볼 때 말이죠. 지역 문화 진흥원이 과도한 권한을 가진 채로 있을 경우 법 자체가 혼란을 일으키지 않을까 싶어요.

이현식 광역 단위 재단 관계자들도 이런 부분에 대해 사실 불편해하는 부분들이 좀 있습니다. 그럼 그 말의 연장선상으로 지방 분권적인 측면에서 앞으로 문화 정책의 지향점이나 정부 정책의 동향은 어떻게 보고 계신가요?

류정아 지방 분권은 더 이상 대세를 거스를 수 없는 흐름이고 어떤 식으로든 지방 분권화가 진행될 것은 분명합니다. 우리 나라 사람들

---

* 드락 : DRAC(Direction regionale d'action culturelle). 프랑스 지방 분산화 정책의 주요 역할을 담당하는 지방 문화 행정 사무국.

성향을 볼 때 그렇다고 우리가 완전히 미국이나 독일 연방제처럼 될 게 아니잖아요. 그렇지만 정치·경제적으로 그런 추세에 와있고 문화도 그런 요구가 있습니다. 지방 분권화가 점차 완성되어 가면 지방에서 직접 관장해야 할 것들이 많아질 것입니다. 지방 분권의 전제 조건은 자치 단체장의 문화적 마인드입니다.

단지 '우리가 알아서 할게요' 하고 예산을 지방에서 받아쓸 경우, 자칫 잘못하면 자치 단체장이나 그 지역의 분위기라든지 정치·경제적인 흐름에 문화예술이 완전히 종속되어 아예 중앙에서 직접 지원을 받을 때보다 훨씬 못할 경우도 분명히 있을 거라 생각됩니다. 정치, 경제이런 다른 분야보다 문화 분야에 관해서는 훨씬 조심성 있게 다져가면서 가야 되지 않을까 생각됩니다. 당연한 얘기겠죠.

이현식 지역 문화와 관련된 건 이 정도로 정리하겠습니다.

마지막으로, 현재 대통령 선거를 앞두고 있는데요. 꼭 대통령 선거만이 아니라 지방 선거가 됐든 총선이 됐든 선거 때 사회가 맞닥뜨린 과제들이 이슈화됩니다. 예컨대 지난번 지방 선거 때는 동의 여부에 관계없이 무상 급식에 대한 문제가 나왔습니다. 그런데 표면적으로는 무상 급식이지만 그 밑에는 보편적 복지에 대한 요구들이 있었죠.

이번 대통령 선거 때는 문화·경제 민주화에 대한 얘기들이 자꾸 나오는데, 문화 쪽 입장에서 보면 교육 문제, 복지 문제, 평등과 공정의 문제 이런 것처럼 문화도 역시 의미 있는 사회의 중요한 구성이잖아요? 이런 말을 왜 하냐면, 문화와 관련된 공약이 어떤 게 나오는지 지방 선거 때 자세히 봤습니다. 그리고 총선 때도 우리 동네에 국회의원으로 나온 사람들의 공약 중에 혹시 문화와 관련된 게 뭐가 있나 봤더니, 대부분이 공연장 짓겠다, 문예회관을 짓는다, 전부 이런 형태의 공약이었습니다. 사실 엄밀하게 따지면 문화 공약이라고 하기도 힘들죠. 대선 국면에서도 문화가 이렇게 다뤄진다면 문제가 있을 것 같은데요. 문화라는 게 현재 사회에서 어떤 의미를 갖고 있고, 사회적으로는 어떤 가치가 있고, 그게 어떻게 어젠다*화 될 수 있는지 얘기해주시기 바랍니다. 혹시 말씀하시기 어려우면 그 전에, 현재 주요한 세 후보가 여러 공약을 말하고 있는데 이분들이 문화와 관련된 말을 직접 한 건 없어요. 이 때 느껴지는 어떤 부분이 있으면 그걸 먼저 얘기해주셔도 좋습니다.

류정아 사실 저도 귀를 쫑긋 세우고 있습니다. 누가 먼저 얘기를 할까. 그런데 제가 느끼기에 문화 얘기를 할 때가 아닌 것 같다고 여기는 인상을 받았습니다. '먹고 살기 바빠 죽겠는데 문화 얘기 할 때야?'라는 반응이 두려워서 그런지 문화 얘기를 거의 안 하더라고요. 문화 정책은 아예 정책 어젠다에 없는 게 아닌가라는 생각이 들 정도로 참 안타깝습니다.

다른 한편으로는 각 캠프에 우리 같은 문화 정책 연구자들이 원하는, 이 문화판에서 요구하는 것들을 캠프에 직접적으로 얘기해줄 만한 사람들이 별로 관여하지 않는 게 아닌가 싶어요. 왜냐하면 문화 쪽에 있는 사람들이 정치를 별로 안 좋아하고 피곤해하니까 아예 그 쪽으로

* 어젠다 : agenda. 의제. 모여서 서로 의논할 사항이나 주제.

발을 담그지 않아서, 정말 해야 될 얘기가 있는데 전해지지 못하고 있는 게 아닌가. 그래서 말씀하신 것처럼 여전히 공연장 얘기가 나오는 게 아닌가 하는 생각이 듭니다. 국민이나 시민들의 문화적 욕구가 높고 요구가 있다면 방송으로 문화와 관련된 토론의 장을 하나 만들 수 있을 것 같아요. 그럼 파급 효과가 대단히 클 텐데 아직 그런 것에 대한 수요가 없습니다.

어쨌거나 문화와 관련된 공약은, 아무래도 선거와 관련해서 많은 득표를 해야 하기 때문에, 지역 문화 활성화 등과 관련된 얘기에 관심 있는 후보도 있는 것 같고요. 그와 관련된 정리를 해달라는 주문을 받은 적이 있거든요. 그래서 가능하면 하드웨어보다는 아까 말한 것처럼 소프트 콘텐츠로 가공해서 기존 지역에 있는 문화 산업과 연결해 지역을 활성화시킬 수 있는지, 이런 정책 방향과 관련해서, 그야 말로 연구자의 입장에서 어디서나 요구해도 동일한 내용을 정리하겠다는 마음가짐으로 지원을 해드리고 있습니다. 지역이 가지고 있는 고유한 자원과 인력을 어떻게 연계시켜서 지역을 활성화하고 지역 사람들을 끌어들일 수 있을지 고민을 많이 해주셨으면 좋겠어요.

그 다음에 시설 중심의 문화 정책이 아니라 사람 중심의 문화 정책입니다. 그 지역에 살고 있는 사람들, 예를 들면 요즘 전통, 민속 그런 얘기 많이 하잖아요. 전통 자원의 한류, 말하자면 대중 문화만 한류냐, 진짜 한류는 우리의 전통, 고유한 걸 널리 알리는 게 제2차, 3차 한류라는 거죠. 그렇다면 지역의 전통, 민속, 우리의 고유한 것이 뭔지, 그걸 어디서 누가 전수하고 있는지 이러한 것들을 사람 중심으로 살펴보면 보다 구체적으로 우리가 정말 보존해야 될 것들이 뭔지, 지역의 자원으로 활용해야 할지 어떤 정책을 투입해야 할 건지 분명해집니다. 그렇기 때문에 사람 중심으로 지역 문화를 세밀하게 보자는 겁니다. 그러면 그 사람이 남자인지 여자인지, 젊은 사람인지 나이든 사람인지, 지역의 토박이인지 외부 사람인지, 전문가인지 그냥 일반 아마추어인지, 이런 식의 좀 더 세분화된 정책이 되지 않을까 싶습니다.

정리하면 첫 번째는 지역이 가진 고유한 자원을 지역 활성화의 요소로 활용해서 사람이 머물고 더 들어와서 살고 싶은 곳으로 만드는 것이고요. 두 번째는 사람 중심의 지역 문화 정책을 좀 더 고민하자, 그리고 이와 관련된 전문가 의견을 자세히 들어보자는 얘기입니다. 아무리 경제도 급하고 경제 민주화도 급하지만 사람이 밥만 먹고 살 수 있는 건 아니니까요.

가시적으로 한 번 터뜨리는 이벤트성이 아니라 정말 두고두고 사람들의 삶의 질에도 영향을 미칠 수 있는 그런 문화에 대선 후보들이 관심을 가지면 좋겠습니다. 국민들 수준도 상당히 높아졌기 때문이죠. 그런데 대선 후보들은 아직 문화에 대한 국민들의 수준이 어느 정도까지 와있는지 잘 모르는 것 같아요. 그러니까 여전히 공연장이니 문예회관이니 거대한 건물 하나 짓겠다고 하면 좋아할 줄 아는데 아니라는 거죠. 이미 우린 화려한 건물을 너무나 많이 봤고 그런 정도에 만족하는 수준은 이미 넘어섰는데 아직 정치판에서는 그렇지 않은 것 같습니다.

이현식 그런 점에서 보면 세 후보의 다른 분야 공약보다 문화 공약을 보면 판단에 도움이 되겠군요.

류정아 그렇죠. 문화에 대해서 어떤 주장을 하는지를 보고, 어떤 후보가 진짜 국민을 알고 있는지 판단할 수 있는 근거를 문화로 찾을 수 있습니다.

이현식 마지막으로 차기 정부 문화 정책의 주요 방향이 무엇이어야 한다고 생각하시는지 말씀해주시기 바랍니다.

류정아 기존 정부의 문화와 관련한 가장 맹점이었던 부분은 저희가 정책 연구를 하면서 피부로 느낄 수 있었습니다. 늘 저희에게 요구하는 '경제 가치로 환산하라'는 게 너무 피곤한 거예요. 문화를 문화 가치로 봐야지 왜 자꾸 돈으로 계산하라고 하는 겁니까. 그래서 정부 측에서 필요한 경우에는 마구 뻥튀기를 해서 경제 부가가치 운운합니다. 문화예술의 경제적 부가가치는 어떤 인자를 투입하느냐에 따라 완전히 다르잖아요. 결국은 문화가 문화 논리로 판단되지 않고 경제 · 정치 논리로 판단되다 보니까 귀에 걸면 귀걸이, 코에 걸면 코걸이가 됩니다. 굉장히 무력하죠. 문화 연구하는 사람들이 모두 '난 너무나 무력하다, 아무것도 할 수 없다'는 무력감에 젖었을 거라는 생각이 듭니다.

무엇보다 제일 중요한 것은 문화는 문화 가치로 보자는 겁니다. 문화를 양적인 경제 가치로 본다고 해서 얼마나 도움이 됩니까. 우리는 밥을 조금 덜 먹어도, 돈이 조금 적어도 내가 아주 훌륭하고 감동적인 공연을 봤을 때는 밥을 안 먹어도 배가 부르거든요. 그건 경제 가치로는 환산할 수 없는 훨씬 더 높은 가치입니다. 공연 하나가, 아니면 어떤 재미있는 축제에 참여했던 것이 한 사람의 일생을 바꿀 수도 있습니다. 그런 것들을 돈으로 계산한다고 치면 사실 엄청난 액수일 텐데 그건 해본 적이 없다는 거죠. 그러니까 문화는 문화 가치로 보고 판단하는 것에 사회적인 동의를 이뤄낼 수 있는 그런 사회적 분위기를 만들어주는 게 필요합니다. 그것이 일반인들을 매사에 목매달고 헉헉대면서 숨가쁘게 살게 하지 않고 좀 더 여유롭게 살게 하는 기본 원칙이 아닐까 싶습니다. 문화를 문화 가치로 인정해줄 경우에는 월급이 조금 적어도 그렇게 돈에 연연해하지 않고 살 수 있게 된다는 거죠. 사실 그게 제일 중요합니다. 쉽고도 가장 어려운 말이지만 어떤 문화 행사를 하나 했을 때, 아니면 문화적인 경향이 이렇게 바뀌었을 때 그걸 돈으로 환산하고 계산하면 얼마냐 이런 것 좀 연구원에서 그만 했으면 좋겠어요.

이현식 너무나 좋은 말씀입니다. 경제적인 가치가 아닌 문화가 가진 고유한 문화 가치, 그 고유성이 가진 가치를 인정하고 이해할 줄 아는 사회적 분위기, 굉장히 중요하죠. 행정적 관행과 성과주의가 아닌…….

류정아 그렇죠, 성과주의. 물론 그렇다고 펑펑 놀아도 된다는 얘기는 아니지만 지나친 양적 성과주의로 몰아붙이면 정말 중요한 걸 잃어버린 채 살게 된다는 거죠. 다시 돌이킬 수 없는 상실감에 젖었을 경우 높아지는 게 자살률 밖에 없습니다. 이 사회가 살아갈 만한 가치가 없으니까요. 급격히 높아지는 자살률과 문화에 대한 무시는 매우 밀접한 상관 관계가 있다고 생각합니다.

미국의 산타페[*] 시, 제가 늘 예를 들지만, 거기서 사회 범죄가 엄청나게 많았어요, 인디언들 때문에. 그런데 그 인디언들의 문화를 산타페 시 중심으로 포섭하면서 완전히 줄었거든요. 산타페 시는 푸에블로 인디언, 그 지역의 고유한 인디언들의 문화를 지역 경쟁력의 원천으로 발상의 전환을 한 거죠. 그러면서 그 사회는 아주 독특한 문화를 가진 곳이 되었습니다. 이 사례를 우린 좋은 사례로 적극적으로 받아들일 필요가 있어요. 국민 소득 2만 달러, 3만 달러가 무슨 소용입니까, 뉴스에선 아이들의 자살 소식이 들리는데? 우리 애 시험 못 봤다고 어저께 잔뜩 혼냈는데 오늘 아침에 '우리 애 가출하면 어쩌지' 하는 걱정을 했거든요. 내가 왜 이런 험악한 사회에 살아야 합니까.

이현식 한 사회의 밑바탕을 형성하는 게 문화고 교양이고 가치관인데, 이게 제대로 안 되어 있으면서 국민 소득이 2만 달러니 3만 달러니 해도 소용이 없죠.

류정아 지난번에 영국에 해외 출장을 갔습니다. 밤에 10시부터 12시까지 BBC에서 특집 방송을 하는데 한국의 과외를 주제로 두 시간을 하더군요. 아이가 밤 12시 반, 1시까지 몇 번씩이나 과외 받는 걸 엄마, 아빠가 쫓아다니면서 보고, 자정 넘어 저녁 사먹고 들어오고, 그러면서 이렇게 끔찍하게 살고 있다, 자살률이 높다……. 이걸 두 시간 하는데 보면서 얼굴이 빨개지는 거예요. 그걸 영국 사람들이 다 봤을 거 아

* 산타페 : Santa Fe. 샌터페이. 미국 뉴멕시코 주 중북부에 있는 도시. 서남부의 문화 중심지로 에스파냐계 주민들이 많이 살고 있다. 뉴멕시코 주의 주도(州都).

닙니까? 그걸 보면 '한국 사람들은 인간이 아니야' 딱 이 콘셉트에요. 혼자 있어도 창피하더라고요.

이현식 그런 점에서 문화의 중요성을 절실히 느낍니다.

류정아 네. 문화는 너무너무 중요하죠. 산타페 시만 봐도 우리가 문화에 조금만 더 관심을 가지면 자살률이 훨씬 줄어들 겁니다. 문화예술 교육도 필요해요. 지금 중고등학교에서 우리 애가 음악, 미술 배운다는 얘기를 들어본 적이 없어요. 제가 학교 다닐 땐 미술 시간이 너무 즐거웠었거든요. 이게 얼마나 끔찍한 현실입니까. 그러면서 무슨 창의도시를 언급할 수 있냐고요. 문화예술이 없는데 어떻게 창의도시가 됩니까. 우리가 이론적으로는 상상력과 예술의 창의도시, 말은 매일 하면서 학교 교과 과정에서는 빼버립니다. 이게 웬 모순이냐는 거죠. 그나마 어릴 때, 중고등학교 다닐 때만이라도 충분히 문화예술 경험을 할 수 있는 기회를 좀 달라, 이건 우리의 인간적 권리다, 국민의 권리도 아니고 인간의 최소한의 권리라는 얘기입니다. 사회에서 이 권리를 기성 세대가 박탈해버리면 안 되죠.

이현식 문화가 가진 공공적 의미가 있고, 그 공적 의미가 있기 때문에 아이들한테는 적어도 그것들이 향유될 수 있고 창조할 수 있게 만들어줘야 하는데, 사실 이건 사회가 보장해줘야 하죠.

류정아 네. 기회를 줘야죠. 문화예술도 생존하고 직결된 분야니까요.

이현식 네. 그럼 이 정도로 마무리하겠습니다.

마무리
인터뷰

중형 국가의 문화적 이상

인하대학교 한국어문학과 교수 **최원식**

최 원 식

1949년 인천에서 태어나 서울대 문리대 국문과를 졸업하고 1972년 동아일보 신춘문예 평론으로 등단했다. 창작과비평 주간(1996~2005)과 한국작가회의 부이사장(2010~12)을 역임했다. 1977년 계명대 국문과 교수를 시작으로 민족문학사연구소 공동대표(2001~08)와 인천문화재단 대표이사(2004~07)를 지냈고, 현재 인하대 인문학부 교수로서 서남포럼 운영위원장과 세교연구소 이사장으로 활동중이다. 저서로는 『민족문학의 논리』, 『생산적 대화를 위하여』, 『문학의 귀환』, 『제국 이후의 동아시아』, 『문학』 등이 있다.

이현식 '백범이 꿈꾸는 나라 높은 문화의 힘'이라는 주제로 10번의 대담을 하는 마지막 순서입니다. 마지막으로 인하대학교 최원식 교수님을 모셨습니다. 최원식 교수님은 재단의 초대 대표 이사이기도 하셨고 우리 나라 문학의 대표적인 연구자이자 평론가로 활동하고 계시기 때문에 여러 가지 상징적인 의미가 있다고 생각합니다. 그동안 문학 연구가로 또 문학 평론가로 활동하셨는데, 그런 현장에서 문학을 포함한 문화가 어떠한 가치를 가지고 있는지 말씀해 주십시오.

최원식 문학도 크게 보면 사회 전반의 생활 양식으로서 문화에 포괄되는 것이기 때문에 문학 공부는 자연히 문화에 대한 관심으로 확산되는 것이지만, 문화 재단 대표를 지내면서 양자의 관계에 대해 더욱 직접적으로 생각하게 되었습니다. 가령 1960년대 문학은 한국문학사에서 특이한 시기의 하나인데, 4.19혁명 세대가 문단에 대거 진출하면서 앞 시기 문학과 의식적인 차이를 만들어간 점에서 흥미롭습니다. 그 문학적 분출은 일종의 문화적 폭발이기도 합니다. 혁명 전후의 상황을 보건대, 전쟁으로 생활 세계는 혁명적으로 변했지만 정치는 낡은 이승만 독재가 청년들을 억압하고 있었습니다. 4.19혁명은 바로 청년들의 반란입니다. 생활 세계의 변화와 어긋나는 정치 체제에 대한 청년들의 문화적 폭발이 4월혁명인 거죠. 그러니까 4월혁명은 정치 혁명인 동시에 새로운 생활을 요구하는 문화 혁명인 셈입니다. 이는 3.1운동도 마찬가지입니다. 알다시피 3.1운동 직후 이 운동에 참여한 젊은 세대에 의해 신문학 운동이 일어납니다. 3.1운동이 우리 근대와 근대 문화의 기원이듯이 3.1운동의 문화열 속에서 지어진 1920년대 신문학

이야말로 우리가 지금도 영위하는 문학의 바탕입니다. 3.1운동이나 4월혁명에서 보듯이 혁명이라는 문화적 폭발과 새로운 문학의 탄생은 상호 긴밀하다고 하겠습니다.

문화를 삶의 방식이라는 넓은 뜻에서가 아니라 조금 좁히면 합목적적 의식을 지닌 인간의 활동으로 실현되는 가치의 현현, 즉 높은 교양이라고 하겠지요. 이 문화의 힘은 여러 가지가 있습니다. 통합력을 강조하는가 하면 배제의 원리도 된다는 점을 지적하기도 합니다. 그런데 통합과 배제를 횡단하는 진짜 더 높은 가치는 소통력입니다. 문화적 교양이란 남을 이해하는 힘, 다른 위치에 자기를 놓고 볼 수 있는 힘입니다. 타자를 자기화하는 것이 아니라 타자의 고유성과 대화할 수 있는 협상력이 중요합니다. 서로 배척하지 않고 또는 일방이 타방을 잡아먹지 않고 협상하고 소통하는 능력이 높아질 때 그 사회의 힘도 커집니다. 이게 문화가 중요한 이유일 것입니다.

이현식 그런 연장 선상에서 질문 드리겠습니다. 처음에 문학과 문화를 연결시켜 생각하신 게 문화 재단 초대 대표로서 근무하면서 그러셨다고 했는데, 주로 대학에서 학생들을 가르치고 문학 평론가로서 또 연구자로서 살아오셨습니다. 그러다가 사람들이 농담 삼아 공익 근무라고 얘기하기도 하는, 지방 자치 단체가 출연한 공익 법인에서 처음으로 일하시면서 말씀하신 그런 생각을 하게 만든 색다른 경험, 색다른 세계를 만나셨을 거라는 생각이 듭니다. 그때의 생각, 느낌과 대표 이사 퇴임 이후 그 경험이 선생님께 어떻게 작용했는지에 대해 말씀해 주십시오.

최원식 공익 근무이기도 하고 외도이기도 합니다. 아무튼 굉장히 중요한 경험을 했다고 생각합니다. 저는 재단 들어오기 전에도 대학 바깥의 일들에 더러더러 관여해온 터라 사회를 조금은 아는 편이라고 생각했는데, 재단 일을 하면서 구체적으로 한 지역 사회가 그리고 한 사회가 움직이는 기제 같은 것을 한층 더 실감했습니다. 여기서 사회라는 단어를 쓴 것은 단일 지역 사회는 분리되어 있는 듯 큰 사회로 묶인다는 생각이 들었기 때문입니다. 인천에서 보니 서울도 보이고 부산도 보이고 광주도 보인다는 건데, 긍정적이든 부정적이든 사회를 실감한 셈입니다. 그리고 뭔가 일을 하려면 머리만 가지고 하는 게 아니라 실천할 수 있는 프로그램을 가져야 한다는 점도 절감했습니다. 옛날 진짜 큰 선비, 예컨대 율곡栗谷은 변통變通을 귀히 여겼는데 그 말이 뭔지 짐작하겠더라구요. 생각도 현장 속에서 다시 다듬어지고 다시 조직된 생각이 진짭니다. 그리고 무엇보다 '역시 개혁이란 참 어렵다'라는 것이었습니다. 개혁을 제대로 하려면 거쳐야 할 절차 같은 것에 대해 잘 알고 있어야 하고 그때그때 맞춘 대책들이 정교하게 필요하다는 것을 실감했습니다.

이현식 그러다가 다시 학교로 돌아오셨습니다. 앞선 경험, 생각들을 통해 스스로 많이 달라진 게 있을까요?

최원식 재단을 거치면서 철이 좀 더 났다고 할까요. 뭘 하더라도 이게 현실에서 실천 가능한 것인가를 한 번 더 생각하게 됩니다. 비평이 직업인지라 남 비판을 많이 했는데, 이후에는 내가 그때 그 자리에 있었다면 나는 어떻게 했을지 더 생각해보게 되었습니다. 즉, 소통에 대해, 그리고 협상에 대해 좀더 노력하게 된 것입니다. 우리 사회는 지금 타자에 대한 배려, 타자와 진정으로 대화하려는 모습이 굉장히 결여되어 있습니다. 남 탓하지 말고 나부터 소통하려고 노력하는 모습을 증진하는 것이 나를 살리고 남을 살리고 우리를 살리는 길입니다. 그런 사람들이 늘어나면, 그런 힘들이 축적되면 우리 사회가 더 좋은 사회로 나아갈 것으로 믿습니다.

이현식 지금까지 교수님에 대한 개인적인 질문을 드렸고요, 이것이 그 마지막 질문입니다. 최근 많은 대졸 청년들이 문화에 대한 관심이 늘어나면서 문화 쪽에서 일하고 싶어 하는 친구들이 많습니다. 저희 재단에서 신입 사원을 채용할 때도 필요한 사람보다 훨씬 많은 사람들이 지원을 합니다. 그런데 아까 약간 말씀해주시기는 했지만 이렇게 문화 쪽에서 일하고 싶어 하는 젊은 친구들이 어떤 덕목과 자질을 가져야 할지 말씀해 주십시오.

최원식 어느 글에서 봤는데 요새 젊은 사람들이 문화 영역에서 두각을 나타내는 것은 기성 세대가 이미 자리잡은 곳 말고 덜 개척된 분야를 찾으려고 하다 보니 문화 분야로 몰리는 현상이 나타난 것이라고 하더라구요. 하여튼 우물 안 개구리가 아니라 세계로 뛰어들어간 젊은 세대들이 고맙지요. 앞 사람들이 못해낸 것을 해내고 있으니 대단한 일입니다. 그럼에도 한 말씀 드리자면, 영화 하는 사람들에게 들은 이야기인데, 그들에게 지금 무엇이 가장 필요한지 물었더니 스토리라고 단언하더군요. 콘텐츠 생산 능력입니다. 그 능력은 아마도 문학을 비롯한 문화력에서 올 것인데, 인문적 바탕이야말로 스토리 생산의 기초입니다. 그러니까 좀 더 길고 깊게 이 분야에서 두각을 나타내려면 문학을 비롯한 인문적 바탕, 인문 사회적 바탕을 갖추는 것이 요구될 것입니다. 이러한 조건을 갖춘다면 높은 향유자로부터 뜻있는 창조자로 자연스럽게 이동할 수 있겠지요.

제가 요새 허균을 읽고 있는데 이런 대목에서 가슴이 뜨끔했습니다.

> "문장이 비록 작은 재주라고는 하지만 학력이 없고 식견이 없고 공력이 없으면 지극한 경지에 이를 수 없습니다. 우리 나라 사람들은 옛글을 너무 배우지 않기에 학력이 없고, 스승에 나아가 배우지 않기에 식견이 없으며, 배운 것을 익히지 않기에 공력이 없습니다."

공부가 중요합니다. 물론 공부가 꼭 책만 아니지만 책을 통과해서 자신의 일과 끊임없이 대조할 때 진짜 공부, 진찌 실력이 쑥쑥 크는 것이니까요.

이런 바탕에 금상첨화라면 소통이라고 생각합니다. 특히 문화 재단에 있는 문화 활동가들에게 필요한 덕목은 협상 능력이 중요합니다. 자기 안에 갇혀있지 말고 바깥과 소통하는 능력을 증진해야지요. 공부가 소통에까지 이르면 진짜 공부로 될 터인데, 그런 능력들이 모이면 자연스럽게 개인과 집단의 문화력이 성장할 것이라고 생각합니다.

이현식 결론적으로 문화에서 세부적인 것도 중요하지만 인문적 교양, 바탕을 깔고 타인과 소통할 수 있는 능력이 기본적으로 깔려있어야 한다는 말씀인 것 같습니다.

다음 질문으로 문화에 대한 얘기를 좀 더 나눠보겠습니다. 이번 대통령 선거에서는 복지에 대해서 무상 급식, 보편적 복지, 선택적 복지, 그리고 환경과 같은 영역들에서 사회적 의제들이 나왔습니다. 그러나 문화의 경우 이번 대선에서도 그렇고 뚜렷하게 얘기된 바가 없었습니다. 그런 점을 참조하시면서 문화가 현재 한국 사회에서 어느 정도 위치에 있다고 생각하시는지 그리고 그 위치가 가진 문제점 같은 것을 생각하신 게 있다면 말씀해 주십시오. 아울러 최근 선생님께서 말씀하시는 중형국가론과 관련해서도 설명해 주시면 감사하겠습니다.

최원식 말로는 이젠 '문화의 세기'라느니 하지만, 여야를 막론하고 문화에 대한 식견을 가진 정치 지도자는 잘 안 보이는 것 같습니다. 생활하는 국민과 정치의 분리를 상징하는 것인데, 사실 생활 세계에서의 문화적 욕구, 문화적 표현은 놀랍게 성장하고 있습니다. 한류는 단적인 예입니다. 그 영향으로 외국에 가도 이젠 한국이나 한국 사람을 알아보는 인지도가 옛날에 비해 굉장히 높아졌음을 실감하지 않습니까? 이건 한국 문화가 잘나서만이 아니라 세계적으로 문화의 쌍방향성이 활발할 만큼 지구적 규모의 생활 세계의 변모가 일어나고 있기 때문입니다. 생활 세계의 반영이 문화입니다. 이 점에서 이젠 정말 문화에 주목해야 합니다. 정치만 좀 괜찮아지면 한국 문화가 죽죽 뻗어갈 텐데 정치가 오히려 애물입니다. 부끄럽다는 생각이 듭니다. 그러나 이걸 정치인에게 해결해 해달라고 하기보다는, 그들에게 맡겼다가는 오히려 망칠 수 있으니까 시민 속에서, 생활 세계 속에서 더욱 잘 다듬어서 자연스럽게 정치에도 반영되도록 하는 게 더 낫겠다는 생각이 듭니다.

우리 나라 정치 지도자들이 아직도 대국주의에 사로잡혀 있는 것 같습니다. 물론 정치 경제가 부딪히고 있는 문제가 복잡하니까 그 문제를 먼저 해결해야 하긴 하겠지만 아까도 얘기했듯이 발상을 전환하면 즉 문화로부터 정치 경제로 접근하면 문제가 의외로 풀릴 수도 있어요. 우리 정치의 대국주의적인 성향을 극복하는 게 핵심입니다. 제가 소국주의*를 처음 거론한 것이 1998년, 창비가 주최한 심포지움에서 발표한「세계 체제의 바깥은 없다: 소국주의와 대국주의의 내적 긴장」이란 발제입니다. 창비와 가까운 정치인들도 오셨는데, 그중 한 분이 '우리는 대국을 해보지도 못했는데 왜 자꾸 소국주의를 하자고 하느냐?'라는 의문을 제기했습니다. 그분은 운동권 출신으로 정치로 간 분인데도 그런 말을 하는 것을 보고 놀랐습니다. 그런데 사실 저도 가만히 따져보면 그전에는 대국주의적이었습니다. 한국이 외환 위기에 빠진 충격 속에서 소국주의를 다시 생각하게 된 거지요. 대국으로 무조건 질주하는 것이 아니라 소국주의를 내다보며 소국과 대국의 중간을 취하는 게 좋겠다는 거지요. 중국주의로 하고 싶었는데 중국이 중간이 아니라 차이나로 오해될까봐 그냥 '대국주의와 소국주의의 내적 긴장'이라는 좀 긴 수사를 택했지요. 그후 고심해서 '중형 국가'란 말로 대신했는데, 정치학에서 말하는 미들파워middle power와 비슷합니다. 중형 국가로서 국제적으로 대국과 소국들을 매개하고, 안으로는 상층과 하

---

* 우리 나라는 자원도 없고 취약한 구조이므로 주변국과의 연계 속에서 살아가기 위해서는 대국 지향이 아닌 소국으로서의 위치에 만족하는 국가로 만들어야 된다는 논의.

층을 아우르는 중간자를 확산하는 나라의 틀을 만들어나감으로써 이를 통일 한국의 기틀로 삼자는 구상입니다.

백범白凡 김구金九도 소국주의자입니다. 그래서 백범을 다시 존경하게 되었습니다. 예전엔 잘 의식하지 못했는데, 저로서는 '문화 백범'의 재발견이었습니다. 백범이 무력적인 분이니까 대국주의자일 줄 알았는데 아닌 것입니다. 「나의 소원」을 찬찬히 살피니 이분이 도가적道家的이고 소국주의자인 걸 발견하고 놀랐습니다. '강력强力은 나라를 방어만 할 수 있으면 족하고 부력富力도 국민이 골고루 잘 살면 족하다, 오직 가지고 싶은 것은 무한한 문화력이다.' 소국주의는 이런 문화국가론으로 드러납니다. 우리 나라에서 백범의 구상이 과소 평가된 이유는 우리가 그사이 원체 못살고 없는 나라이고 남한테 핍박받는 나라니까 대국의 꿈을 온 국민이 은연중 공유하고 있었기 때문입니다. 지금 이렇게 놀라운 성장을 이루었음에도 대국의 꿈은 좀체 식을 줄 모릅니다. 그러나 대국주의는 우리에게 불리하기도 하고 이루어지기도 어렵고 결정적으로 통일에 큰 장애를 조성할 것이기 때문에도 냉정하게 접어야 합니다.

지금이야말로 우리 사회에서 문화 국가에 대한 진지한 검토와 점진적 실천이 필요한 시기입니다. 아마 지금 정치가들에게 문화국가론은 공염불이기 쉬울 것입니다. 그러니 국민들이 먼저 대국주의적인 모습을 스스로 따지고 반성하며 문화 국가에 대한 의식을 높여 나가는 데 힘써야 합니다. 대국과 소국을 아우르는 중형 국가, 문화 국가의 관점에서 우리 사회와 개인의 삶 자체를 반성하고 성찰해서 새로이 만들어나가는 노력들을 기울일 때 머지않아 그런 이상이 정치적으로 반영되지 않을까요?

이현식 우리의 대국주의 성향에 대해 말씀해 주셨습니다. 그런 콤플렉스가 있다는 것, 대국을 바란다는 것을 지적하시고 오히려 우리가 소국이라는 걸 담담하게 받아들이는 자세가 중요하다는 말씀을 해 주셨습니다. 또 중형 국가를 말씀하셨는네, 저 개인적으로 중형 국가에 대해 그 국가론이 약간 아쉽습니다. 국가론이라는 게 그 안에서 작동하는 건 인식 체계입니다. 중형 국가, 대형 국가, 소형 국가 이런 구분보다 중형 국가론이 생각하는 상상의 체계, 인식 체계가 더 중요하다는 생각이 들었는데, 국가라는 말이 들어가 있다 보니 국가 얘기만 해서 본위보다는 덜 얘기되지 않았나 싶습니다. 그게 문화와도 연결이 돼 있다고 생각합니다.

더 구체적으로 들어가 보면 우리 나라 현재 문화와 관련해서 정책, 환경, 시설, 인적 자원, 재정, 사회적 여건 등 여러 가지 부분에서 생각해볼 때 좀 더 구체적으로 우리 문화 영역에 문제점이 있다면 어떤 것이 있을지 말씀해 주십시오.

최원식 제가 뭐라 말하기 어렵긴 하지만, 재단 대표로 접했던 경험들에 비추어 보건대, 가장 큰 문제점은 비평의 부재인 것 같습니다. 이와 관련해서 이벤트성 문화가 많습니다. 한건주의, 대형주의, 이런 식으로 문화 행사가 기획되는 경우가 적지 않아요. 이러니 지나가면 끝이에요. 문화 행사를 하는 것도 중요하지만 더 중요한 것은 이후입니다. 즉 무엇이 성과였고 무엇이 문제였는지, 평가를 해야 그 행사가 다음의 전진을 위한 의미있는 흔적으로 남을 텐데 말이죠. 끝나고 나서 총체적으로, 공개적으로 점검하는 심포지엄이 대체로 없습니다. 혹 그런 경우를 아십니까?

이현식 모르겠습니다.

최원식 하기 전에도 중요하지만 끝난 뒤에야말로 총평가를 위한 회의가 필요합니다. 말하자면 비평이 부재한 겁니다. 이에 비하면 문학은 비교적 상호 체크가 그런 대로 작동되는 분야입니다. 상승하는 우리 문화 영역에서도, 물론 지금도 잘 하고 있고 훌륭한 인재도 많이 나오고 있지만, 비평이 결합된다면 더 한층 비약할 수 있을 거라고 생각합니다.

이현식 결국 사회 여러 분야에서 비판, 자기 성찰이 중요하다는 말씀인 것 같습니다. 특히 문화 분야에서 보면 성과주의, 한탕주의의 이벤트성 행사가 반복되고 있고, 평가하고 성찰하는 자리는 부족하다 보니 계속 이런 문제가 반복되고 있다는 말씀으로 알겠습니다.
다음 질문은 최근 대통령 선거가 끝났는데, 이에 관련한 질문입니다. 새 정부에서 문화와 관련하여 기본적인 방향이 어떠해야 할지, 어떤 걸 바라시는지 말씀해 주십시오.

최원식 새 정부에 바라는 건 없습니다. (웃음) 문화에 대한 안목이 있는 사람이 문화부장관이 되어도 힘든데 그런 장관이 올지도 의문이고 그런 사람이 장관이 된다고 해도 지금의 정부 조직에서 문화부의 위치가 높지 않기 때문이기도 하지만, 박근혜 정부의 목표 역시 아마도 백범이 꿈꿨던 문화국가론과는 큰 인연이 없는 듯합니다. 결국 아까도 말씀드렸듯이 문화계 인물들 스스로 국민과 함께 자기를 끌어올리는 노력을 통해 우리 사회 전체의 문화력과 교양을 들어올리는 작업, 다시 말하면 위를 보기보다는 아래를 또는 옆을 보는 일이 더욱 중요합니다.

이 점에서 지방이나 지방 정부의 역할에 주목할 필요가 있습니다. 인천시 정부부터 문화에 대해서 어떻게 접근해야 할지 고민해보고 소통의 통로를 만들었으면 좋겠습니다. 그 통로를 통해, 인천에서 문화 분야의 문제가 무엇이고, 그 문제를 어떻게 해결하는 게 좋을지 함께 고민하고 해결해나가는 방식이 필요합니다. 통로를 통해 논의되거나 전달되는 민간의 의견이 그저 의견으로 끝나는 게 아니라 구체적인 실행 파일이 되어 되돌아오는 실질적인 시스템이 구축되면 더욱 좋은 일입니다. "전 지구적으로 사유思惟하고 지역적으로 실천하자"라는 슬로건처럼 각 지방 정부들과 각 지방의 문화 일꾼들이 소통의 통로를 각자의 지방에서 만들어내고, 이 통로의 전국적 네트워크 연합이 유연하게 작동하면 아마도 문화 국가로 갈 기초가 열릴 것입니다.

지난 참여정부 때 지방 분권이 동아시아와 함께 화두였습니다. 분권에 관한 여러 정책이 추진되었는데 실제 큰 진전이 있었다고 평가하기는 어렵습니다. 왜 주관적 선의에도 불구하고 결과가 좋지 않았는가? 서울에서 만들었다는 것입니다. 지방 분권 정책을 중앙 정부에서 만들어 내리먹이니까 안 맞을 수밖에 없는 것입니다. 지방 분권은 정말 주민 자치에서 시작되어야 합니다. 아래로부터 또는 중간으로부터 통로들을 만들어 위로 또는 전국적으로 만들어내는 게 중요합니다. 우리 동네부터 시작해서, 그 실험의 성과가 지역 간의 네트워크로 연결되면 그게 가장 좋은 방식이 될 거라고 생각합니다. 아래로부터 자발성이 성숙되어야 위의 큰 정책과 제대로 만나 지방 분권의 전진이 이루어질 것입니다.

이현식 대통령 선거를 하고 새로운 정부가 나왔다고 해서 정부에서 뭘 기대하기보다 생활 세계, 즉 자기가 사는 지역 속에서의 그 밑으로부터의 힘 그리고 그 힘과 힘 사이의 네트워크를 키워야 한다, 그리고 이런 것들이 문화 국가도 만들고 중앙 정부의 동력이 된다는 말씀인 것 같습니다. 그리고 중앙 정부에서 지역 균형 발전과 같은 정책을 추진하면 오히려 지역은 받는 입장이기 때문에 더 많이 받으려고 노력하고 여전히 중앙과 지역의 이분법을 벗어날 수 없다는 말씀인 듯합니다.

최원식 그렇습니다. 그런 구조 속에서는 이분법이 오히려 강화될 것입니다. 실제로 그동안 민주 정부들의 연속에도 불구하고 지방자치가 발전했는지 잘 모르겠어요. 물론 그걸 다 중앙 정부 탓만 하는 건 적절하지 않지만 중앙 정부도 탁상에서 이루어지는 지방 정책이 오히려 지방 자치에 역행하는 꼴이 될 수 있음을 인식해야 합니다.

이현식 그럼 최근 문화 동향에 대해서는 어떻게 생각하시나요? 싸이의 〈강남스타일〉이나 아이돌 열풍, 김기덕 감독의 영화제 수상, 스마트폰의 대중화, SNS의 일반화 이런 최근의 변화들에 대한 징표들을 볼 때, 우리 대중 문화 혹은 문화 지형을 어떻게 봐야 할까요?

최원식 아까도 말씀드렸듯이 젊은 세대가 강하게 두각을 드러낸 부분이 체육을 포함한 대중 문화 분야입니다. 예전의 중심이 문학이었다면 지금 젊은 세대는 문화가 중심입니다. 이것은 한편으로 반성되는 점이기도 합니다. 선배 세대가 문학을 비롯한 정치, 경제, 사회 각 분야에서 노른자위를 차지했기 때문에 젊은이들이 상대적으로 공간이 넓은 대중 문화에서 활로를 찾은 것이기 때문입니다. 하여튼 그 결과 지금 한국 문화에 대한 세계적 인지도는 매우 높아졌습니다. 매우 고맙고 고마운 일입니다. 제가 1993년부터 본격적으로 동아시아 얘기를 했는데 지식인 사회를 넘어서지 못한 동아시아 담론을 단숨에 생활 세계로 끌어들였으니 젊은 문화 세대 덕을 많이 봤습니다.

한류라는 말이 원래 1990년대 대만에서 처음 사용되었답니다. 그런데 이때 한류라는 말은 부정적이었던 모양입니다. 아다시피 1992년 한국이 중국과 수교하면서 대만과 단교하는 바람에 대만에서 한국에 대한 반감이 컸는데, 갑자기 대만 젊은이들이 한국 문화에 빠지자 대만 언론에서 비꼬는 어조로 만든 말입니다. 지금도 각 나라에서 혐한류嫌韓流가 있잖아요? 사실 한류는 현지의 (문화) 권력에 도발적이기도 합니다.

가령 일본의 한류는 아줌마 팬덤과 깊이 연관되어 있는데, 어찌 보면 일본 기성 사회에 대한 거절입니다. 서구주의와 남성주의를 양축으로 한, 그동안 메이지 이후 일본을 제어해왔던 문화 또는 정치 전체에 대한 거부로 볼 수 있기 때문입니다. 중국의 한류도 비슷합니다. 한류가 뜨는 나라들은 다 기존의 자기들 사회를 규율해왔던 기성 사회에 대한 거절 또는 새로운 사회에 대한 염원을 한류를 빙자해서 (한류가 잘난 게 아니라) 표출하는 면도 없지 않습니다. 말하자면 때마침 나타난 새로운 문화에 편승한 일종의 문화 혁명이라고 할 수 있지요. 아주 오랫동안 동아시아는 스스로 또는 서로를 보지 않고 서구만 봤는데, 이 한류가 아시아 문화들 서로를 보게 만들었습니다. (동)아시아에서 문화의 쌍방향성을 매개하는 일종의 전도사 역할을 맡은 한류와 아울러 일류日流(일본 유행)와 화류華流(중국 유행)도 새로이 스며들고 있는 형국입니다. 그러니까 혐한류가 생기는 것도 자연스럽습니다. 크게 걱정할 필요는 없습니다. 관계가 깊어지면 갈등도 생기지요. 어떻게 항상 친하기만 하겠어요. 이는 한류가 일상화하는 단계에 나타나는 정상적인 과정의 하나라고 생각합니다. 이제 한류는 웨이브wave로서의 돌출적 현상이 아니라 생활세계 속에 공기처럼 스며든 게 아닌가 합니다. 2006년쯤 인천문화재단 심포지엄에서 '포스트 한류' 얘기를 한 적이 있습니다. 이제 진짜 그 포스트 한류를 진지하게 생각할 때인 것 같습니다. 조금 더 높은 단계의 문화, 조금 더 진지한 단계의 소통, 예컨대 백범의 문화 국가 같은 이상들을 자연스레 나눈다면 여전히 분쟁하는 동아시아가 아니라 평화를 나누는 동아시아, 공존하는 동아시아가 만들어질 진짜 출구가 열릴 가능성도 높아질 것입니다.

이현식 자연스럽게 그 연장선상에서, 한류를 얘기하다 보니 동아시

아 얘기가 나왔는데, 최근에 공교롭게도 한·중·일이 다 정권이 교체되는 시기가 맞물렸습니다. 일본의 경우 다시 자민당 — 훨씬 더 보수화된 — 이 맡았고 우리도 보수 쪽으로 기울고, 중국도 그렇고 정치 지향이 바뀌는 흐름 속에서 동아시아의 관계나 문화적인 측면에서 어떤 변화로 나아갈지 우려하는 사람들도 있는데 여기에 대해 말씀해 주십시오.

최원식 그렇습니다. 중국에도 이제 새 세대 정치가 들어섰습니다. 태자당을 대표하는 시 진핑에서 보듯, 이들은 고난을 모르고 큰 사람들입니다. 물론 문화 혁명의 경험이 있기는 하지만 기본적으로는 중국의 부상浮上을 직접 경험한 젊은 사람들입니다. 때문에 훨씬 국가에 대해 당당합니다. 일본의 경우에는 아베 총리가 당선됐는데, 당선됐을 때 모습을 보면 당당한 얼굴이 아닙니다. 개인적으로는 일본이 어떡하다 저 지경이 됐나 하는 안쓰러움도 있습니다. 백낙청 선생이 언젠가 이제는 우리가 일본을 봐줘야 한다는 말씀을 하셨는데 요즘 진짜 그런 것 같은 생각이 듭니다. 실제 지지율이 높지 않습니다. 투표율도 43% 정도라지요. 소선거구제의 요술로 자민당이 압승한 것입니다. 말하자면 민의가 왜곡된 것입니다. 그렇다고 일본 민주당 편을 들 생각은 없지만, 하여튼 기득권과 국가주의를 대변하는 아베가 승리했으니 이웃 아시아와 화해하는 일본이 되지는 못하겠지요. 그러나 아베 수상도 집권 전과 달리 주변 눈치를 보면서 강성 구호들을 낮출 것이라는 관측도 있습니다.

알다시피 한국과 북한도 2세가 등장했으니, 동아시아 전체적으로 강성 권력이 등장한 셈입니다. 그런데 일본도 그렇지만 한국도 이명박 정부 때와는 다른 행보를 보일 수밖에 없을 것입니다. 보수와 진보가 거의 나라를 쪼갰다고 할 만큼 반반이기 때문입니다. 중국 역시 지금과 같은 과두 정치 형태를 계속 유지할 수 없는 현실입니다. 민주주의의 문제를 유보한 채 기존 정치 형태를 그대로 견지하면 중국이 오히려 붕괴될 수도 있습니다. 지금이야말로 저는 동북아 네 나라 모두 대국주의를 근본적으로 성찰하지 않으면 안 될 시점에 도달했다고 생각합니다. 일본도 대지진 이후 이게 우리 언론에 보도가 안 돼서 그렇지, 원전을 반대하고 탈원전을 지지하는 금요 집회가 수상 관저를 둘러싸고 계속 열렸잖아요. 아지사이(수국 - 작은 송이들이 뭉쳐서 피는)혁명이라 부르는데 우리 나라 촛불집회를 방불하대요. 아베 이후는 그 집회가 어찌 되었는지 모르지만 그 바람이 쉽게 꺼질 것 같지는 않아요. 중국도 변화의 바람이 있습니다. 한국에서 공부한 중국 유학생들이 귀국해서 제일 생각나는 게 선거 때 높은 사람들이 굽신굽신 절하는 거랍니다. 비록 그때뿐일지라도 그게 그렇게 인상적이라네요. 중국의 영도(지도자)들은 그런 게 없으니까. 민주주의에 대한 요구가 꿈틀거리는 겁니다. 지금의 노골적인 과두 지배로는 더 이상 중국을 끌어갈 수 없는 때가 온 것입니다. 중국공산당도 이미 이 문제에 대한 신중한 접근을 검토하고 있다는 보도도 있잖아요. 과연 중국에 어떤 민주주의가 출현할지 궁금합니다.

그래서 이제 국제國際와 민제民際, 인터내셔널international과 인터시빅inter-civic의 문제가 중요합니다. 민제란 국가들 사이가 아니라 시민들 사이의 나라를 넘는 교류와 연대를 가리키는데, 국제를 배제할 것은 아니지만 이제는 민제가 국제보다 더 힘차게 작동할 때가 온 것 같습니다. 실제 가동의 실험도 있었습니다. 영토 분쟁이 확산일로일 때 일본 지식인들이 영토 분쟁을 정치적으로 악용하는 것을 반대하는 성명서를 냈는데, 그걸 받아서 한국은 물론 대만과 중국 지식인이 호응하는 성명서를 발표했습니다. 네 나라 지식인들이 분쟁하는 민족주의를 넘어서 보조를 같이한 이 사건의 의의는 결코 얕지 않거니와, 사실 그 기원은 한일강제합병조약(1910) 백주년을 맞은 2010년에 그 조약의 무효를 선언하는 한·일 지식인 공동 성명입니다. 이때 이루어진 한일연대가 대만과 중국 지식인의 동의를 얻어 이런 획기적 선언이 나올 수 있었던 것입니다. 더 놀라운 건 일본에서는 더 나아가 영토 분쟁을 정치에 이용하지 말라는 것을 중심 의제로 삼는 작지 않은 집회도 열렸다는 겁니다. 지식인의 영역을 넘어서 시민 사회로 파동친 것입니다. 감동적입니다. 이런 예들을 감안할 때 이제는 그동안의 쌍방향성 문화 교류를 바탕으로 정말 민제를 중심에 두는 그런 한층 높은 단계의 동아시아 문화의 탄생도 기대할 만할 정도에 달한 듯싶습니다.

이현식 마지막으로 대선 국면을 돌이켜볼 때 문화라는 관점에서 누가 당선이 되느냐를 떠나서 평가할 게 있을지 묻고 싶습니다. 그리고 이번 대선 국면에서 두 가지를 여쭤보고 싶은데, 하나는 문화라는 관점이고요, 또 하나는 인천 지역의 대선 국면을 보면 사퇴하긴 했지만 안철수 현상도 있었고 여러 가지를 돌이켜볼 때 대선과 인천, 이 두 가지에 대해 말씀해 주실 수 있을까요?

최원식 역시 안철수 현상이 주목됩니다. 비록 실패로 끝났지만 앞으로 숙고할 만한 문제를 던진 화두라는 생각입니다. 3.1운동이나 4.19 혁명 같은 규모에는 미치지 못하지만 그에 못지 않은 문화 현상, 정치의 외피外皮를 쓴 폭발적인 문화 현상이 아닐까? 인터넷으로 대표되는 생활 세계의 혁명적 변화에도 불구하고 그를 거의 대변하지 못하는 기존 정치에 대한 전면적 불신 또는 거절이 안철수를 빌려 드러난 것 같습니다. 민주주의의 실질적 진전에 기초한 새로운 사회에 대한 요구가 가장 낙후한 정치 쪽으로 치고 나온 건데, 여야를 막론한 기성 정치는 물론이고 개혁 진보 세력이야말로 정말 반성을 해야 합니다. 아마도 이 현상을 잘 싸안아야 우리가 진정으로 21세기 한국으로 제대로 이동할 수 있을 것입니다. 이 점에서는 대선에서 이긴 자나 진 자나 모두 루저입니다. 이 현상 안에 오롯한 알맹이를 잘 가려 새로운 사회의 비전으로 들어올릴 세력이 앞으로 출현할 승리자가 될 터인데, 그 비전의 축에 문화가 자리하고 있다고 해도 과언이 아니지요.

이현식 인천은 이번에 대선 기간 동안 각종 인천이 당면한 재정 위기나 또 아시안게임 같은 여러 가지 사업들에 대한 사항들을 중앙 정부에 요구하려고 했었고, 투표율에서 제주, 강원, 충남 같은 지역보다 앞서는, 꼴찌를 면하는 모습을 보였습니다. 이런 투표율과 지역의 현황에 대해 연결 지어 말씀해주실 것이 있을까요?

최원식 아마도 지역적으로 가장 소외된 데가 수도권이라는 미명 아래 묶인 경기도와 인천이 아닐까 싶습니다. 영남에서 대통령이 되면

호남을 배려하고, 호남에서 대통령이 되면 또 영남을 배려하는 모습에서 보듯이 영호남은 상호의존적이에요. 그리 된 데는 중부권이 박정희 이후 정치의 중심에서 밀려난 탓이지요. 그중 경기도는 그래도 덩치가 크니까 낫지만 인천은 특히 더 소외된 모습이 보입니다. 상대적으로 가장 소외된 곳이 인천이라는 것입니다. 그것은 꼭 중앙 정부만 탓할 수는 없습니다. 그런 대접을 받지 못하는 인천 시민들도 면책되지 않습니다. 인천을 자신들의 문제로 인식하는 자세가 낮은 게 문제입니다. 인천에 살면서 인천을 좋은 도시로 만들려는 비전과 노력이 부족합니다. 치열한 문제 의식과 그에 따르는 실천이 어울려야 그 문화적 바탕에서 좋은 정치도 육성되고 거물 지도자도 배출되는 법인데 말입니다.

정치 문화가 성숙하지 못하니 지도자들이 크지 못해요. 서로 경계하고 시기하고 은연중 깎아내리기 바쁘니 어느 세월에 큽니까? 물론 인천 정치인들도 문제지요. 잘나갈 때 큰 정치의 터전을 인천에 만들어야 하는데 그러질 못했어요. 큰 정치가 막히니까 안으로 작은 일들에 다투는 좀 안쓰러운 모양이 곧잘 일어나곤 합니다. 인재를 발견하고 인재를 키우는 것이 중요합니다. 이 점에서 이제부터라도 후속 세대를 잘 육성해야지요. 각 분야에서 이런 리더를 키우는 구도를 만들어야 합니다. 정말 '인천에서 인물을 키우자'는 범시민 운동 같은 것이 필요하다고 봅니다. 인천이 덩치는 커도 여전히 별볼일 없으니 대선이건 중앙 정부건 인천을 배려하지 않는 겁니다. 배려할 정치적 가치가 낮으니까요. 그리고 배려하지 않아도 큰 여론적 반발도 없으니, 그냥 무시하는 거에요. 정치를 비롯해서 온 인천 시민들이 정신 차려야 합니다. 인천의 의제를 만들고 문제 하나 하나의 해결책들도 생각하고 시장, 기관, 시민들이 다 같이 힘을 합쳐 큰 여론을 형성해내야 합니다. 스스로 모욕하면 남의 모욕을 받을 수밖에 없습니다. 우리 스스로 우리를 먼저 존중해야 합니다.

이현식 대선 과정에서 안철수 현상은 그 자체에 대해서는 결국 문화 현상이고 그것이 보여준 문화적인 의미들, 그것들이 결국 정치로 흘러들어가고 그래서 정치가 바뀌어야 말 그대로 21세기 새로운 대한민국이 될 수 있다는 것이 대선을 바라보고 해주신 말씀이었습니다. 또 하나 인천은 정치적으로 가장 소외된 지역이고 대선에서 지역의 문제와 지역이 대우받지 못하고 있고 결국 이것은 우리 스스로 우리를 존중해야 하고 또 우리들의 인재를 잘 키워내야 하는 과제를 안고 있다는 말씀을 해주셨습니다. 마지막으로 해주실 말씀이 있을까요?

최원식 인천은 통일 문제에 대해 사활적 이익을 가진 곳입니다. 1945년의 해방이 분단으로 현실화되었기 때문에 남북을 잇는 배꼽이라 할 인천항의 위상은 오히려 하락했습니다. 탈냉전 시대에 황해가 살아나는 동시에 남북 관계도 해빙되자 인천의 위치는 다시 주목받기에 이르렀음은 이미 실감하는 바입니다. 최근 긴장 국면에서 인천이 당장 얼마나 위축되는지를 보건대, 정말 남북 관계가 풀리면 인천이 살고 남북 관계가 얽히면 인천이 죽습니다. 넓게 보면 동북아 또는 동아시아의 평화도 한반도 문제가 해결되지 않으면 이루기 어렵습니다. 서로 적대하는 분단 국가의 존재는 나쁘게 말하면 동아시아의 뇌관이요, 좋게 말하면 동아시아 평화의 결절점이지요.

제가 동아시아론이니 중형 국가니 문화 국가니 하는 것도 남북 문제의 평화적인 해결을 위해, 평화 체제를 만들기 위한 성찰에서 나온 겁니다. 인천이 제대로 살아나기 위해서는 현재 반쪽만 풀려있는 황해가, 다시 말하면 남북 문제가 해결되어야 합니다. 남북 문제 해결은 남북 연합이 지금으로서는 거의 유일한 해결책입니다. 연방 정부federation 만든다고 일어날 소란을 생각하면 남북 정부가 따로 있되 지금처럼 적대적인 게 아니라 화합하는 남북 국가 연합confederation이 차라리 낫다는 생각입니다. 이게 꼭 통일의 중간 단계가 아니라 통일의 최종 단계라고 하더라도 괜찮다고 봅니다.

이 얘기를 외국에서 하면 굉장히 호의적입니다. 왜냐하면 한국이 통일을 하면 이게 주변에 어떤 영향력을 끼칠지 외국인들, 특히 주변 4강이 굉장히 의구심을 가지고 있습니다. 그래서 대국주의적 통일보다 소국주의적 남북 연합을 통일의 최종 단계라고 간주해도 좋다는 것을 전술이 아니라 전략으로 놓으면 이웃의 협력을 더 잘 얻을 수 있는 잇점이 있어요. 그리고 일단 남북 연합만 되어도 통일과 마찬가지 아닌가요? 더구나 남북 연합을 지향하면 대국주의에 대한 염원을 접고 저절로 내향적으로 될 것이라고 봅니다. 좀더 자유롭고 평등한 사회를 만드는 데 대한 사유가 깊어질 거거든요.

이 점에서 인천문화재단과 지방 언론의 역할이 막중합니다. 문화를 축으로 인천을 다시 생각하고 다시 설계하여 다시 만드는 작업을 전문적으로 실천하는 문화 재단 식구들의 성찰력, 소통력, 협상력의 함양을 기대합니다. 문명 사회를 가리키는 지표 가운데 으뜸이 자기 비판력이라는 금언이 있습니다. 지방 언론이 인천 시민과 함께 자기 성찰적 힘을 바탕으로 인천의 미래를 결정지을 지방 자치의 청사진을 동아시아의 평화를 내다보는 한반도 통일론의 시야 속에서 절차탁마하는 목탁의 역할을 수행할 때, 그래서 21세기에 인천이 맡을 새로운 몫에 대한 합의가 자연스럽게 도출될 것으로 믿습니다. 감사합니다.

이현식 네. 교수님 좋은 말씀 감사합니다. 이것으로 대담을 모두 마치겠습니다.